Ex Libris Bibliothecæ quã Illustriss. Ecclesiæ Princeps
D. PETRVS DANIEL HVETIUS
Episcopus Abrincensis Domui Professæ

SENTIMENS DE M DES CARTES

Touchant l'essence & les proprietez du corps,

OPPOSEZ

A LA DOCTRINE DE L'EGLISE,

ET CONFORMES

AUX ERREURS DE CALVIN,

Sur le sujet de l'Eucharistie.

Avec une Dissertation sur la pretenduë possibilité des choses impossibles.

Par LOUIS DE LA VI[illegible]

A PARIS,
Chez ESTIENNE MICHALLET, ruë saint Jacques, à l'image S. Paul, proche la fontaine S. Severin.

M. DC. LXXX.
Avec Privilege du Roy.

A MESSEIGNEURS LES ARCHEVESQUES ET EVESQUES DE FRANCE.

MESSEIGNEURS,

Je cite devant vous Monsieur des Cartes & ses plus fameux sectateurs : je les accuse d'estre d'accord avec Calvin & les Calvinistes, sur des principes de Philosophie contraires à la doctrine de l'Eglise : c'est à vous,

MESSEIGNEURS, *à en juger.* *Puisque* [a] vous tenez la place des Apostres, *& que vous estes comme eux* [b] les Princes de l'Eglise; *vous devez regler les differents qui y surviennent. Vous estes en mesme-temps* [c] les Peres, [d] les Maistres, & [e] les Juges *des fideles : & vous ne pouvez estre comme vous estes de droit divin,* [f] les Pasteurs des ames, *que vous n'ayïez également & le pouvoir & l'obligation de discerner la doctrine qui les pourroit empoisonner, de celle qui les doit nourrir à la vie eternelle.*

[a] S. Augustinus in Psalm. 44.

[b] S. Hieronymus in Comment. in Michæam lib. 1. cap. 3. . . . & S. Augustinus loco citato. S. Leo, &c.

[c] S. Augustinus loco cit. S. Leo & Concil. Tridentin. sess. 25. c. 17. de reform.

[d] 1 ad Tim. 3. 2 & S. August. in epist. 59. ad Paulin.

[e] S. Hieron. in Comment. in Michæam lib. 1. cap. 3.

[f] Concil. Trident. loco cit.

Vous avez, MESSEIGNEURS, *toutes les lumieres necessaires pour faire ce discernement; vous avez trop de zele pour ne pas entreprendre de le faire dans une controverse, où il ne s'agit de rien moins que de conserver ou de perdre le plus saint & le plus auguste de nos Sacremens : & vostre autorité est si sacrée & si venerable aux fideles, que vous pouvez vous promettre tout de leur soûmission.*

Vous n'aurez pas plûtost parlé, que [a] vos oüailles entendant vos voix, *celles qui se sont déja égarées, retourneront à vous; les autres qui sont encore dans le bon chemin y demeureront plus en asseurance; toutes ensemble vous suivront avec amour & respect; & il y a sujet d'esperer que les disciples mesme de Monsieur des Cartes se rendront à ce que vous deciderez.*

Ils sçavent, MESSEIGNEURS, *qu'il* [b] seroit terrible de vous contredire; *& que* [c] le saint Esprit vous ayant établis Evê-

[a] Ioan. 10. 27.

[b] S. Ignatius Mart. in epistola ad Magnesianos.

[c] Act. 20. 28.

ques, pour gouverner l'Eglise que JESUS-CHRIST a acquise par son sang, *ce seroit se separer de l'Eglise de* JESUS-CHRIST, *que de se retirer de vostre conduite. Il n'est pas croyable qu'ils voulussent demeurer opiniastrément attachez à leurs idées, jusqu'à une si étrange extremité; veû principalement que Calvin les ayant soûtenuës avant Monsieur des Cartes, elles ne doivent plus avoir pour eux le charme de la nouveauté, & ne pouroient que les rendre suspects de vouloir appuyer en France le Calvinisme ébranlé, & prest à tomber, s'il ne trouve un nouvel appuy.*

Quoiqu'il en soit, MESSEIGNEURS, [a] s'ils sont des nôtres, ils demeureront avec nous; *& s'ils ont assez peu de*

[a] 1. Ioan 2. 19.

religion pour se retirer de nous, *en refusant de se soûmettre à vostre jugement*, [a] ils ne sont déja plus des nôtres.

Ainsi vous ne hazardez rien à vous servir de vostre autorité. Le saint Siege approuvera en ce point tout ce que vous ferez: & j'ose dire que le Roy a déja assez [b] *fait connoistre, non seulement ce qu'il attend de vous, mais encore ce que vous pouvez attendre de luy.*

Ce grand Monarque, qui fait plus d'estat de la qualité de Tres-Chrestien que de celle du plus grand Conquerant du monde, a sceu marquer en cette occasion, & le respect qu'il garde pour vostre caractere, & le zele qu'il a pour la religion. Il a marqué son respect, en vous laissant à juger si les opinions de Monsieur des

[a] Ibidem.

[b] Dans l'arrest du Conseil d'estat tenu à Versailles le 2. d'Aoust 1675.

*Cartes estoient contraires à la foy; mais il a fait cependant éclater son Zele, en déclarant qu'*elles [a] pourroient causer dans le royaume quelque desordre qu'il estoit bon de prevenir; *en faisant sçavoir à* [b] *l'Vniversité de Paris qu'il souhaitoit qu'elle demeurast dans la resolution qu'elle avoit prise, & qu'elle a toûjours gardée de ne les point recevoir; en recevant la requeste que luy presenta il y a quelques années le Recteur de l'Vniversité d'Angers contre un des professeurs de la mesme Vniversité, qui les enseignoit; envoyant aussi tost une* [c] *lettre de cachet pour défendre à ce professeur de continuer; ordonnant ensuite par un Arrest du Conseil d'estat* [d] qu'il ne fust plus enseigné ny soûtenu *à Angers* aucunes opinions fon-

[a] Dans le sus dit arrest.

[b] Le Roy le marque dans le mesme arrest.

[c] Du 30. Ianvier 1675.

[d] Dans le sus-dit arrest.

dées sur les principes de des Cartes; *& enjoignant à l'Intendant de Justice, qui estoit alors en Tourenne,* [a] de tenir la main à l'execution de cet arrest.

[a] Dans la Commission sur l'arrest du Conseil d'estat adressée à Mr Tubeuf, Intendant de Iustice en Tourenne, & au Recteur de l'Vniversité d'Angers.

Si Sa Majesté a tant fait de son propre mouvement, & à la requeste d'un seul de ses sujets; que ne fera-t-elle point à la consideration de tous les prelats de son royaume, que sa pieté luy fait regarder comme ses peres en Iesus Christ, quand elle sçaura qu'ils auront condamné, comme contraire à la religion, une doctrine qu'elle a déja condamnée comme dangereuse à son estat?

Prononcez donc, MESSEIGNEURS; *dites-nous ce que nous devons penser de cette doctrine; marquez-nous ce que nous en pouvons tenir, & ce que nous en devons rejetter.* [b] La cha-

[b] 2. Cor. 5. 14.

rité de JESUS-CHRIST vous en presse; *tous les theologiens catholiques vous en conjurent; les Cartesiens le doivent souhaiter, s'ils préferent encore leur conscience à leur science, les interests de l'Eglise à ceux de leur secte, & la gloire de Dieu à celle de Monsieur des Cartes: & je puis ajoûter que c'est le vœu commun de toute la France, qui sans cela ne peut qu'elle n'apprehende* le desordre, *dont le Roy mesme juge qu'elle est menacée.*

Mais avant que vous prononciez, MESSEIGNEURS, *ayez la bonté de lire la Dissertation que je vous presente; elle vous fournira toutes les informations necessaires, toutes les raisons & les pieces authentiques pour & contre Monsieur des Cartes, sur les matieres que je traite. Si vous y trouvez peu de politesse, j'espere que vous y trouverez beaucoup d'exactitude, & que vous n'y remarquerez point de passion. Pour la force & la solidité, vous en jugerez,* MESSEIGNEURS; *c'est la grace que je vous demande; protestant que je soûmets toutes mes lumieres à vostre jugement; que je n'en approuve que ce que vous en approuverez; que ce que vous en improuverez je l'improuve dés à present; & que je suis avec tout le respect & la soumission que je dois,*

MESSEIGNEURS,

Vostre tres-humble & tres-
obeïssant serviteur
LOUIS DE LA VILLE.

AVERTISSEMENT AU LECTEUR.

JE suis obligé de vous avertir, mon cher Lecteur, qu'il y a déja quelques années que j'ay achevé cet ouvrage ; & que depuis que je l'ay achevé, la Providence m'a occupé à tant d'autres choses, que je n'ay ny eu le loisir de lire ce que les Carteſiens ont pû faire depuis ce temps-là, ny meſme la penſée de m'informer s'ils ont fait quelque choſe. Il m'eſt ſeulement tombé entre les mains une *troiſiéme edition, reveuë & augmentée de la Recherche de la Verité*, faite à Straſbourg l'an 1677. qui m'engage à faire une eſpece de reparation à celuy qui en eſt l'auteur ; car il eſt vray qu'il retracte dans cette troiſiéme edition une erreur qu'il avoit laiſſé gliſſer dans la premiere, ſur le ſujet du peché originel, & que je luy reproche dans le chapitre cinquiéme de la premiere partie de mon livre. Mais il est si vray qu'il est ou peu sçavant en theologie, ou fort temeraire, qu'il n'a pû se dédire de cette erreur sans en avancer deux autres. N'est-ce pas une erreur de dire qu'il est absolument impossible qu'un enfant naisse d'une mere pecheresse ou penitente, qu'il ne naisse en peché ? N'est-ce pas encore une autre erreur de soûtenir que l'ame d'un enfant est delivrée dans le Baptesme pour quelque temps de la domination du corps, & qu'elle fait alors un acte libre d'amour de Dieu, sans lequel elle ne pourroit estre justifiée ? Voila ce que dit & ce que soûtient l'auteur de la Recherche, de cette nouvelle edition. J'ay crû, mon cher Lecteur, que je devois vous en donner avis.

Tom. 3. p. 83. et suiv.

Tom. 3. p. 98. et suiv. p. 165. et suiv.

Une mere, dit-il, *dont le cerveau est remply de traces, lesquelles par leur nature ont rapport aux cho-*

Chap. 7. du Livre premier du premier Tome de la

Recherche de la Verité, troisiéme edition, reveuë & augmentée. A Strasbourg, chez George André d'Olhopfe. 1675.

ses sensibles, & qu'elle ne peut effacer à cause que la concupiscence demeure en elle, & que son corps ne luy est point soûmis, communiquant necessairement ses traces à son enfant, l'engendre pecheur, quoiqu'elle soit juste. Cette mere est juste, parce qu'aimant actuellement, ou qu'ayant aimé Dieu par un amour de choix, cette concupiscence ne la rend point criminelle ny digne de la colere de Dieu, quoiqu'elle en suive les mouvemens dans le sommeil : mais l'enfant qu'elle engendre n'ayant point aimé Dieu par un amour de choix, & son cœur n'ayant point esté tourné vers Dieu ; il est évident qu'il est dans le desordre & dans le déreglement, & qu'il n'y a rien dans luy qui ne soit digne de la colere de Dieu. Mais lorsque les enfans ont esté regenerez par le Baptesme, & qu'ils ont esté justifiez ou par une disposition de cœur semblable à celle qui demeure dans les justes durant les illusions de la nuit, ou plûtost par un acte libre d'amour de Dieu *qu'ils ont fait estant délivrez pour quelques moments de la domination du corps par la force du Sacrement ; car comme Dieu les a faits pour l'aimer, on ne peut concevoir qu'ils soient actuellement dans la justice & dans l'ordre de Dieu s'ils ne l'aiment, ou s'ils ne l'ont aimé : alors quoiqu'ils obeïssent à la concupiscence dans leur enfance, leur concupiscence n'est plus peché, elle ne les rend plus coupables & dignes de colere, ils ne laissent pas d'estre justes & agreables à Dieu, par la mesme raison que l'on ne perd point la grace, quoique l'on suive en dormant les mouvemens de la concupiscence, parceque les enfans ont le cerveau si mol, & qu'ils y reçoivent de si vives & de si fortes impressions des objets les plus foibles, qu'ils n'ont pas assez de liberté d'esprit pour y resister.*

Je ne m'arresteray point icy à combattre ces erreurs, qui n'ont point de rapport au sujet que je traite ; je le feray peut-estre quelque jour : pour maintenant j'en ay assez d'autres à combattre. Si l'on trouve que je l'aye fait avec trop de chaleur, & que je me sois servy de quelques expressions un peu fortes contre Monsieur des Cartes & ses sectateurs, je proteste que ç'a esté sans mauvais dessein, & que j'ay fait ce que j'ay pû pour garder toute la moderation que je devois, que je n'en veux qu'aux erreurs de ces Messieurs, & que j'ay pour leurs personnes beaucoup d'estime & de respect.

TABLE DES CHAPITRES, &c.

PREMIERE PARTIE.

SECONDE PARTIE.

TROISIEME PARTIE.

ē

SENTIMENS DE Mr DES CARTES

Touchant l'essence & les proprietez du corps.

PREMIERE PARTIE.

CHAPITRE I.

M. des Cartes enseigne que l'essence du corps consiste en l'étenduë.

MONSIEUR des Cartes s'est expliqué si clairement & en tant d'endroits sur l'essence du corps, qu'on ne peut douter de sa pensée, ny en disputer de bonne foy, pour peu qu'on ait lû ses écrits. I.

II.

Il dit expressément dans la premiere partie de ses Principes, que [a] *l'étenduë en longueur, largeur & profondeur constituë la nature de la substance corporelle.* Il assure dans la seconde partie, que si nous voulons nous défaire, comme luy, des préjugez de nos sens, pour appliquer nôtre esprit à considerer attentivement les seules idées que nous avons receuës de la nature, nous découvrirons la mesme verité; & [b] *nous reconnoistrons avec luy, que la nature de la matiere ou du corps consiste seulement en ce qu'il est une chose étenduë en longueur, largeur & profondeur.* Il adjoûte, que [c] *nous n'avons nulle idée d'aucune autre matiere, que de celle dont toute l'essence est d'estre une substance étenduë;* & que [d] *l'idée de l'étenduë est toute la mesme que l'idée de la substance corporelle.*

[a] Extensio in longum, latũ & profundũ, substãtiæ corporeæ naturã constituit. *Princip. phil. part. 1. n. 53.*

[b] Percipiemus naturam materiæ sive corporis non cõsistere in eo quòd sit res dura .... sed tantùm in eo quòd sit res extensa in longum, latum & profundum. *part. 2. n 4.*

[c] Materiã, cujus natura in eo solo consistit, quòd sit substantia extensa...nec ullius alterius materiæ ideam in nobis reperimus. *Ibid. n. 22.*

[d] Idea extensionis eadem planè est cum idea substantiæ corporeæ. *Ibid. n. 21.*

III.

Il ne dit point cela en passant, [e] il s'efforce de le prouver. [f] Il se propose les objections qu'il croit qu'on luy peut faire; & après y avoir [g] répondu, il reprend son idée comme un principe incontestable, qu'il prétend [h] *avoir montré bien au long,* & il en tire ces conclusions étranges, que [i] *l'étenduë du monde n'a point de bornes:* [k] *qu'il ne peut pas y avoir plus*

[e] *Ib. n. 4. 11.*

[f] *ibid. n. 5.*

[g] *ib. n. 6. 7.*

[h] *ibid. n. 21.*

[i] *ibid. n. 21.*

[k] *ibid. n. 22.*

d'un monde : & [a] *que le vuide est autant impossible, qu'une montagne sans vallée*, parce que les termes *d'espace, d'étenduë, de distance, de corps & de matiere* signifiant tous la mesme chose, il faut necessairement que nous concevions *corps & matiere* par tout où nous concevons *distance, étendue, ou espace* : d'où il conclut que ne pouvant concevoir ny les bornes de ce monde, sans concevoir au delà un espace étendu à *l'indefiny* ; ny la place où Dieu mettroit un autre monde, sans y concevoir déja une étenduë aussi grande que le monde que Dieu y pouroit mettre ; ny le dedans d'un vase qu'on s'imagineroit vuide, sans concevoir de la distance entre les costez de ce vase : il faut absolument concevoir une matiere & un corps dans ce vase, pendant qu'on suppose que ses costez ne se touchent point ; & dans la place où Dieu voudroit créer un nouveau monde, & au delà de toutes les bornes qu'on se figure au monde qui est déja creé. M. des Cartes pouvoit-il se declarer plus ouvertement?

[a] *ibid. n. 8.*

Cependant il y a des personnes qui n'ayant des yeux que pour lire les ouvrages de ce philosophe, n'en ont point pour y voir une chose si claire, ou qui tâchent, s'ils la voyent, de la dissimuler tant qu'ils peuvent. Je ne sçay si c'est que l'estime qu'ils ont de son esprit & de sa pieté, leur fait croire qu'il n'estoit pas capable de IV.

tomber dans une erreur si grossiere & si manifestement opposée à ce que la Foy nous enseigne de l'auguste Sacrement de l'Autel ; ou si ce n'est point par une espece d'entestement, que voulant paroistre Cartesiens en tout, ils s'efforcent d'accommoder M. des Cartes à leur pensée, lorsqu'ils ne croyent pas pouvoir s'accommoder à la sienne. Quoyqu'il en soit, M. des Cartes a beau dire que [a] *l'étenduë en longueur, largeur & profondeur constituë la nature de la substance corporelle* ; ils prétendent qu'il ne l'a pas voulu dire, & pour justifier leurs prétentions, ils donnent la gesne à ses paroles, & tournent sa proposition en toutes sortes de sens ; les uns s'arrestant au mot *d'étenduë*, les autres à celuy de *nature*, & les autres au verbe *constituë*, qui fait la liaison de ces deux termes.

[a] Principior. philos. part. 2. n. 53.

V. Les premiers disent donc que M. des Cartes ne prend pas le mot *d'étenduë* à la rigueur, pour l'étenduë mesme, mais seulement pour le fondement de l'étenduë ; & qu'il a parlé en cela comme parlent tous les philosophes du monde : que comme nous disons tous les jours que la raison est de l'essence de l'homme, pour dire qu'il est essentiel à l'homme de pouvoir raisonner, sans qu'on se récrie contre nous, comme si nous soûtenions qu'il est essentiel à l'homme de raisonner toûjours actuellement : ainsi M. des Cartes voulant dire qu'il est essentiel au corps de pouvoir estre étendu, a pû dire que l'étenduë est de l'essence du corps ; sans qu'on puisse raisonnablement luy faire son procês, comme s'il soûtenoit qu'il fust essentiel au corps d'estre toûjours réellement étendu. Que si nous voulons qu'ils se servent des manieres de parler de l'école, ils distingueront comme nous deux étenduës, une *actuelle*, & l'autre *radicale* ; & répondront que selon M. des Cartes la seule étenduë *radicale* est de l'essence du corps, & nullement l'étenduë *actuelle*.

VI. D'autres disent que nous ne prenons pas dans le sens de M. des Cartes, ces dernieres paroles de sa proposition, *la nature de la substance corporelle* : que si le mot de *nature* se prend quelquefois pour *l'essence*, il se prend aussi quelquefois seulement pour *l'état naturel* d'une chose: & c'est la derniere injustice, ajoûtent-ils, de dire que M. des Cartes l'ait pris dans le premier sens ; il n'a jamais pretendu que l'étenduë fust de l'essence du corps, mais seulement qu'un corps est toûjours étendu, quand il est dans son état naturel.

VII. D'autres enfin ne pouvant dissimuler le vray sens que M. des Cartes donne à ces termes d'*étenduë* & de *nature*, nous accusent de prendre à contre-sens le verbe dont il se sert pour faire sa proposition ; & soûtiennent d'une maniere surprenante, que quand il dit que *l'étenduë en longueur, largeur & profondeur constituë la nature de la substance corporelle*, il ne dit pas que *l'étendue en longueur, largeur & profondeur constitue la nature de la substance corporelle*; mais seulement qu'il sembleroit qu'*elle constitue la nature de la substance corporelle*, si on en jugeoit par les seules lumieres de la raison : ce qui n'empesche pas qu'il ne connoisse suivant la lumiere de la Foy, qu'il y a quelque autre chose dans le corps qui en *constitue la nature*.

VIII. Je voudrois que ces explications eussent quelque fondement apparent dans les écrits de M. des Cartes, je m'en servirois avec joye, pour faire revenir au sentiment des orthodoxes, ceux qui me semblent s'en écarter, par l'attachement qu'ils ont à l'authorité de ce philosophe.

IX. Mais ils n'auroient pas de peine à prouver, qu'ils ne suivent en cela que la doctrine de leur maistre ; & il a parlé sur ce point si clairement, qu'il a reduit tout ce qu'il a d'amis catholiques, non seulement dans l'impuissance de le défendre, mais mesme dans la necessité de le condamner.

X. Pour moy je n'ay pas assez de passion, & j'ay trop d'attachement à son illustre famille, pour en vouloir à sa personne. Mais quoyque je n'aye pas autant de zele que j'en devrois avoir pour l'honneur du tres-saint Sacrement ; je n'ay pas neanmoins assez de lâcheté pour souffrir une doctrine qui luy soit contraire, sans la combattre en quelque lieu que je la trouve, & sans en poursuivre la condamnation.

C'est dans cet esprit que j'entreprens de découvrir maintenant le sentiment de M. des Cartes touchant l'essence du corps ; & de faire voir XI.

1. Que par *l'étenduë* il entend *l'étenduë actuelle*, & non pas seulement *l'étenduë radicale*.

2. Que par *la nature de la substance corporelle* il entend *l'essence du corps*, & non pas seulement son *état naturel*.

3. Que lorsqu'il dit que *l'étenduë en longueur, largeur & profondeur constituë la nature de la substance corporelle*, il ne veut pas dire seulement que c'est tout ce qu'il en connoist par la raison naturelle ; mais que la chose est veritablement de la maniere qu'il l'assure ; que *l'étenduë en longueur, largeur & profondeur constituë* en effet *la nature de la substance corporelle* ; & qu'absolument il n'y a rien autre chose dans le corps qui en constituë la nature.

ARTICLE PREMIER.

Monsieur des Cartes entend parler de l'étenduë actuelle, quand il dit que l'étenduë en longueur, largeur & profondeur constituë la nature de la substance corporelle.

I. COMME les disciples de M. des Cartes avouënt qu'il ne s'est jamais servy des termes *d'étenduë actuelle & d'étenduë radicale*, il faut qu'ils avouënt aussi qu'il n'a jamais distingué l'une de l'autre; & de-là il me semble que je puis former un raisonnement, qui pour estre negatif, ne laisse pas d'estre tout-a-fait dans le bon sens.

II. Car un philosophe qui dispute à fond & fort au long de la nature d'une chose, & qui pour expliquer son opinion, se croit obligé d'employer perpetuellement un terme équivoque, qu'il sçait bien que l'on peut prendre en deux sens, l'un propre, naturel, ordinaire & commun; l'autre moins propre, moins naturel, plus rare, & plus particulier; s'il ne prétend pas prendre ce terme dans le sens qui luy est propre, naturel, ordinaire & commun; ne doit-il pas le distinguer exactement, & déclarer dans quel sens il le prend; particulierement s'il peut prévoir que ce mot estant pris dans le sens qui luy est propre, naturel, ordinaire & commun, sa proposition passeroit dans l'esprit de la pluspart des sçavans & des gens de bien pour téméraire, scandaleuse, manifestement opposée à un point essentiel de sa religion ; & qu'elle seroit receuë de tous les Ministres d'une religion qu'il croit fausse, comme une puissante confirmation de leur erreur : & si dans ces circonstances il se sert plusieurs fois de ce terme équivoque & dangereux, sans le distinguer une seule fois, sans avertir qu'il ne le prend pas dans son sens naturel, sans jamais rien dire, qui fasse croire qu'il le prend dans un autre sens ; ne doit-on pas raisonnablement juger qu'il le prend dans son sens naturel?

III. Voila cependant ce qu'a fait M. des Cartes : il a parlé en plusieurs endroits de *la nature de la substance corporelle*, il en a disputé à fond, & fort au long [a] au commencement de la seconde partie de ses Principes ; & pour expliquer ce qu'il en pensoit, il a creû avoir besoin d'user plusieurs fois du mot *d'étenduë* : s'il a pris ce mot pour *le pouvoir d'estre étendu*, il n'ignoroit pas qu'il se prend aussi tres-souvent pour *l'étenduë* mesme ; & par consequent il sçavoit bien que ce terme est équivoque ; qu'on le peut prendre en deux sens ; & que de le prendre seulement pour

[a] *Ab initio usque ad num. 24.*

le pouvoir d'estre étendu, c'est le prendre dans un sens un peu tiré, moins propre, plus rare & plus particulier. Au reste il y a lieu de s'étonner qu'un homme éclairé n'ait pas préveu, ce que l'homme du monde le moins éclairé auroit préveu ; que ce mot estant pris dans le sens qui luy est propre, naturel & commun, sa proposition passeroit dans l'esprit de tous les veritables theologiens & de tous les bons philosophes, pour une proposition temeraire & scandaleuse, & manifestement opposée à la présence réelle du corps de JESUS-CHRIST dans le tres-saint Sacrement, qui estoit un point essentiel de la Foy, dont nous faisons profession. Tout cela pourtant n'empesche pas que M. des Cartes ne dise froidement, & qu'il ne repete sans cesse, & sans aucune distinction, que [a] *l'étenduë constituë la nature de la substance corporelle.* Que [b] *l'étenduë en longueur, largeur & profondeur constituë le corps.* Que [c] *la nature de la matiere ou du corps consiste seulement en ce qu'il est une chose étenduë en longueur, largeur & profondeur.* Que [d] *nous ne trouvons rien du tout dans l'idée du corps que l'étenduë en longueur, largeur & profondeur.* Qu'il [e] *est impossible de diminuer l'étenduë du corps sans luy oster de sa substance.* Que [f] *l'idée de l'étenduë est toute la mesme que l'idée du corps.* Que [g] *nous n'avons point d'idée d'aucune autre matiere que de celle dont la nature est*

[a] Principior. philos. part. 2. n. 11.
[b] num. 10.
[c] num. 4.
[d] num. 11.
[e] num. 8.
[f] num. 21.
[g] num. 22.

d'estre seulement une substance étenduë. Enfin il se sert dans le seul endroit que je viens de dire, jusqu'à cinquante-quatre fois de ces mots équivoques *d'étendu* & *d'étenduë*, sans jamais les expliquer, sans jamais avertir qu'il ne les prend pas dans leur sens naturel ; sans jamais rien dire qui puisse faire soupçonner qu'il les prenne dans un autre sens.

Aprés cela je laisse au lecteur à juger si M. des Cartes n'a pas donné lieu de penser qu'il les a pris dans leur sens naturel, qui favorise l'erreur. IV.

Il est vray que dans la premiere partie de ses Principes il distingue deux sortes d'étenduës ; mais la distinction qu'il en aporte, est si éloignée de celle dont on voudroit se servir icy pour l'excuser, qu'au contraire je croy m'en pouvoir servir pour prouver ce que je pretens contre luy. V.

Voicy la division qu'il fait. [a] *L'étenduë*, dit-il, *se peut prendre ou pour ce qui constituë la nature de la substance corporelle ; & alors on ne s'en doit point former d'autre idée que celle qu'on a de la mesme substance corporelle : ou seulement pour un mode du corps, en tant qu'un corps retenant sa mesme quantité peut estre étendu en plusieurs differentes manieres, tantost plus en longueur, & moins en largeur ou en profondeur ; tantost plus en largeur, & moins en longueur.* Pour bien entendre ces VI.

[a] Extensio spectari potest ut constituens naturam substantiæ corporeæ, tunc que nō aliter concipi debet quā ipsa substantia extēsa, hoc est corpus... Sumi etiam potest promodo substantiæ

quatenus unū & idem corpus retinendo paroles, il faut faire quatre ou cinq reflexions.

suam eandem quantitatem, pluribus diversis modis potest extendi; nunc scilicet magis secundùm longitudinem, minùsque secundùm latitudinem vel profunditatem; ac paulò post è contrà magis secundùm latitudinem, & minùs secundùm longitudinem. *Princip. philos. part.* 1 *n*, 63, *&* 64.

VII. Premiere reflexion. M. des Cartes n'ayant jamais fait d'autre division de l'étenduë, & ne parlant que de deux sortes d'étenduës dans cette division; on doit croire qu'il n'en reconnoist point d'autre. Il estoit trop bon philosophe pour faire une division qui ne comprît pas tous les membres de la chose divisée; & il a creu que c'estoit une regle si necessaire, soit pour bien étudier la philosophie, soit pour la bien enseigner aux autres, de ne rien omettre dans les divisions, que quoyqu'il ait negligé toutes les autres regles de logique, & qu'il ne s'en soit reservé que quatre, [b] il a jugé que celle-cy devoit estre une de ces quatre regles, qu'il vouloit garder inviolablement.

[b] Vt in difficultatum partibus percurrendis tam perfectè singula enumerarem, & ad omnia circumspicerem, ut nihil à me omitti essem certus. *In Dissert. de Methodo num.* 2.

VIII. Seconde reflexion. Parlant de la premiere des deux étenduës qu'il reconnoist, il dit en termes formels, que c'est elle qui *constitue la nature de la substance corporelle; & que nous ne devons point nous en former d'autre idée que celle que nous avons du corps.*

Troisiéme reflexion. Il prend la seconde sorte d'étenduë pour la figure. Car les differentes manieres dont un corps, par exemple du plomb, peut estre étendu tantost en long, tantost en rond, tantost en quarré, ne sont certainement que des figures differentes : or il dit expressément, qu'il prend les étenduës de cette seconde sorte pour *les differentes manieres, dont un corps peut estre étendu, en retenant toûjours sa mesme quantité.* Il les prend donc pour des figures. Et puis ne marque-t-il pas assez clairement qu'il prend cette seconde sorte d'étenduë pour un mode qui change, lorsqu'un corps qui estoit plus étendu en longueur & moins en largeur, devient plus étendu en largeur, & moins en longueur : or je demande quel est le mode qui change alors ? n'est-ce pas la seule figure ? *l'etenduë actuelle* ne demeure-t-elle pas toûjours la mesme, quoyque le corps ne soit plus étendu de la mesme maniere qu'il estoit ? Quoyqu'il ait une autre figure, n'a-t-il pas toûjours autant d'étenduë qu'il en avoit, puisqu'il acquiert selon la largeur, tout ce qu'il perd selon la longueur, & qu'il n'acquiert rien davantage? IX.

Quatriéme reflexion. M. des Cartes croit que la seconde sorte d'étenduë présuppose la premiere, & qu'elle est un mode de la premiere. Car n'y ayant selon luy X.

que deux sortes d'étenduës ; s'il dit que la seconde sorte d'étenduë est le mode de quelque étenduë, & qu'elle en présuppose quelqu'une, il faut necessairement qu'il croye qu'elle présuppose la premiere, & qu'elle en est le mode ; autrement il croiroit qu'elle se présupposeroit elle-mesme, & qu'elle seroit elle-mesme le mode & la chose modifiée ; en quoy il y a contradiction. Or il enseigne que la seconde sorte d'étenduë est un mode de quelque étenduë, & qu'elle en présuppose quelqu'une : ne dit-il pas que les étenduës de cette seconde sorte sont *les differentes manieres d'estre étendu* ? Les differentes manieres d'estre étendu ne supposent-elles pas quelque étenduë ? Les differentes manieres d'estre étendu ne sont-ce pas les modes de quelque étenduë ? De plus j'ay fait voir que par sa seconde sorte d'étenduë il entend la figure ; [a] & il met expressément la figure au nombre des modes qui présupposent quelque étenduë.

[a] Extensio in longum, latũ & profundum substãtiæ corporeæ naturã constituit, ... Nam omne aliud quod corpori tribui potest, extensionem præsupponit, estque antũm modus quidam rei extensæ.... Sic exempli causâ figura non nisi in re extensa potest intelligi. *Princip. philos. part.* 1. *n.* 53.

XI. Cinquiéme reflexion. La figure suppose necessairement *l'étenduë actuelle* ; & c'est de *l'étenduë actuelle* seulement qu'elle est le mode. En effet comme ce qui n'est point, n'est en aucune maniere pendant qu'il n'est point, quoyqu'absolument il puisse estre : ainsi ce qui n'est point étendu, n'est étendu en aucune maniere, pendant qu'il n'est point étendu, quoyqu'absolument il puisse estre étendu. Et comme une maniere d'estre est le mode de *l'estre actuel*, & non pas seulement du pouvoir d'estre : ainsi une maniere d'estre étendu, est le mode de *l'étenduë actuelle*, & non pas seulement du pouvoir d'estre étendu. Aussi M. des Cartes ne dit pas que la figure suppose seulement le pouvoir d'estre étendu, il ne dit pas qu'elle est le mode seulement d'une chose qui peut estre étenduë ; mais parlant proprement il dit [a] qu'*elle présuppose l'étenduë* ; [b] qu'*elle est le mode d'une chose étenduë*, & [c] qu'*on ne la peut concevoir que dans une chose étenduë*.

[a] Extensionem præsupponit. [b] Est tantùm modus quidã rei extensæ.

[c] Non nisi in re extensa potest intelligi. *Loco citato.*

XVII.

De ces reflexions, qu'on doit trouver ce me semble assez justes, voicy le raisonnement que je forme. M. des Cartes reconnoist sans doute qu'il y a de *l'étenduë actuelle* dans le monde. Donc puisqu'il ne reconnoist que deux sortes d'étenduës, il faut que *l'étenduë actuelle* soit l'une de ces deux étenduës qu'il reconnoist. Or sa seconde sorte d'étenduë n'est pas *l'étenduë actuelle*, mais seulement un mode de *l'étenduë actuelle* : donc *l'étenduë actuelle* est la premiere de ces deux étenduës : or cette premiere étenduë selon M. des Cartes *constituë la nature de la substance corporelle* : donc selon M. des Cartes c'est *l'étenduë actuelle* qui *constituë la nature de la substance corporelle.*

XIII. Et certes M. des Cartes ne reconnoissant que deux sortes d'étenduës, comme je l'ay remarqué dans la premiere reflexion ; & reconnoissant, comme je l'ay montré dans la troisiéme reflexion, que la figure est une de ces deux étenduës ; s'il convient que la figure présuppose *l'étenduë actuelle*, comme je l'ay fait voir dans la cinquiéme reflexion, il faut qu'il croye que la figure ne présuppose aucune autre étenduë que l'étenduë actuelle ; autrement s'il disoit que la figure présuppose encore une autre sorte d'étenduë, il se contrediroit luy-mesme, & ne reconnoissant que deux sortes d'étenduës, il en reconnoistroit plus de deux, à sçavoir la figure, *l'étenduë actuelle*, & une troisiéme sorte d'étenduë que la figure présupposeroit outre *l'étenduë actuelle* ; d'où je tire encore cette preuve efficace.

XIV. Selon M. des Cartes la seule étenduë que présuppose la figure, est *l'étenduë actuelle* : je viens de le montrer.

Selon M. des Cartes la premiere des deux étenduës, dont il parle dans sa division, est l'étenduë que présuppose la figure. C'est ce que j'ay prouvé dans la quatriéme reflexion.

Donc selon M. des Cartes la premiere des deux étenduës dont il parle dans sa division, est *l'etenduë actuelle*.

Or il dit neanmoins expressément que c'est cette premiere étenduë qui *constituë la nature de la substance corporelle*.

Il croit donc que c'est *l'etenduë actuelle*, qui *constituë la nature de la substance corporelle*.

XV.

Mais il dit bien d'autres choses, qui ne demandent pas tant de reflexions, pour faire connoistre sa pensée. [a] *Il y a*, dit-il, *deux raisons pour lesquelles on peut douter si la vraye nature du corps consiste dans la seule étenduë. L'une est que plusieurs croyent que la pluspart des corps se peuvent tellement rarefier & condenser, qu'ils ayent plus d'étenduë, quand ils sont rarefiez que lorsqu'ils sont condensez; & il y a mesme des esprits assez subtils, pour distinguer, & le corps de sa quantité, & la quantité mesme de l'étenduë.* En suitte il s'objecte une autre difficulté; & puis il répond fort au long à ces deux objections.

[a] Duæ causæ supersunt, ob quas potest dubitari an vera natura corporis in sola extensione consistat: una est quòd multi existiment pleraque corpora sic posse rarefieri ac condensari, ut rarefacta plus habeant extensionis quàm condensata; sintque etiam nonnulli adeò subtiles, ut substantiam corporis ab ejusdem quantitate, atque ipsam quantitatem ab extensione distinguant. *Princip. philos. parte* 2. *n.* 5.

XVI.

Avant que de passer outre, je demande s'il est vray-semblable que M. des Cartes ait pris le mot *d'étenduë* en trois sens differents, dans les trois fois qu'il le repete en ce peu de lignes que je viens de rapporter.

N'y a t-il pas au contraire toutes les apparences du monde, que quand il se mocque de la subtilité des philosophes qui *distinguent la substance corporelle de sa quantité, & sa quantité de son étenduë*, il prend le mot *d'étenduë* dans le mesme sens qu'il le prend, lorsqu'il s'objecte que *deux raisons pourroient faire douter* de ce qu'il a dit, que *la vraye nature du corps consiste dans la seule étenduë* Or si cela est, le moyen d'excuser M. des Cartes ? trouvera-t-on encore une troisiéme sorte *d'étendue radicale*, que les philosophes ayent distingué du corps & de la *quantité interne*? N'est-il pas constant que tous les philosophes qui *distinguent le corps de la quantité, & la quantité de l'étenduë*, prennent cette étenduë qu'ils distinguent du corps & de la quantité, pour *l'étenduë actuelle*; & ne les distinguent que parce qu'ils prennent la quantité pour un accident absolu réellement distingué de la substance du corps, & l'étenduë pour un mode par lequel les parties de la substance corporelle sont les unes hors des autres par rapport au lieu ? Et qu'est-ce qu'un mode par lequel les parties de la substance corporelle sont les unes hors des autres par rapport au lieu, si ce n'est *l'étenduë actuelle*?

XVII. Mais examinons un peu l'objection qu'il se fait, & la réponse qu'il y donne ; voicy ce me semble la forme que l'on peut donner à l'objection.

Les natures des choses estant indivisibles, & ne pouvant ny croistre ny diminuer, on ne peut pas dire que la nature du corps consiste en ce qui peut croistre & diminuer dans le corps.

Or l'étenduë du corps croist, lorsqu'il se rarefie ; & diminuë, lorsqu'il se condense.

Donc la nature du corps ne consiste pas dans l'étenduë.

Si M. des Cartes n'entend parler que de *l'étenduë radicale*, quand il dit que *la nature de la substance corporelle consiste dans la seule étenduë*, voila une belle occasion de se déclarer ; il n'a qu'à dire que quand les corps rarefiez auroient plus *d'étenduë actuelle*, ils n'auroient pas plus *d'étenduë radicale* : cela n'empesche pas qu'il ne soûtienne, s'il veut, ce que plusieurs autres philosophes soûtiennent aussi bien que luy, qu'un corps rarefié n'a pas plus *d'étenduë actuelle*, que lorsqu'il est condensé : & cependant sa réponse sera sans replique ; la foiblesse de l'objection sera manifeste ; & on verra que ce qu'il pense de la nature de la substance corporelle, n'a rien d'odieux. XVIII.

Mais il ne se sert nullement de cette explication. Il se contente de nier la seconde proposition, & de dire, [a] *qu'un corps qui est autant condensé qu'il le peut estre, ne laisse pas d'avoir autant d'étenduë qu'il en avoit lorsqu'il estoit rarefié* ; [b] *qu'il est absolument impossible qu'une chose acquier-* XIX.

[a] Part. 1. n. 6.

[b] Num. 7.

re une nouvelle étenduë, qu'il ne luy vienne une substance nouvelle: [c] *qu'on ne peut pas concevoir augmentation d'étenduë sans concevoir augmentation de substance:* [d] *qu'il ne se peut pas faire qu'un corps ne perde autant de sa substance qu'il perd de son étenduë.* Et tout cela parce que [e] *l'idée de l'étenduë est la vraye idée de la substance corporelle.*

[c] Ibid.

[d] Num. 8.

[e] Num. 9.

XX. Je demande encore une fois qu'on m'accorde que M. des Cartes a du bon sens, qu'il entend bien l'objection qu'il se propose, & que voulant contredire comme il contredit si formellement & par tant de propositions differentes le sentiment de quelques philosophes, il sçait bien que dans toutes les propositions qu'il fait pour les contredire & les refuter, il doit prendre le mot *d'étenduë* au mesme sens que ces philosophes le prennent; autrement il ne nieroit pas ce qu'ils assûrent; & quoyqu'il veüille les contredire & les refuter, en effet il ne les refuteroit pas, & ne les contrediroit en rien.

XXI. Or ces philosophes ont toûjours entendu parler de la seule *étenduë actuelle*, quand ils ont dit qu'*un corps rarefié a plus d'étenduë que lorsqu'il est condensé.* Ils n'ont jamais dit qu'un corps rarefié ait plus de pouvoir d'étre étendu, mais qu'il est actuellement plus étendu; ils n'ont jamais dit qu'un corps condensé ait moins de pouvoir d'étre étendu, mais qu'actuellement il est moins étendu.

Donc c'est aussi de *l'étenduë actuelle* que veut parler M. des Cartes dans toutes les propositions qu'il fait contre eux. Et par consequent c'est de *l'étenduë actuelle* qu'il veut parler, quand il dit dans sa derniere proposition, que [a] *l'idée de l'étenduë est la vraye idée de la substance corporelle.* XXII.

[a] *Loco ultimo citato.*

Il se fait encore une seconde objection prise du sentiment d'un tres-grand nombre de philosophes, qui croyent que Dieu peut absolument faire qu'un espace demeure vuide de toute substance corporelle : & parce qu'il voit bien que de-là on pouroit conclure contre luy, que l'idée de l'étenduë n'est pas la mesme que l'idée du corps, puisque l'on concevroit encore de l'étenduë dans cet espace vuide, sans neanmoins y concevoir un corps ; il nie ce principe si raisonnable & si communément receu ; & avoüant qu'il est impossible de concevoir un espace sans étenduë, il soûtient que dês-là il est impossible de le concevoir sans un corps, parce que concevoir une étenduë, c'est concevoir un corps. Je serois trop long, si je voulois rapporter tout ce qu'il dit sur ce sujet ; je me contente d'en tirer ce dernier raisonnement. XXIII.

Il est impossible de concevoir ny un espace, sans concevoir une *étenduë actuelle*, ny un espace borné, sans concevoir une distance actuelle entre ses bornes. Si les XXIV.

murailles d'une chambre se touchoient actuellement, elles pourroient estre separées, & devenir distantes les unes des autres ; il y auroit encore entre elles un *pouvoir de distance*, un *pouvoir d'étenduë*, une espece *d'étenduë radicale* : mais pendant que les murailles de cette chambre se toucheroient, personne ne diroit jamais qu'il y auroit de l'espace entre ces murailles ; pourquoy cela ? si ce n'est parce qu'elles ne seroient pas actuellement distantes, & qu'il n'y auroit point entr'elles *d'étenduë actuelle*. Au contraire pendant que les murailles d'une chambre demeurent separées, nous concevons fort bien, & nous disons, qu'il y a de l'espace dans cette chambre, mais aussi nous y concevons necessairement une espece *d'étendue actuelle*, nous en concevons les murailles actuellement distantes les unes des autres. Cette verité est si constante, que je ne croy pas qu'il y ait un philosophe au monde qui n'en tombe d'accord.

XXV. Il est vray qu'il y en a qui distinguent deux genres d'espace ; l'un *positif*, comme dans un vase plein d'air ; l'autre *negatif*, comme celuy qu'ils se representent au dessus du plus haut des cieux, ou qui seroit dans un vase vuide de toute substance corporelle : & qu'il y en a d'autres qui rejettent cette distinction, parce qu'ils croyent que tout espace est necessairement *positif*. Mais ils conviennent tous qu'il ne peut y avoir d'espace sans *étenduë actuelle* : que tout espace *positif* a toûjours une *étenduë actuelle positive* ; & que tout *espace negatif*, s'il y en a, doit toûjours avoir une *étenduë actuelle negative*.

XXVI. Monsieur des Cartes mesme, qui est de ceux qui ne reconnoissent point *d'espace negatif*, parce qu'il croit que le vuide est absolument impossible, avoüe qu'il ne peut concevoir l'espace qui est dans un vase, sans y concevoir une *étenduë actuelle positive*. Voicy comme il en parle. [a] *Il faut considerer, que quoyqu'il n'y ait point de connexion entre un vase & le corps particulier qui est enfermé dans ce vase, il y a neanmoins une connexion tres grande & absolument necessaire entre la figure concave du vase, & quelque sorte d'étenduë renfermée dans cette cavité. De sorte qu'il n'y a pas plus de repugnance à concevoir une montagne sans vallée, qu'à concevoir, ou cette cavité sans une étenduë qui y soit renfermée, ou cette étenduë sans une substance étenduë: parce que, comme il a esté dit souvent, une étenduë ne peut pas estre l'étenduë de rien.* La *cavité* que l'on conçoit dans un vase, c'est l'espace qui est entre les costez du vase pendant qu'ils demeurent éloignez les uns des autres : une étenduë qui n'est pas *l'étenduë de rien* mais qui est l'étenduë *d'une substance* qui remplit toute la *cavité* d'un vase, est une *étenduë actuelle positive*. M. des Cartes dit qu'il est impossible de concevoir la cavité d'un vase, sans conce-

[a] Considerare oportet nullâ quidem esse connexionem inter vas, & hoc vel illud corpus particulare quod in eo continetur: sed esse maximã ac omnino necessariã, inter vasis figuram concavam, & extensionem in genere sumptã, quæ in ea cavitate debet contineri: adeò ut non magis repugnet nos concipere montem sine valle, quàm intelligere istã cavitatem absque extensione in ea contenta,

voir dedans une étenduë qui soit *l'étenduë d'une substance* qui remplisse cette *cavité*. Donc il croit qu'il est impossible de concevoir un espace sans concevoir une *étenduë actuelle positive* ; que *l'étenduë actuelle positive* est essentielle à l'espace, & qu'elle en constituë la nature.

vel hanc extensionem absque substantia quæ sit extésa; quia, ut sæpe dictum est, nihili nulla potest esse extensio. P. 2. n. 18.

XXVII.

Si je prouve maintenant, que quand M. des Cartes dit que *l'étenduë en longueur, largeur & profondeur constituë la nature de la substance corporelle*, il entend parler de l'étenduë qui constituë la nature de l'espace, ne m'avoüera-t-on pas qu'il entend parler de l'étenduë actuelle ? Or c'est ce qu'il enseigne expressément. [a] *L'étenduë en longueur, largeur & profondeur, qui constituë l'espace*, dit-il, *est toute la mesme qui constituë le corps*. Et afin que l'on ne croye pas que ce soit un mot qui luy soit échapé sans y penser, il le repete plusieurs fois ; il dit que si nous faisons reflexion à l'idée que nous avons du corps, [b] *nous reconnoistrons aisément que c'est la mesme étenduë qui constituë & la nature du corps, & la nature de l'espace*. Que [c] *l'étenduë de l'espace n'est point differente de l'étenduë du corps* ; & que c'est pour cela que le vuide est impossible : que non seulement [d] *il n'y a point de distinction reelle entre l'espace & le corps* ; mais

[a] Extensio in longum, latũ & profundũ, quæ spatium constituit, eadem planè est cum illa quæ constituit corpus. *Paris* 2. *num.* 10.

[b] Facilè agnoscemus eandé esse extensioné quæ naturam corporis & naturam spatii constituit. *ibid. n.* 11.

[c] Vacuum, in quo nulla planè sit substantia, dari non posse manifestum est, ex eo quod extensio spatii non differat ab extensione corporis. *ibid. n.* 16.

[d] Non in re differunt spatium & substantia corporea in eo contenta. *ibid. num.* 10.

que

que [a] *l'idée mesme de l'étenduë, que nous concevons dans quelque espace que ce soit, & l'idée que nous avons du corps, sont absolument une mesme idée.*

[a] Idea ejus extensionis, quâ in spatio qualicunque concipimus, eadem planè est cum idea substantiæ corporeæ. *Ibid. n.* 21.

XXVIII.

Ramassons maintenant tout ce raisonnement pour en faire un argument convainquant.

Selon M. des Cartes l'étenduë qui constituë l'espace, c'est l'étenduë actuelle.

Selon le mesme M. des Cartes l'étenduë qui constituë le corps, c'est l'étenduë qui constitue l'espace.

Donc selon ce philosophe l'étenduë qui constituë le corps, c'est l'étenduë actuelle.

ARTICLE SECOND.

Quand M. des Cartes dit que l'étenduë en longueur, largeur & profondeur constituë la nature de la substance corporelle; *par la nature de la substance corporelle, il entend parler de l'essence de la substance corporelle.*

I.

SI M. des Cartes avoit dit seulement que c'est la nature du corps d'estre étendu, on pourroit l'excuser; & je croirois aisément qu'il n'auroit voulu dire autre chose, sinon qu'un corps est toûjours étendu, quand il est dans son état naturel ; comme nous disons que c'est la nature du feu d'échauffer, que c'est la nature de l'eau de rafraischir ; pour dire que le feu échauffe toûjours, quand il est dans son état naturel ; que l'eau quand elle est dans son état naturel rafraischit toû jours.

II. Mais comme un philosophe, qui ne croit pas que les actions d'échauffer, de rafraischir soient de l'essence du feu & de l'eau, ne dira jamais que l'action d'échauffer constituë la nature du feu, que l'action de rafraischir constituë la nature de l'eau ; que la nature du feu consiste seulement dans l'action d'échauffer, que la nature de l'eau consiste seulement dans l'action de rafraischir ; que l'idée de l'action d'échauffer est toute la mesme que l'idée du feu ; que l'idée de l'action de rafraischir est toute la mesme que l'idée de l'eau.

III. De mesme un philosophe qui ne croiroit pas que l'étenduë fust de l'essence de la substance corporelle, ne diroit jamais, ny que [a] *l'étenduë en longueur, largeur & profondeur constituë la nature de la substance corporelle*; ny que [b] *la nature de la substance corporelle consiste seulement à estre une chose étenduë* ; ny enfin que [c] *l'idée de l'étenduë soit toute la mesme que l'idée de la substance corporelle.* C'est cependant ce que dit M. des Cartes, & c'est ce qu'il dit en une infinité d'endroits. Que doit-on juger de sa pensée?

[a] 1 part. n. 53.
[b] parte 2. n. 4.
[c] parte 2, n. 21.

Parce que nous croyons que les actions d'échauffer & de rafraiſchir ne ſont pas eſſentielles au feu & à l'eau, nous diſons qu'elles peuvent s'affoiblir & diminuer ſenſiblement, & meſme ceſſer tout à fait, ſans que ny le feu ny l'eau perdent rien de leur ſubſtance. L'Ecriture ſainte nous en fournit [a] un exemple dans la fournaiſe de Babylone, où trois jeunes hommes trouverent du rafraiſchiſſement au milieu des flammes. Et l'hiſtoire eccleſiaſtique fait ſi ſouvent mention de martyrs, qui ſe ſont trouvez au milieu des étangs glacez, ſans y rien perdre non ſeulement de la ferveur de leur eſprit, mais meſme de la chaleur neceſſaire à la vie de leur corps. IV.

[a] *Daniel.* 3.

Donc ſi M. des Cartes croit que l'étenduë n'eſt pas eſſentielle au corps, mais qu'elle en eſt ſeulement un *mode accidentel;* s'il croit que l'étenduë ne convient au corps que comme les actions d'échauffer & de rafraiſchir conviennent au feu & à l'eau, il doit avouër qu'il ſe peut faire abſolument qu'un corps perde une partie de ſon étenduë ſans rien perdre de ſa ſubſtance; & s'il ne l'avouë pas, du moins il ne doit pas dire le contraire; il ne doit pas ſoûtenir [b] qu'*il eſt impoſſible que l'étenduë du corps ſoit diminuée, ſans une egale diminution de ſubſtance du corps.* Et c'eſt neanmoins ce qu'il ſoûtient. Encore une fois que doit-on croire de ſa penſée? V.

[b] *part.* 2. *n.* 8.

Mais plûtoſt que n'en doit-on pas croi- VI.

re, si on considere ce qu'il ajoûte immediatement aprés les dernieres paroles que je viens de citer? [a] *Et bien que quelques-uns parlent peut-estre autrement, je ne pense pas neanmoins qu'ils en conçoivent autre chose: mais lorsqu'ils distinguent la substance de l'étenduë, ou ils ne conçoivent rien par le nom de substance, ou ils ont seulement une idée confuse d'une substance spirituelle, qu'ils attribuent faussement au corps; & laissent à l'étenduë, qu'ils appellent neanmoins un accident, la vraye idée de la substance corporelle; signifiant ainsi par leurs paroles toute autre chose que ce que leur esprit conçoit.*

[a] Et quamvis fortè nonnulli aliud dicant, nõ puto tamẽ ipsos aliud ea de re percipere. Sed cùm substantiã ab extẽsione distinguunt, vel nihil per nomen substantiæ intelligunt, vel confusam tantùm substantiæ incorporeæ ideam habent, quam falsò tribuunt corporeæ; hujusque substantiæ corporeæ veram ideam extensioni relinquunt, quam tamen accidens vocant: atque ita planè aliud efferunt verbis, quàm mente comprehendunt. *Parte 2. num. 9.*

VII. M. des Cartes dit quatre choses en ce peu de paroles. 1. Que ceux qui conçoivent la substance du corps, sans concevoir l'étenduë, *ne conçoivent rien, ou n'ont qu'une idée confuse d'une substance spirituelle.* 2. Que *l'idée qu'ils reservent à l'étenduë est la vraye idée de la substance corporelle.* 3. Que *c'est faussement qu'ils attribuent au corps une idée qui ne renferme pas l'étenduë.* 4. Que quand ils disent, *corps*, & qu'ils ne conçoivent pas *étenduë*, *ils disent toute autre chose que ce qu'ils conçoivent*. C'est à dire en bon françois, qu'ils ne sçavent ce qu'ils disent. De-là je tire les raisonnemens suivans.

VIII. 1. Le corps consideré sans ce qui n'est pas de son essence, est quelque chose, & n'est pas un esprit. Donc si l'étenduë n'est pas de l'essence du corps ; quand on conçoit le corps sans concevoir l'étenduë, il il ne s'ensuit pas pour cela que l'on ne conçoive rien, ou que l'on n'ait qu'une idée confuse d'un esprit. Or M. des Cartes dit que quand on conçoit le corps sans concevoir l'étenduë, *on ne conçoit rien, ou que l'on n'a qu'une idée confuse d'un esprit*. Donc il croit que l'étenduë est de l'essence du corps.

IX. 2. L'idée qui ne represente qu'un accident de la substance corporelle, n'est pas la vraye idée de la substance corporelle. Afin qu'on puisse dire qu'une idée est la vraye idée d'une chose, il faut qu'on croye qu'elle represente l'essence de cette chose, & qu'elle n'en represente pas une autre. Or M. des Cartes dit que *l'idée de l'etenduë est la vraye idée de la substance corporelle*. Il faut donc qu'il croye que l'idée de l'etenduë represente l'essence de la substance corporelle, & ne represente rien autre chose, & que par consequent l'étenduë que represente cette idée, est l'essence de la substance corporelle.

X. 3. Si l'étenduë n'est pas l'essence du corps, on se peut former une idée du corps qui ne renferme point l'étenduë, & attribuer en suite cette idée au corps sans fausseté. Que veut donc dire M. des Cartes lorsqu'il dit que quelque idée que les philosophes se forment de la substance corporelle, quand ils ne la conçoivent pas étenduë, ils ne se forment qu'une fausse idée du corps, & que *c'est faussement qu'ils attribuent au corps cette idée?* N'est-il pas évident qu'il suppose que l'étenduë est de l'essence du corps ?

XI. 4. Ce seroit mal parler que de dire qu'un homme ne sçait ce qu'il dit, & qu'il dit toute autre chose que ce qu'il conçoit, quand il dit un mot sans penser à un accident, ou mesme à une proprieté de la chose, qui est signifiée par le mot qu'il prononce. Par exemple quand je dis, *homme*, sans penser ny à la santé de l'homme, ny au pouvoir que l'homme a de rire; M. des Cartes ne dira pas précisément pour cela que je ne sçay pas ce que je dis, & que je dis toute autre chose que ce que je conçois. Or il dit que je ne sçay ce que je dis, & que je dis toute autre chose que ce que je conçois, quand je dis *corps*, sans concevoir *étenduë* : il croit donc que l'étenduë n'est pas seulement un accident, ou une proprieté du corps, mais qu'elle luy est essentielle.

XII. Il est vray qu'il parle un peu diversement dans les diverses comparaisons qu'il fait de l'espace, tantost avec un corps particulier, & tantost avec le corps pris en general. Mais dans ces differentes manieres de parler il marque toûjours constamment qu'il croit que l'étenduë est de l'essence soit de chaque corps en particulier, soit du corps pris en general.

XIII.

Quand il considere un corps particulier, par exemple l'air qui est dans un vase ; & qu'en suite sans penser ny à aucun autre corps particulier qui y soit contenu, il considere seulement l'espace qui est entre les costez de ce vase ; il dit que l'espace consideré de la sorte est à l'égard d'un corps particulier, ce que le genre ou l'espece est à l'égard de l'individu, [a] *qu'il n'y a pas plus de difference entre l'espace & le corps, qu'il y en a entre la nature du genre & de l'espece, & la nature de l'individu.* Et que [b] *toute la difference vient de ce que nous considerons l'étenduë comme singuliere dans un corps particulier, ou dans l'espace pris en general nous la concevons comme un genre.*

a Facilè agnoscemus eandē esse extensionem, quæ naturam corporis & naturam spatii constituit; nec magis hæc duo à se mutuò differre, quàm natura generis aut speciei differt à natura individui. *parte* 2. *num.* 11.

b In hoc differentia est, quòd extensionem in corpore ut singularem consideremus...... in spatio verò unitatem tantùm genericam ipsi tribuamus. *ibid. n.* 10.

XIV.

Le genre est essentiel à l'individu, & tout ce qui est de l'essence du genre, est aussi de l'essence de l'individu. Selon M. des Cartes l'espace est le genre de chaque corps particulier. Donc selon luy l'espace & tout ce qui est de l'essence de l'espace, est aussi de l'essence de chaque corps particulier. Or il soûtient que l'étenduë actuelle est essentielle à l'espace ; & [a] qu'*il est aussi impossible de concevoir espace sans étenduë, qu'il est impossible de concevoir montagne sans vallée.* Je l'ay fait voir au premier article. [b] Donc il soûtient que l'étenduë actuelle est essentielle à chaque corps particulier.

XV. Aprés cela, s'il disoit que l'étenduë n'est pas de l'essence du corps pris en general, il se contrediroit luy-mesme ; car ce qui convient à tous les individus particuliers d'un genre, convient necessairement au genre mesme ; & ainsi on ne peut soûtenir que l'étenduë soit essentielle à chaque corps en particulier, sans soûtenir consequemment qu'elle est essentielle au corps en general.

XVI. Mais il ne faut pas craindre que M. des Cartes se contredise en un point qu'il a si fort à cœur. Au contraire quand il compare l'espace avec le corps pris en general, il ne dit plus qu'il y ait de la difference entre l'espace & le corps ; il ne dit plus que l'étenduë qui est essentielle à l'espace, soit seulement à l'égard du corps ce que le genre est à l'égard de l'individu : mais il dit qu'elle est toute l'essence du corps ; [c] *que l'idée de l'étenduë que nous attribuons à quelque espace que ce soit, est toute la mesme que l'idée du corps* ; & que [d] *si nous*

[a] part. 2. n. 18.

[b] n. 41.

[c] Idea ejus extensionis, quã in spatio qualicunque cõcipimus, eadem planè est cum idea substantiæ corporeæ. P. 2. n. 11.

[d] Si attendentes ad ideam quam habemus alicuius corporis, exempli causâ, lapidis, reiicimus ab illa id omne quod ad corporis naturam non requiri cognoscimus ; nempe reiiciamus primò duritiem, &c. . . . . . animadvertemus nihil planè in ejus idea remanere, præterquàm quod sit quid extensum in longum, latum & profundum. parte 2. n. 11.

voulons considerer l'idée que nous avons du corps, en rejettant tout ce que nous sçavons qui n'appartient pas à la nature du corps, comme la dureté, la couleur, la pesanteur, la chaleur, le froid, & toutes les autres qualitez; nous trouverons qu'il n'y aura plus rien du tout dans l'idée du corps, que l'étenduë en longueur, largeur & profondeur.

XVII. Quand on ne separe de l'idée du corps que ce qui n'appartient pas à la nature du corps, l'essence du corps y doit encore demeurer toute entiere. Donc s'il ne demeure que l'étenduë dans l'idée du corps, quand on n'en rejette que ce qui n'appartient pas à sa nature, il faut que l'étenduë seule soit toute la nature du corps. Or M. des Cartes supposant que *nous rejettions de l'idée du corps tout ce que nous sçavons qui n'appartient pas à la nature du corps*, asseure neanmoins que *nous trouverons qu'il n'y aura plus rien dans l'idée du corps que l'étenduë.* Comment donc peut-on douter qu'il n'ait crû que l'étenduë est toute l'essence du corps?

XVIII. Que pouvoit-il dire pour se mieux expliquer? Falloit-il qu'il se servist du mot d'essence? il s'en est servy. [a] *Il y a*, dit-il, *en chaque substance une proprieté principale, qui constituë sa nature & son essence, & à laquelle toutes les autres proprietez se rapportent. Ainsi l'étenduë en longueur, largeur & profondeur constituë*

[a] Vna est cujusque substãtiæ præcipua proprietas, quæ ipsius naturam essentiamque constituit, & ad

la nature de la substance corporelle. Voila parler clairement.

quâ aliæ omnes referũtur: nempe extensio in longum, latum & profundum, substantiæ corporeæ naturam constituit. *parte 1. n. 53.*

XIX.

Faisons encore une reflexion sur la raison qu'il employe dans cet endroit pour prouver son opinion. *L'étenduë en longueur, largeur & profondeur constituë la nature de la substance corporelle.* Pourquoy ? [a] *Parce que*, selon M. des Cartes, *tout ce qu'on peut dire du corps présuppose l'étenduë.* Ou l'on ne peut rien dire du corps qui luy soit essentiel ; ou il faut que ce soit ce que toutes les choses qu'on luy peut attribuer présupposent. Or selon M. des Cartes *l'étenduë* est un attribut du corps *que tous les attributs du corps présupposent*, & qui par consequent ne peut en présupposer aucun : donc selon M. des Cartes, ou le corps n'a aucun attribut qui luy soit essentiel, ou l'étenduë luy est essentielle.

[a] Nam omne aliud quod corpori tribui potest, extensionem præsupponit. *ibid.*

ARTICLE TROISIEME.

Quand M. des Cartes dit que l'étenduë en longueur, largeur & profondeur constituë la nature de la substance corporelle, *on a sujet de penser qu'il ne veut pas dire seulement que c'est tout ce qu'il en connoist par raison; mais il prétend que la chose est de la maniere qu'il l'asseure, & que* l'étenduë en longueur, largeur & profondeur constituë *en effet* la nature de la substance corpoporelle.

CEux qui soûtiennent que M. des Cartes a voulu dire seulement que l'étenduë formelle & actuelle, dont j'ay parlé cy-devant, estoit tout ce qu'il connoissoit de l'essence du corps par les lumieres de la raison naturelle, doivent soûtenir deux choses. La premiere, qu'il a reconnu par raison que l'étenduë formelle est de l'essence du corps : la seconde, que par la seule raison il n'en a reconnu rien autre chose. I.

Que la raison ne luy en ait rien fait connoistre autre chose, je m'en rapporte à II.

cependant je prouveray [a] ailleurs par des raisons purement naturelles, que l'étenduë formelle ne fait point l'essence du corps.

[a] Dans la 2. partie chap 3. art 4. n. 7 8. 9. & les suiv.

III. Mais quand j'avouërois qu'il est impossible de le prouver par raison, il faudroit toûjours qu'on m'avoüast qu'il est encore moins possible que la raison prouve bien le contraire; puisque le contraire est faux, comme je le feray [b] voir dans la seconde partie, par une conclusion necessairement tirée d'un article de Foy, & qu'il n'y a point de bonne raison qui puisse prouver une proposition fausse.

[b] chap. 21

IV. Ainsi on ne peut pas soûtenir que M. des Cartes ait reconnu par aucune bonne raison que l'étenduë formelle soit de l'essence du corps; & s'il l'a soûtenu, on ne peut pas dire qu'il l'ait soûtenu sans temerité. Sa raison ne luy démontrant rien de part ny d'autre, il devoit du moins suspendre son jugement toutes les fois qu'il raisonnoit purement en philosophe; & au lieu de dire aussi positivement qu'il l'a dit tant de fois, que *la nature de la matiere ou du corps consiste dans la seule étenduë*, il devoit se contenter de dire que quand il examinoit la nature de la matiere ou du corps par les lumieres de la seule raison, il ne pouvoit juger si elle consistoit, ou si elle ne consistoit pas dans l'étenduë formelle.

V. On pouroit dire que la raison qu'il a eu de soûtenir cette doctrine n'estoit pas bonne en effet, puisqu'elle estoit opposée à la verité; mais qu'elle estoit si apparemment bonne, qu'il estoit impossible à un esprit humain d'en découvrir la fausseté par ses seules lumieres.

VI. J'ay déja dit que je montrerois en son lieu que cela n'est pas impossible, mais je voudrois cependant que les Cartesiens nous fissent une bonne fois cette confession, & avoüassent sincerement que la proposition de Monsieur des Cartes prise comme elle est conceuë & dans son sens literal, est absolument fausse, & contraire à ce que l'Eglise nous oblige de croire du corps de Jesus-Christ dans le saint Sacrement de l'Autel. S'ils sont catholiques, il faut absolument qu'ils le confessent; & ils ne doivent point avoir de peine à le faire, s'ils croyent que ce sens n'ait jamais esté le sens de M. des Cartes. Quoyqu'il en soit, s'ils ont raison de condamner quelques philosophes scolastiques qui traitent d'extravagance tout ce qu'ils s'imaginent estre de M. des Cartes sans avoir jamais lû ses livres, nous n'avons pas moins de raison de les condamner eux-mesmes, s'ils prétendent que toutes les opinions de M. des Cartes doivent passer en philosophie pour des principes évidents qu'il n'est pas permis d'examiner.

VII. L'un & l'autre me paroist indigne de gens d'esprit, & marque asseurément de la préoccupation. Il faut avouër que

M. des Cartes a trouvé une infinité de belles choses ; mais il faut avoüer aussi qu'il s'est trompé dans le point que je traite & dans plusieurs autres. Ce qui ne doit pas empescher qu'on ne dise qu'il a esté un tres-grand philosophe : puisqu'il n'y a point de philosophe qui ne se trompe quelquefois ; & que les plus grands philosophes sont ceux qui se trompent le moins, qui trouvent plus de veritez, & qui soûtiennent mieux les veritez qu'ils ont trouvées.

VIII. Mais venons à nostre sujet ; & quoyque M. des Cartes n'ait pû avoir aucune raison probable de dire ce qu'il a dit de l'essence du corps, accordons qu'il en a eu une non seulement probable, mais mesme si specieuse, qu'il estoit impossible à toutes les lumieres naturelles d'en découvrir le foible. Sur quel fondement peut-on excuser sa doctrine, & soûtenir que quand il a dit que *l'étenduë en longueur, largeur & profondeur constituë la nature de la substance corporelle*, il n'a point donné occasion de croire que cela est vray au préjudice de la Foy ?

IX. Un homme qui croiroit effectivement que *l'étenduë en longueur, largeur & profondeur constituë la nature de la substance corporelle*, s'expliqueroit-il en d'autres termes, qu'en disant que *l'étenduë en longueur, largeur & profondeur constituë la nature de la substance corporelle* ? A-t-on coûtume d'expliquer autrement ce qu'on pense, soit dans la conversation, soit dans les écoles, soit dans les livres qu'on donne au public ?

Quand un philosophe a avancé une proposition ; quand il s'est mis en peine de la prouver ; quand il s'est proposé les objections contraires ; quand il s'est efforcé de répondre à ces objections, & de montrer qu'elles ne font rien contre sa proposition ; ne donne-t-il pas lieu de croire qu'il juge cette proposition veritable ; & les autres philosophes ne supposent-ils pas qu'il la croit telle ? X.

Voilà ce qu'a fait M. des Cartes ; il a avancé cette proposition, que *l'estenduë en longueur, largeur & profondeur constituë la nature de la substance corporelle* ; il l'a repetée plusieurs fois en d'autres termes encore plus forts ; il s'est mis en peine de la prouver ; il s'est proposé les objections contraires ; il s'est efforcé de répondre à ces objections, & de montrer qu'elles ne faisoient rien contre sa proposition ; il a fait encore plus, il s'est servy de cette proposition pour en faire le fondement de toute sa physique, & pour prouver ses principales conclusions. Aprés cela peut-on trouver étrange que ses lecteurs pensent qu'il a jugé cette proposition veritable ? XI.

Mais s'il y a des gens qui ayent assez d'opiniastreté pour ne se pas rendre à une preuve si raisonnable, comment resisteront- XII.

ils au raisonnement suivant ? Ne m'avouëront-ils pas que ces deux propositions sont bien differentes ? *Ie ne reconnois rien qui constituë la nature de la substance corporelle, si ce n'est l'étenduë ; & je reconnois positivement qu'il n'y a rien du tout que l'étenduë qui constituë la nature de la substance corporelle.* Ne m'avouëront-ils pas qu'il y a encore plus de difference entre ces deux autres propositions ? *Ie ne connois pas que l'étenduë ne fait point la nature de la substance corporelle ; & je reconnois que l'étenduë fait la nature de la substance corporelle.*

XIII. Ils prétendent que M. des Cartes veut dire seulement qu'*il ne connoist pas par raison que l'étenduë ne fait point la nature de la substance corporelle* ; qu'*il ne connoist rien qui fasse la nature de la substance corporelle, si ce n'est l'étenduë.* Je ne refuse point d'en convenir, si l'on suppose qu'il n'a pas toûjours sçû ce qu'il écrivoit. Je n'ay pas formé le dessein d'attaquer ny la foy ny la personne de M. des Cartes ; mais seulement de montrer que la lecture de ses ouvrages est préjudiciable à la creance de l'Eglise. Et pour cet effet je soûtiens qu'il a enseigné positivement, que *l'étenduë fait la nature de la substance corporelle* ; qu'*il reconnoist qu'il n'y a rien du tout que l'étenduë qui constituë la nature de la substance corporelle.*

XIV. Qui nous peut mieux juger que M. des Cartes ? qu'il parle donc luy-mesme, &

qu'il soit nostre juge. [a] *Si nous considerons attentivement l'idée que nous avons d'un corps, par exemple d'une pierre, & si nous faisons abstraction de tout ce que nous sçavons qui n'appartient pas à la nature du corps, nous reconnoistrons aisément que c'est la mesme étenduë qui constituë & la nature du corps, & la nature de l'espace.* Et un peu plus bas : [b] *Car ainsi nous reconnoistrons qu'il ne restera plus rien du tout dans l'idée du corps que ce qui est contenu dans l'idée de l'espace, à sçavoir qu'il est quelque chose d'étendu en longueur, largeur & profondeur.* M. des Cartes ne parle-t-il pas comme je le fais parler ? *Nous reconnoistrons aisement que c'est la mesme étenduë, qui constituë & la nature du corps, & la nature de l'espace.* N'est-ce pas la premiere proposition que je luy fais dire? *Si nous faisons abstraction, &c. nous reconnoistrons qu'il n'y aura plus rien du tout dans le corps que ce qui est contenu dans l'idée de l'espace, à sçavoir qu'il est quelque chose d'étendu en longueur, largeur & profondeur.* N'est-ce pas la seconde proposition que je pretends qu'il a faite?

[a] Facilè agnoscemus eandem esse extensionem, quæ naturam corporis & naturam spatii constituit. . . si attendentes ad ideam, quam habemus alicujus corporis exempli causâ lapidis, reiiciamus ab illa id omne quod ad corporis naturam non requiri cognoscimus. *Princip. phil. s. p. 2. n. 11.*

[b] Ita enim animadvertemus nihil planè in ejus idea remanere præterquam quod sit quid extensum in longum, latum & profundum, quod idem continetur in idea spatii. *ibid.*

XV.

J'ajoûte qu'il a dit bien davantage, & je prie mon lecteur de considerer ce que je vais dire. Jamais on n'a démontré le sentiment d'aucun autheur, si je ne démontre icy le sentiment de M. des Cartes.

XVI.

La premiere maxime qu'il prend dans

sa methode, & qu'il se propose comme [a] *une regle qu'il est resolu de garder toute sa vie, c'est de ne rien recevoir comme vray que ce qu'il connoistra certainement & évidemment estre vray; & de ne soûtenir aucune conclusion, à moins qu'elle ne luy paroisse si claire & si distincte, qu'il ne puisse en aucune maniere la revoquer en doute.* Donc quand il a soûtenu ensuite cette conclusion dans la seconde partie de ses Principes, que [b] *la nature de la matiere ou du corps consiste seulement en ce qu'il est une chose étenduë en longueur, largeur & profondeur*; il faut non seulement qu'il l'ait crûe veritable, mais mesme qu'elle luy ait paru *si certaine & si évidente, si claire & si distincte, qu'il n'ait pû en aucune maniere la revoquer en doute.*

[a] Pro immensa multitudine præceptorum quibus Logica referta est, sequentia quatuor mihi sufficctura esse arbitratus sū, modò firmiter & constanter statuerem ne semel quidem ab illis toto vitæ meæ tempore deflectere. Primum erat, ut nihil unquam velùti verum admitterem, nisi quod certò & evidenter verum esse cognoscerem .... nihilque amplius conclusione complecterer, quàm quod tam clarè & distinctè rationi meæ pateret, ut nullo modo in dubium possem revocare. *in Dissert. Meth. num.* 2.

[b] *Princip. philos. parte* 2. *num.* 4.

XVII. C'est ce qu'il a avoüé en plusieurs endroits de la premiere partie de ses Principes. Il dit en un endroit, que la notion qu'il nous donne du corps est [c] *un des premiers principes de la connoissance humaine.* Les premiers principes doivent estre certains & évidents; & il faut que cette notion ait paru à M. des Cartes certaine & évidente, puisqu'il l'a mise au nombre des premiers principes. Il dit

[c] *Principior. philos. parte* 1, *n.* 75.

ailleurs, que quand il soûtient que [a] *l'étenduë en longueur, largeur & profondeur constituë la nature de la substance corporelle, l'idée qu'il a de la substance corporelle est une idée claire & distincte.* Et dans un autre endroit, que [b] *l'idée qu'il donne du corps est du nombre de ces idées qu'il juge vrayes, lorsqu'il est déterminé à ne juger vrayes que les idées qu'il connoist estre claires & distinctes.*

[a] Extensio in longum, latum & profundum substantiæ corporeæ naturam constituit; & cogitatio constituit naturam substantiæ cogitantis: nam omne aliud &c..... atque ita facile possumus duas claras & distinctas habere notiones sive ideas, unam substantiæ cogitantis creatæ, aliam substantiæ corporeæ; si nempe attributa omnia cogitationis ab attributis extensionis accuratè distinguamus. *Princip. philos. parte* 1. *n.* 53. & 54.

[b] Notiones eæ omnes & solæ quas attendendo clarè ac distinctè cognoscemus, judicandæ sunt veræ, quod agentes in primis animadvertemus nos existere, quatenus sumus naturæ cogitantis, & simul etiam esse Deum, & ...... denique præter notiones Dei & mentis nostræ, esse etiam in nobis notitiam multarum propositionum æternæ veritatis .... itemque naturæ cuiusdam corporeæ sive extensæ. *ibid. num.* 75.

XVIII.

Il n'y a point de Cartesien qui ne voye déja ce que je prétends; car c'est la doctrine constante de M. des Cartes, [c] *que tout ce qu'il connoist clairement & distinctement, est veritable;* que [d] *toutes les idées claires & distinctes qu'il a des choses sont veritables; & que tout ce qui se trouve dans ces idées est necessairement dans les choses.* Il dit dans sa Methode, que [e] *c'est un principe general qu'il a droit de*

[c] *In dissert. de Methodo num.* 4.

[d] *Au premier tome de ses lettres. lett.* 105.

[e] Credidi me pro regula generali sumere posse omne id quod valde dilucidè & distinctè concipiebam, verum esse, *in Dissert. de Methodo n.* 4.

supposer ; [a] il le repete dans ses Meditations quasi en mesmes termes. [b] Il avouë qu'il le suppose en effet, [c] il se vante de *l'avoir démontré* Il soûtient ensuite cette maxime, que [d] *jamais il ne se trompe lorsqu'il juge des choses, comme il connoist clairement & distinctement qu'il en faut juger*. Il ose mesme avancer, que s'il se trompoit quand il juge des choses suivant les idées claires & distinctes qu'il en a, [e] *son erreur prouveroit que Dieu seroit capable de vouloir tromper*, & *qu'on* [f] *pouroit dire avec justice que Dieu seroit un trompeur*. Il me semble qu'il n'y a plus personne qui ne puisse aisément former ce raisonnement.

[a] Videor pro regula generali posse statuere illud omne esse verum, quod valde clarè & distinctè percipio. *Medit. 3.*

[b] Pro regula assumpsi illa omnia quæ clarè & distinctè concipimus, vera esse. *In dissert. de Methodo n. 4*

[c] Fusè demonstravi illa omnia quæ clarè cognosco, esse vera. *Medit. 5.*

[d] Manifestum est nos non falli, cùm id tantùm affirmamus aut negamus, quod clarè & distinctè percipimus esse sic affirmandum aut negandum. *Princip. philos. parte 1. num. 33.* Certum est nihil nos unquam falsum pro vero admissuros, si tantum iis assensum præbeamus quæ clarè & distinctè percipimus. *ibid n. 42.*

[e] Noster error decipiendi voluntatem in Deo testaretur. *In respons. ad obiectionem 15 ex tertiis obiect.*

[f] Sequitur cognoscendi facultatem à Deo nobis datam nullum unquam obiectum posse attingere, quod non sit verum quatenus ab ipsa attingitur, hoc est, quatenus clarè & distinctè percipitur. Meritò enim deceptor esset dicendus, si perversam illam ac falsum pro vero sumentem nobis dedisset. *Principiorum philosophiæ prima parte n. 30.*

XIX. Monsieur des Cartes croit & soûtient que *tout ce qu'il connoist clairement & distinctement, est veritable* ; que *tout ce qui est dans les idées claires & distinctes qu'il a des choses*, *est necessairement dans les choses mesmes*; que *jamais il ne se trompe*: que *jamais il ne prend le faux pour le vray*, *quand il juge des choses suivant les idées claires & distinctes qu'il en a*; & que s'il se trompoit, *il pourroit dire avec justice que Dieu seroit un trompeur*.

Or le mesme M. des Cartes soûtient que l'idée qui represente que *l'étenduë en longueur*, *largeur & profondeur constituë la nature de la substance corporelle*, *est une idée claire & distincte*, & qu'*elle est du nombre des idées qu'il juge vrayes*, *lorsqu'il est déterminé à ne juger vrayes que celles qu'il connoist clairement & distinctement*. XX.

Donc il enseigne qu'il est vray, que *l'étenduë en longueur*, *largeur & profondeur constituë* en effet *la nature de la substance corporelle*; que ce qui est dans cette idée de la substance corporelle, est effectivement dans la substance corporelle; qu'*il ne se trompe pas*, *& qu'il ne prend pas le faux pour le vray*, quand il juge suivant cette idée, que *la nature de la substance corporelle consiste seulement en ce qu'elle est une chose étenduë en longueur*, *largeur & profondeur*; & que s'il se trompoit dans ce jugement qu'il fait de l'essence de la substance corporelle, *il pourroit dire avec justice que Dieu seroit un trompeur*. XXI.

CHAPITRE II.

M. des Cartes enseigne que les parties de la substance corporelle sont absolument impenetrables; & qu'un corps ne peut jamais estre reduit à un plus petit espace que celuy qu'il occupe naturellement.

1. ON ne peut feindre que deux sortes d'étenduës actuelles ; l'une simple, que plusieurs philosophes appellent *virtuelle*, & qu'ils attribuent non seulement aux esprits, mais encore aux plus petites parties de la matiere, qui sont à ce qu'ils croyent, réellement indivisibles, quoyqu'elles ayent de l'étenduë. L'autre composée, que ces mesmes philosophes appellent *formelle*, qui convient naturellement à tous les corps divisibles & composez de parties, & qui consiste dans la situation de ces parties les unes hors des autres.

12. M. des Cartes ne reconnoist point d'étenduë *virtuelle*, au moins dans les substances corporelles. Car c'est un principe constant dans sa philosophie, que toute substance corporelle est divisible à *l'indefiny*; & qu'il n'y a, & qu'il ne peut y avoir aucune partie de matiere qui soit indivisi-

ble. [a] *De ce que nous avons reconnu*, dit-il, *que la nature de la substance corporelle consiste seulement en ce qu'elle est une chose étenduë ..... nous reconnoissons encore qu'il ne se peut pas faire qu'il y ait des atomes ou des parties de matiere qui soient indivisibles de leur nature* Il s'efforce en suite de prouver cette proposition, puis il conclud en ces termes. [b] *Quand mesme nous supposerions que Dieu auroit entrepris de faire qu'une petite partie de matiere ne pûst estre divisée en d'autres parties plus petites, on ne pouroit pas dire neanmoins proprement que cette petite partie seroit indivisible : car bien qu'il l'eust renduë indivisible à toutes les creatures ; comme il ne peut pas diminuer sa propre puissance, il n'auroit pas pû s'oster à luy-mesme le pouvoir de la diviser ; & ainsi absolument parlant cette petite partie demeureroit divisible, parce qu'elle est telle de sa nature.*

[a] Postquam sic advertimus substantiæ corporeæ naturam in eo tantùm consistere, quòd sit res extensa ....facile cognoscimus.... *Parte* 2. *n*. 19. Cognoscimus etiam fieri non posse ut aliquæ atomi, sive materiæ partes ex natura sua indivisibiles existant. *ibid. num.* 20.

[b] Quinetiam si fingamus Deum efficere voluisse, ut aliqua materiæ particula in alias minores dividi non possit, non tamen illa propriè indivisibilis erit dicenda : ut enim effecerit eam à nullis creaturis dividi posse, non certè sibi ipsi ejusdem dividendæ facultatem potuit adimere ; quia fieri planè non potest, ut propriam suam potentiam imminuat, Atque ideo absolutè loquendo, illa divisibilis remanebit, quoniam ex natura sua est talis. *ibid.*

III.

Cela supposé, comment peut-on douter de la pensée de M. des Cartes touchant l'impenetrabilité des parties du corps ? Il soûtient que l'étenduë actuelle est toute l'essence du corps ; & il ne reconnoist point d'autre étenduë actuelle que celle que les philosophes ont appellée *formelle*, & qui consiste dans la situation des parties du corps les unes hors des autres. Il soûtient donc que l'étenduë formelle est toute l'essence du corps, & qu'il est essentiel au corps d'avoir ses parties les unes hors des autres. Or s'il est essentiel au corps d'avoir ses parties les unes hors des autres, il est impossible absolument que le corps n'ait ses parties les unes hors des autres : s'il est impossible absolument qu'il n'ait ses parties les unes hors des autres, il est absolument impossible qu'il ait ses parties les unes dans les autres ; & s'il est absolument impossible qu'il ait ses parties les unes dans les autres, n'est-il pas évident qu'il est composé de parties absolument impenetrables?

IV. Une substance qui n'a point de parties qui soient les unes hors des autres, n'est pas divisible selon la doctrine de M. des Cartes, quand il dit que la plus petite partie de matiere que l'on se peut imaginer est toûjours divisible. Il faut donc qu'une substance divisible ait ses parties les unes hors des autres ; & s'il luy est essentiel d'estre une substance toûjours divisible, il luy doit estre aussi essentiel d'avoir toûjours ses parties les unes hors des autres. Or M. des Cartes soûtient que la substance corporelle est essentiellement une substance toûjours divisible, *elle est telle de*

sa

sa nature. Il enseigne donc qu'il est essentiel à la substance corporelle d'avoir toûjours ses parties les unes hors des autres. Des parties qui sont essentiellement les unes hors des autres, ne sont-elles pas essentiellement impenetrables ?

V. Si quelques parties d'une substance corporelle pouvoient estre mises dans quelques autres parties de la mesme substance, il se pouroit faire qu'un corps perdist de son étenduë sans rien perdre de sa substance. Par exemple, si l'estomach d'un homme demeurant dans sa place, sa teste venoit à s'enfoncer & à se mettre dans la mesme place où son estomach est déja, sans le faire grossir ; cet homme ne perdroit rien de sa substance, mais il perdroit de son étenduë, car il perdroit beaucoup en hauteur, sans rien gagner ny en largeur ny en profondeur.

VI. Or M. des Cartes enseigne que cela est impossible. [a] *Il ne se peut pas faire*, dit-il, *qu'un corps perde tant soit peu de son étenduë, qu'il ne perde autant de sa substance.*

[a] In re fieri non potest, ut vel minimum quid ex extensione tollatur, quin tantumdem etiam de substantia detrahatur. *Parte 2. num. 8.*

VII. Et qu'on ne me dise pas qu'il veut seulement dire que cela ne se peut pas faire naturellement, mais qu'il ne croit pas que cela soit absolument impossible.

VIII. Car 1. dans la philosophie de M. des

Cartes, il eſt auſſi difficile qu'un corps perde de ſon étenduë ſans perdre de ſa ſubſtance, qu'il eſt difficile qu'un corps acquierre une nouvelle étenduë ſans acquerir une nouvelle ſubſtance. Les Carteſiens confeſſent qu'il enſeigne, que l'un & l'autre eſt impoſſible, & également impoſſible. Et cependant il ſoûtient en termes formels, qu'*il y a contradiction abſoluë*, & par conſequent qu'il eſt abſolument impoſſible *qu'un corps acquierre une nouvelle étenduë ſans qu'il luy vienne une nouvelle ſubſtance*. Ne faut-il donc pas qu'il croye auſſi qu'il y a une contradiction abſoluë, & qu'il eſt abſolument impoſſible qu'un corps perde de ſon étenduë ſans perdre de ſa ſubſtance.

s Planè repugnat aliquid nova extenſione augeri, quin ſimul etiam nova ſubſtantia extenſa, hoc eſt novum corpus ei accedat. *Partes num. 7.*

IX.

2. S'il ne croit pas que cela ſoit abſolument impoſſible; s'il croit au contraire que cela ſe puiſſe faire par la toute-puiſſance de Dieu; comme j'ay droit de ſuppoſer, ce qui eſt abſolument poſſible, je ſuppoſe qu'un corps qui durant une heure a eu une étenduë de deux pieds en quarré, ſoit reduit en ſuite à un pied en quarré, ſans rien perdre de ſa ſubſtance; que s'enſuivra-t-il ſelon M. des Cartes: il s'enſuivra que Dieu poura & ne poura pas rendre à ce corps l'étenduë de deux pieds en quarré, ſans luy ajoûter une nouvelle ſubſtance. Premierement il le poura; car Dieu peut abſolument faire ce qui eſt ab-

ſolument poſſible. Or il eſt abſolument poſſible que ce corps ſans avoir plus de ſubſtance qu'il en a, ait l'étenduë de deux pieds en quarré, puiſque ſelon la ſuppoſition il l'a déja euë en effet & durant une heure. Donc Dieu pourra abſolument rendre à ce corps l'étenduë de deux pieds en quarré, ſans luy ajoûter aucune nouvelle ſubſtance. Mais d'un autre coſté cela ſera abſolument impoſſible à Dieu; car ce corps n'ayant à preſent, ſelon l'hypotheſe que j'ay faite, que l'étenduë d'un pied en quarré, il ne peut pas acquerir l'étenduë de deux pieds en quarré, qu'il n'acquierre une nouvelle étenduë. Or ſelon M. des Cartes, *il y a une contradiction abſoluë, qu'un corps acquierre une nouvelle étenduë ſans qu'il luy vienne une nouvelle ſubſtance* Donc ſelon M. des Cartes, il eſt abſolument impoſſible que Dieu rende à ce corps l'étenduë de deux pieds en quarré, ſans luy ajoûter quelque nouvelle ſubſtance.

En 3me lieu, ſoûtenant comme il fait, que l'étenduë actuelle n'eſt pas plus eſſentielle à l'eſpace, qu'elle l'eſt à la ſubſtance corporelle; & que les idées *d'étenduë, d'eſpace* & de *ſubſtance corporelle* ſont une meſme idée; & avoüant d'ailleurs avec tous les philoſophes, qu'il eſt abſolument impoſſible qu'un eſpace perde une partie de ſon étenduë ſans perdre une partie de luy-meſme: ne faut-il pas necessairement qu'il croye aussi qu'il est absolument impossible qu'une substance corporelle perde une partie de son étenduë sans perdre une partie d'elle-mesme.

XI. De ces deux propositions si clairement prouvées voicy le raisonnement qu'on peut faire.

Si les parties d'une substance corporelle pouvoient absolument estre mises les unes dans les autres, il se pouroit absolument faire qu'un corps perdist de son étenduë sans rien perdre de sa substance. Je l'ay démontré.

Or selon M. des Cartes il est absolument impossible qu'un corps perde de son étenduë sans perdre de sa substance. Je l'ay prouvé par trois argumens convaincans.

Donc il est absolument impossible selon M. des Cartes que les parties d'une substance corporelle soient mises les unes dans les autres.

XII. C'est ce que ce philosophe suppose manifestement, lorsqu'il soûtient [a] qu'*il est impossible qu'il y ait plus d'un monde*; & qu'il le preuve, *parce que le monde qui est creé remplissant déja tous les espaces imaginables, Dieu ne peut plus trouver de place pour mettre les autres mondes* qu'il voudroit créer. Car quand les corps qui composent le monde creé, rempliroient tous les espaces imaginables; si neanmoins les

[a] Hinc colligi facile potest non aliam esse materiam cœli quàm terræ; atque omnino si mūdi essent infiniti, non posse non illos omnes ex una & eadem ma-

corps ne sont pas absolument impenetrables, Dieu pouroit absolument créer d'autres corps dans la mesme place où il y en a déja ; il pouroit créer un autre monde & plusieurs autres mondes dans la mesme place où est déja le monde qu'il a creé ; & ainsi on ne peut soûtenir qu'il est impossible qu'il y ait plus d'un monde, sans supposer que deux mondes & par consequent deux corps sont absolument impenetrables.

teriæ constare ; nec proinde plures, sed unum tantùm esse posse: quia perspicuè intelligimus illam materiam cujus natura in eo solo cõsistit quòd sit substantia extensa, omnia omnino spatia imaginabilia, in quibus isti alii mundi esse deberent, jam occupare. *Princip. philos. parte 2. n. 22.*

CHAPITRE III.

Les Peripateticiens, qui sont venus depuis Monsieur des Cartes, luy ont imputé ces principes, & les ont condamnez.

VOicy les sentimens de M. des Cartes expliquez & prouvez si clairement, qu'il y a sujet de s'étonner que quelques-uns de ses disciples, qui ont quitté ces points de sa doctrine, se soient efforcez de leur donner un bon sens pour excuser cet autheur contre toute apparence de verité, & contre le sentiment commun de tous les autres philosophes *I.*

soit Peripateticiens, soit mesme Cartesiens, dont le seul consentement devroit suffire pour prouver ce que j'ay prétendu dans les deux precedens chapitres, quand je n'en aurois apporté aucune autre preuve.

II. Je reserve les Cartesiens au chapitre suivant : pour les Peripateticiens je pourois citer icy sans exception tous ceux qui ont lû les ouvrages de M. des Cartes, & qui ont imprimé ou enseigné la philosophie depuis luy. Je me contenteray d'en rapporter deux, que personne n'oseroit accuser ny d'ignorance ny d'ingratitude.

III. Le premier est le Pere Pardies, dont le nom s'est rendu si celebre dans toutes les Academies de l'Europe, & que les sçavans ont autant regreté à sa mort, qu'ils l'avoient admiré & aimé durant sa vie. C'estoit un homme d'un esprit également aisé, penetrant & solide, qui ne se contentoit pas de voir les choses par les yeux d'autruy, mais qui les consideroit luy-mesme & les examinoit à fond avant que d'en porter son jugement ; & qui aprés avoir fait voir dans les écoles, qu'il possedoit parfaitement & la philosophie d'Aristote, & la theologie de saint Thomas, a expliqué en suite tres-souvent les sentimens de M. des Cartes avec tant de clarté, soit dans ses livres, soit dans les assemblées des Cartesiens de Paris, que plusieurs de ces Messieurs ont avoüé qu'il possedoit mieux qu'eux-mesmes la doctrine de leur maistre. Mais ce qui fait la plus plus belle partie de son éloge, & ce qui doit rendre son témoignage plus considerable, c'est qu'il estoit l'homme du monde le plus modeste lorsqu'il proposoit ses pensées, & le plus reservé à condamner le sentiment des autres.

Le second est le docte M. du Hamel, qui nous a déja donné tant de beaus ouvrages; qui travaille encore tous les jours à nous en donner de nouveaux; & duquel je me contenteray de dire ce que ses livres disent à tout le monde, & ce que je ne puis omettre sans faire tort au dessein que je traite; qu'il y a peu de personnes qui entendent mieux que luy les differens sentimens des philosophes, soit anciens, soit modernes, & qu'il n'y en a point qui les ait expliquez avec plus de netteté, de sincerité & de verité. *IV.*

Voila deux hommes, dont mes adversaires ne peuvent recuser le jugement. Ces deux hommes neanmoins si irreprochables jugent comme moy que M. des Cartes enseigne, qu'il est essentiel au corps d'estre actuellement étendu & impenetrable; & qu'il est impossible d'accorder cette doctrine avec ce que l'Eglise nous enseigne du tres-saint Sacrement. Voicy comme le Pere Pardies en parle. *V.*

VI. [a] Dans la lettre d'un philosophe à un Cartesien n. 2.

[a] Je treuve bien des choses dans la philosophie de M. des Cartes, qui ne s'accordent pas ce semble avec la religion. Par exemple il dit que l'essence du corps c'est d'estre étendu en longueur, en largeur & en profondeur; que c'est-là sa nature & sa proprieté essentielle, comme la nature ou la proprieté essentielle d'un triangle rectiligne est d'avoir trois costez & tous les angles ensemble égaux à deux droits: en un mot qu'il est impossible de concevoir un corps, qu'on ne conçoive en mesme temps une substance étenduë suivant ces trois dimensions; & mesme que cette étenduë est determinée à une certaine mesure pour chaque corps, en sorte qu'il n'est pas possible qu'un corps qui dans son étenduë occupe en un temps l'espace d'un pied cubique, n'occupe toûjours le mesme espace; & quoyqu'il puisse changer de figure, il doit neanmoins toûjours remplir la mesure d'un pied. Voila une des premieres maximes de la philosophie de M. des Cartes: mais j'ay un peu de peine à accorder cela avec ce que la foy nous enseigne touchant l'Eucharistie, où le corps de nostre Seigneur est sans étenduë & sans occuper l'espace qu'il occupoit dans son état naturel. Et un peu plus bas:

[b] num. 3.

[b] M. des Cartes ne pouvoit pas ignorer ce que la foy nous enseigne du corps de JESUS-CHRIST: & neanmoins comme s'il n'y avoit jamais eu d'Eucharistie,

il dit formellement, il le repete en plusieurs endroits, & il l'éclaircit par des exemples, que l'essence du corps est d'estre actuellement étendu selon les trois dimensions, de ne pouvoir estre penetré par quelqu'autre corps que ce soit, d'occuper toûjours son extension determinée. Certainement on ne sçauroit trouver à cela aucune excuse raisonnable.

Monsieur du Hamel [a] faisant l'abregé de la philosophie de M. des Cartes, dit que la doctrine de ce philosophe est, que [b] *si vous ostez au corps les trois dimensions, ce sera un esprit, & non plus un corps. Que par le mot de corps nous ne concevons rien autre chose qu'une substance étenduë selon les trois dimensions. Que l'étenduë n'est pas un accident; qu'elle n'est pas plus distinguée du corps que l'estre est distingué de son essence; & qu'il est impossible de se former une autre idée du corps, qui ne soit imparfaite; parce que quand vous osteriez tout le reste, tandis que vous laisserez les trois dimensions, le corps demeurera; mais que si vous ostez les trois dimensions, il ne vous restera plus aucune idée du corps.* En suite voicy le jugement VII.

[a] *De consensu veteris & novæ philosophiæ lib. 1. cap. ult. à num. 2. ad 8. iuxta editionem factam Parisiis anno 1663.*

[b] Si dimensiones à corpore sustuleris, profectò iam spiritus, non corpus futurum est. Non igitur aliud corporis nomine concipimus, quàm substantiam trina dimensione extensam. Neque illa extensio accidens quoddam est, sed à corpore non aliter discernitur, quàm ab ente differt essentia. Neque alia corporis notio perfecta & liquida aut distincta efformari potest: reliquis enim detractis, dummodo in longum, latum & profundum pateat, corpus erit. Has dimensiones cùm sustuleris, ratio vel idea corporis nulla remanebit, *ibid, n. 3.*

qu'il fait de cette doctrine : [a] *Premierement*, dit-il, *je n'accorderay jamais que l'essence du corps consiste dans les trois dimensions : car pour ne rien dire du tres-saint Sacrement de l'Eucharistie, où le corps de Jesus-Christ est contenu tout entier sous les especes du pain, sans y estre étendu & sans y avoir ses parties les unes hors des autres, &c.* C'est ainsi que M. du Hamel, qui dans tout cet ouvrage fait précisement le philosophe, & qui dans cet endroit particulier fait [b] profession de n'examiner la philosophie de M. des Cartes que par raison ; n'a pû s'empescher toutefois de marquer en passant que cette opinion luy paroist contraire à la foy de la presence réelle du corps de Jesus-Christ dans l'Eucharistie.

[a] Primùm illud non dabo, essentiam corporis in trina dimensione esse positam : nam ut taceā de sacrosancto Eucharistiæ Sacramento, ubi corpus Christi integrum sub speciebus panis cōtinetur, nec tamen est extensum, & loco circumscriptum &c. *ibid. n.* 8.

[b] Nunc Cartesii principia ad rationis trutinam expendamus. *ibid.*

VIII. Il est vray que j'aurois un petit reproche à luy faire, de ce que [c] dans la derniere édition de sa philosophie il a eu cette complaisance pour les Cartesiens, que de dire [d] *qu'il ne les condamne pas d'erreur.*

[c] *Rothomagi anno* 1675.

[d] Non quòd eos erroris condemnem. *De consensu veteris & novæ philosophiæ, seu promota per experimenta philosophia, parte* 1. *lib.* 2. *cap.* 4 *num.* 12.

IX. Mais je veux croire qu'il n'a point prévû l'avantage que les Cartesiens tireroient de sa complaisance, ny l'injustice qu'ils luy devoient faire. Ces Messieurs qui se plaignoient auparavant qu'il leur estoit contraire, se vantent maintenant par tout qu'il leur est favorable ; & qu'il a fait voir que leur sentiment touchant l'essence du corps se peut accorder avec le sentiment de l'Eglise touchant l'Eucharistie.

X. C'est ainsi qu'ils ont payé son honnesteté d'une calomnie, qui m'étonna d'abord, veu l'estime que j'avois de luy ; & qui m'a toûjours fait peine, jusqu'à ce que j'aye vû cette nouvelle édition : mais depuis que je l'ay vûë, j'avouë que mon étonnement a changé en indignation contre les Cartesiens.

XI. Car non seulement il ne les y justifie point, comme ils le publient ; mais il dit expressément dans l'endroit mesme qu'ils citent pour eux, [a] *qu'il faut avoir soin de ne point prendre en philosophie des principes, qui ne semblent pas se bien accorder avec nostre foy ; principalement si ces principes ne sont fondez que sur les prejugez de nos sens.* Il adjoûte que *ce decret de la philosophie Cartesienne, que la nature du corps consiste dans les trois dimensions, semble estre du nombre de ces principes, qui ne s'accordent pas bien avec nostre foy, & qui ne sont fondez que sur les préjugez de nos sens.* Et comme s'il craignoit encore d'avoir exprimé trop foiblement sa pensée, il poursuit en ces termes. *Car comme la nature de chaque*

[a] Id merito pertendam cavendum esse, ne illa velut certa & explorata philosophiæ principia statuamus, quæ cum fide nostra minùs videntur cõvenire; maximè si ex sensuum tantùm præjudiciis illa velut principia statuamus ; cujus generis vide-

chose, dit-il, *est immuable, je ne voy pas comment il se peut faire que le corps de Iesus-Christ soit contenu tout entier sous la plus petite particule d'une hostie, à moins que d'admettre la penetrabilité des corps que des Cartes n'admettra jamais, parce qu'elle est contraire à ses principes.* Monsieur du Hamel avouë qu'il ne voit pas comment la pensée de M. des Cartes touchant l'essence du corps se peut accorder avec la foy de l'Eucharistie; & les Cartesiens luy veulent imposer qu'il a fait voir comment elle s'y peut accorder. Il faut donc qu'il ait fait voir aux autres, *ce qu'il n'a point vû*, & ce qu'il n'a pû voir luy-mesme.

tur esse illud Cartesianæ philosophiæ decretum, naturam corporis in trina dimensione constitutam. ....cùm enim natura cuiusque rei mutari non possit, nõ video quî fieri possit, ut corpus Christi sub minima hostiæ particula contineatur, atque ore sumatur integrum; nisi penetrabilitatem in corporibus admiseris; quam ipse Cartesius ut principiis suis alienam non admittet, *in eadem editione Rhotomagensi, loco citato, n. 15.*

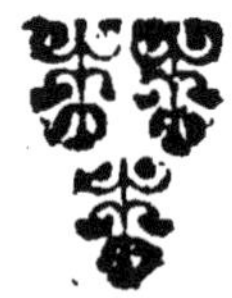

CHAPITRE IV.

Tous les Cartesiens, à la reserve du Pere Maignan, de M. de Cordemoy & de fort peu d'autres, ont suivy ces mesmes principes de M. des Cartes.

IE ne veux pas dire que tous les Cartesiens ayent embrassé l'erreur que je refute : j'en sçay quelques-uns, qui ont quitté ce point de la doctrine de M. des Cartes. I.

Monsieur de Cordemoy m'a dit autrefois luy-mesme, qu'il ne croyoit pas que l'étenduë actuelle fust absolument de l'essence du corps, mais seulement qu'il luy est essentiel de pouvoir estre étendu, & qu'il l'est effectivement toûjours, lorsqu'il est dans son estat naturel. Il est vray que dans le premier discours qu'il a fait des corps & de la matiere, il enseigne que *les corps sont des substances étenduës* ; mais il ne dit jamais comme M. des Cartes, ny que *l'étenduë constituë la nature de la substance corporelle*, ny que *la nature de la matiere ou du corps consiste dans l'étenduë* : au contraire estant obligé de parler une fois de la nature de la substance corporelle, il se contente de dire, *si sa nature est de pouvoir estre étenduë, &c.* il ne dit pas, *si sa* II.

nature est d'estre étenduë ; ce qu'il auroit dû dire neanmoins, s'il eust crû que l'étenduë actuelle constituë la nature de la substance corporelle. Et contre ce que M. des Cartes conclut de son principe, que l'idée de l'étenduë & de l'espace estant toute la mesme que l'idée de la substance corporelle, il est impossible de concevoir de l'espace entre deux corps sans concevoir une substance corporelle qui remplisse cet espace ; voicy ce que dit expressément M. de Cordemoy. *Les corps qui composent les tas, les liqueurs & les masses, ne sont pas par tout si prés les unes des autres, qu'ils ne laissent quelques intervalles en divers endroits ; lorsqu'on les apperçoit, on les appelle trous ; & quand on ne les apperçoit pas, on les appelle pores. Il n'est pas necessaire que ces intervalles soient remplis ; & l'on peut concevoir qu'il n'y ait aucun corps entre des corps qui ne se touchent pas ...... & bien que l'on conçoive qu'entre deux corps qui ne se touchent pas, on pouroit mettre d'autres corps qui composeroient une certaine grandeur ou quantité, on ne doit pas conclure pour cela qu'il y ait rien d'étendu entre ces deux corps.*

III. Le Pere Maignan Minime, qui est comme le theologien des Cartesiens, semble entrer dans le sentiment de M. des Cartes, quand il dit que [a] *le corps physique a de la longueur, de la largeur & de*

[a] Non quòd corpus physicum non ha-

la profondeur, & que s'il estoit naturellement sans ces trois dimensions, il semble qu'il seroit une substance spirituelle, & non pas corporelle. Mais il faut luy faire justice. Il n'a jamais pretendu qu'il fust essentiel au corps d'estre actuellement étendu en longueur, largeur & profondeur, & d'avoir ses parties les unes hors des autres ; au contraire distinguant deux sortes de substances corporelles, les unes indivisibles, qu'il appelle des points physiques, les autres divisibles composées des indivisibles ; il enseigne [a] qu'il y a cette difference, entre le lieu, le temps, le mouvement & la substance corporelle divisible, qu'il est essentiel au lieu, au temps & au mouvement d'avoir toûjours actuellement leurs parties les unes hors des autres ; mais que l'essence de la substance corporelle divisible consiste, pour me servir de son terme, dans la seule *exigence* d'avoir ainsi ses parties les unes hors des autres ; *& que cette exigence mesme ne luy est pas tellement essentielle, que le contraire de ce qu'elle exige ne puisse arriver par la vertu divine ; parce qu'il est constant suivant les principes de la foy, que toutes les parties de la substance du corps de Jesus Christ sont penetrées les unes avec les autres dans la sacrée Eucharistie.* Aussi doit-on remarquer qu'il ne dit pas absolument dans le premier texte que j'ay cité de luy ; *si le corps*

beat trinam dimensionem, id est longitudinem, latitudinem atque profunditaté, seu crassitiem: si enim ea connaturaliter careret ; esset, ut videtur, aliquid immateriale sive incorporeũ, non autem corpus. *Cursus philos. tom. 2. cap. 1. propos. 1. n. 6.*

[a] Fateor nonnihil esse discriminis inter substantiam corpoream, & alia quibus convenit habere partes nõ simul, cum exigentia ut non sint simul : estque hoc discrimé. Locus, tẽpus, motus, &c. ita postulant partes non simul, ut prorsus eorum naturæ repugnet habere simul, & ponere eas simul sit prorsus

estoit sans les trois dimensions; mais *s'il estoit naturellement sans les trois dimensions, il semble qu'il ne seroit plus une substance corporelle*; ce qui est infiniment éloigné de ce qu'enseigne M. des Cartes.

sus impossibile. At ex principiis divinæ fidei constat in sacra Eucharistia substantiæ corporis Christi partes omnes simul esse in eadem parte loci invicem penetratas; adeoque exigentiam hanc non ita esse corpori physico essentialem, ut non possit virtute divina fieri in contrarium. *Metaphys. cap. 8. num. 11.*

IV. Il seroit à souhaiter que tous les autres Cartesiens eussent suivy en ce point l'exemple du Pere Maignan & de M. de Cordemoy, & qu'ils en eussent parlé avec autant de moderation. Je citeray icy les propres termes de quelques-uns, qui sont les principaux de cette secte; tant pour confirmer ce que j'ay avancé, que pour faire voir qu'on a sujet d'apprehender les suites d'une doctrine si temeraire. Je les raporteray sans y ajoûter beaucoup de reflexions; parce que parlant de la nature du corps, comme M. des Cartes en a parlé, ils montrent assez qu'ils en font le mesme jugement que luy.

Monsieur Clerselier.

V. Outre que la qualité de M. Clerselier le distingue extremement de la plûpart des autres Cartesiens, il a eu tant de zele pour la memoire & pour la philosophie de M. des Cartes, il a tant travaillé pour ramasser tout ce qui s'est pû trouver des écrits de ce philosophe, & pour les faire imprimer ; il en soûtient les sentimens avec tant d'ardeur, il s'interesse si fort pour en étendre la secte, pour y conserver ceux qui y sont déja, pour y faire entrer ceux qui n'en sont pas encore, & pour engager ceux qui ont plus d'esprit & de capacité à l'appuyer toûjours par des livres nouveaux ; qu'on peut dire qu'il est comme l'ame du party, & qu'on luy rend par consequent justice, quand on luy donne icy le premier rang.

Voicy donc comme il explique sa pensée touchant l'essence du corps, dans la preface qu'il a composée, & qu'il a mise à la teste du dernier ouvrage de M. des Cartes, qu'il a fait imprimer, & qu'il a appellé *l'Homme de René des Cartes.* VI.

Il faut que la substance spirituelle ait quelque chose en soy d'inseparable, qui constituë son estre de spirituel, & qui la fasse differer de la substance corporelle ; comme aussi il faut que la substance corporelle ait quelque chose en soy d'inseparable, qui constituë son estre de corporel, & qui la fasse differer de la substance spirituelle. VII.

Or qu'on y pense tant qu'on voudra, je mets en fait ou qu'on ne dira rien de raisonnable, c'est à dire qu'on ne dira que des paroles dont on ne concevra point le VIII.

sens, & qui ne porteront aucune idée claire & distincte en nostre esprit, ou qu'il en faut revenir à cette distinction claire & intelligible, & dont les notions sont comme empreintes en nous-mesmes: c'est à sçavoir que la substance spirituelle est celle qui a pour attribut inseparable & constituant son essence, la pensée: comme au contraire que la substance corporelle est celle qui a pour attribut essentiel l'étenduë, ainsi que l'a fort judicieusement remarqué & étably M. des Cartes.

IX. *Car donnez à la substance corporelle tant d'attributs & de proprietez qu'il vous plaira; si vous n'y supposez de l'étenduë, jamais vous ne pourez reconnoistre ny concevoir qu'elle puisse estre corporelle; mais ostez luy tout, & n'y supposez rien autre chose que l'étenduë, cela suffit pour vous la faire reconnoistre, & pour estre en effet corporelle.*

X. Ce texte est si clair, qu'il n'a pas besoin de glose: il faut seulement remarquer que M. Clerselier dit, que ce qu'il avance de l'essence du corps *a esté fort judicieusement remarqué & étably par M. des Cartes.*

Monsieur de la Forge.

XI. Monsieur Clerselier, à qui il appartient de juger du merite des Cartesiens, témoigne tant d'estime pour M. de la

Forge ; & en effet M. de la Forge a fait tant d'honneur à son party par les ouvrages qu'il a faits pour l'appuyer & pour achever le grand dessein de *l'homme de M. des Cartes*, que bien qu'il se dise [a] *le moindre des disciples de ce fameux philosophe*, il doit passer pour l'un des plus considerables.

[a] *Dans l'epitre qu'il a mise à la teste de son traité de l'Esprit de l'homme, qu'il adresse à M. de Montmor.*

XII.

Ce physicien ne s'est pas contenté de marquer son sentiment touchant l'essence du corps en termes generaux, en définissant le corps [b] *un estre étendu*, [c] *une substance étenduë* ; comme on peut donner divers sens à ces définitions, il a eu peur qu'on ne leur en donnast quelqu'un qui ne fust pas conforme à celuy de M. des Cartes ; & il a eu soin de s'expliquer si clairement, qu'on ne pust douter qu'il ne fust du sentiment de son maistre.

[b] *Dans la preface qu'il a faite pour le mesme traité.*

[c] *Au chapitre 1. du mesme traité.*

XIII.

[d] *Par la matiere*, dit-il, *j'entends toute sorte de substance corporelle, c'est à dire étenduë, quelle qu'elle soit, grossiere ou subtile, qui a pour son essence (ainsi que M. des Cartes l'a démontré) l'extension en longueur, largeur & profondeur, qui est indéfiniment divisible, mobile & impenetrable. Car puisqu'estre étendu n'est rien autre chose qu'avoir des parties les unes hors des autres ; il me semble que la penetration qui les met les uns dans les autres, ne peut compatir naturellement avec l'étenduë.*

[d] *Au chapitre 3. du mesme traité.*

XIV.

Remarquez premierement que M. de

la Forge dit, que *toute substance corporelle a pour son essence l'extension impenetrable*.

XV. Secondement, qu'aprés avoir dit que *toute substance corporelle a pour son essence l'extension*, il ajoûte que l'extension, ou *l'estre étendu, n'est rien autre chose qu'avoir des parties les unes hors des autres*. N'est-ce pas dire évidemment, qu'*il est essentiel à toute substance corporelle d'avoir ses parties les unes hors des autres*.

XVI. Troisiémement quand il dit qu'*il luy semble que la penetration qui met les parties les unes dans les autres, ne peut compatir naturellement avec l'étenduë*; je ne sçay comment on peut croire que par ce mot, *naturellement*, il pretende modifier sa proposition, ou qu'il veüille marquer par là, que *la penetration qui met les parties les unes dans les autres, puisse compatir* surnaturellement *avec l'étenduë*? Car *l'estre étendu*, selon luy, *n'estant rien autre chose qu'avoir des parties les unes hors des autres*; s'il a crû *que la penetration qui met les parties les unes dans les autres, peut compatir* surnaturellement *avec l'étenduë*, il faut qu'il ait crû que *la penetration qui met les parties les unes dans les autres, peut compatir* surnaturellement avec la situation *des parties les unes hors des autres*: & par consequent il faut qu'il ait jugé qu'il se peut faire furnaturellement que la fubftance corporelle ait en mefme temps fes parties *les unes dans les autres*, & *les unes hors des autres* : c'eft à dire que les parties de la fubftance corporelle foient *les unes dans les autres*, & qu'en mefme temps elles ne foient pas *les unes dans les autres* ; qu'elles foient *les unes hors des autres*, & qu'en mefme temps elles ne foient pas *les unes hors des autres*. Eft-il croyable qu'un homme d'efprit ait crû de bonne foy que des contradictions fi manifeftes foient furnaturellement poffibles?

XVII. Enfin je prie tout le monde de remarquer cette parenthefe que fait M. de la Forge (*ainfi que M. des Cartes l'a demontré*) & de fe reffouvenir de ces paroles de M. de Clerfelier, *ainfi que l'a fort judicieufement remarqué & étably M. des Cartes.* Aprês des témoignages fi irreprochables je ne croy pas qu'on me puiffe accufer d'avoir impofé à M. des Cartes dans mon premier chapitre, où je ne luy attribuë rien que ce que fes deux plus fideles partifans le loüent d'avoir *fort judicieufement remarqué, étably & démontré.*

Monfieur Rohault.

XVIII. Monfieur Rohault fi connu non feulement à Paris, par les conferences qu'il y a faites long-temps [a] en public & en par-

[a] *Dans fa maifon qu'il ouvroit toutes les*

semaines une fois ou deux à certains jours & à certaines heures reglées à tout le monde qui y vouloit aller. ticulier sur la philosophie de Monsieur des Cartes ; mais encore dans toute la France par le traité de physique & par les entretiens qu'il a donnez au public, parle en ces termes de l'essence de la matiere.

XIX.

[a] *Premiere partie, chapitre 7. n. 3.*

[a] *Quant à l'étenduë, il est certain que nous ne sçaurions en separer l'idée de quelque matiere que ce soit ; puisque là où nous ne concevons point d'étenduë, là aussi nous ne trouvons plus qu'il nous reste aucune idée de la matiere. De mesme qu'il ne reste plus aucune idée du triangle, si-tost qu'on cesse d'imaginer une figure bornée de trois lignes.* Remarquez cette comparaison: il ajoûte un peu aprés, [b] *que nous devons juger que l'étenduë est ce qui constituë l'essence de la matiere* Et il tire de ce principe supposé les mesmes conclusions que M. des Cartes en a tirées.

[b] *Ibid. n. 7.*

XX.

[c] *Chap. 8. n. 1.*

[c] *De ce que nous venons d'établir touchant l'essence de la matiere*, dit-il, *nous conclurons premierement que le vuide des philosophes est impossible. Car par le vuide ils entendent un espace sans matiere ; & chez nous espace ou étenduë & matiere ne sont que la mesme chose, si bien que de demander s'il peut y avoir un espace sans matiere, c'est demander s'il peut y avoir une matiere sans matiere ; en quoy il y a une manifeste contradiction.*

XXI.

[d] *num. 4.*

Sa seconde conclusion est, [d] *que le lieu interieur ou l'espace que chaque corps oc-*

corps, n'est point different de ce corps.

La troisiéme est, que la rarefaction & la condensation se font par l'entrée ou la sortie d'une matiere fort subtile, qui fait que les parties d'un corps s'écartent ou s'approchent les unes des autres. [a] *Car puisque selon nous*, dit-il, *l'étenduë & la matiere sont la mesme chose, nous ne pouvons pas penser qu'un corps paroisse sous une plus grande, ou sous une plus petite étenduë en quelque maniere que ce soit, à moins qu'il n'y ait plus ou moins de matiere.* XXII. [a] Num. 5.

La quatriéme conclusion qu'il tire de son principe est, [b] *que le monde est indefiny, parce qu'à quelque distance que nous voulussions mettre ses bornes, il nous est impossible de ne pas imaginer de l'étenduë au de là : or l'étenduë & la matiere, suivant ce que nous avons dit, sont la mesme chose.* XXIII. [b] Num. 8.

Il conclud en cinquiéme lieu, [c] qu'*il est impossible qu'il y ait plusieurs mondes.* XXIV. [c] Num. 9.

En suite il triomphe [d] *d'avoir répondu avec tant de facilité à toutes les questions précedentes, par la seule notion qu'il a établie de l'essence de la matiere.* Il le repete encore une fois, que [e] *la pesanteur n'est pas l'essence de la matiere, mais seulement l'étenduë.* XXV. [d] Num. 12. [e] Num. 11.

Enfin au chapitre neuviéme il s'étend fort au long à prouver la division de la XXVI.

matiere à l'infiny, ou comme il parle, [a] *à l'indéfiny*; & la premiere preuve qu'il en apporte, c'est parce que [b] *la matiere n'est autre chose qu'une substance étenduë en longueur, largeur & profondeur.* Où il faut remarquer, que puisqu'il enseigne comme M. des Cartes, qu'il est essentiel à la matiere d'estre une étenduë toûjours divisible, & *divisible par tous les points que l'esprit humain y peut assigner*; il faut qu'il croye aussi-bien que M. des Cartes, qu'il est essentiel à la matiere d'avoir toujours ses parties les unes hors des autres; & que par consequent les parties de la matiere sont essentiellement impenetrables.

a Num. 4.
b Num. 3.

XXVII. C'est en effet ce qu'il enseigne [c] au chapitre septiéme, où il dit expressément que *la divisibilité & l'impenetrabilité sont du moins des proprietez essentielles à la matiere, qu'elles l'accompagnent toûjours, & qu'elles en sont inseparables.* Et que [d] *pour ce qui est de l'impenetrabilité, d'autant qu'une certaine étenduë de matiere, par exemple un pied cubique, a déja tout ce qu'il luy faut pour estre une telle quantité; il ne paroist pas qu'un autre pied cubique de matiere luy puisse estre ajoûté, sans qu'ils fassent ensemble deux pieds cubiques; & de fait de les vouloir reduire par la penetration à un seul pied cubique, ce n'est pas tant ajoûter un pied cubique à un autre pied, que c'est détruire &*

c Num. 7.
d Num. 6.

& aneantir sa premiere supposition ; ce qui nous porte à croire que les parties de la matiere sont impenetrables de leur nature.

Un philosophe ne peut pas dire que deux suppositions se détruisent & s'aneantissent l'une l'autre, sans soûtenir qu'elles sont contradictoirement opposées. M. Rohault est un philosophe ; il parle d'un homme qui feroit deux suppositions, qui par la premiere supposeroit deux pieds cubiques, & qui supposeroit par la seconde que ces deux pieds cubiques seroient penetrez ; & il dit que la seconde supposition détruit & aneantit la premiere. Il faut donc qu'il croye que ces deux suppositions sont contradictoirement opposées ; qu'il y a contradiction dans ces termes, *deux pieds cubiques penetrez :* & que par consequent il est absolument impossible que deux pieds cubiques, c'est à dire que deux parties de matiere se penetrent, puisqu'il est absolument impossible de joindre ensemble les deux contradictoires. XXVIII.

L'Autheur du Discours sur les sujets traitez dans les entretiens de Monsieur Rohault.

Je ne sçay qui est cet autheur, mais il paroist trop attaché à M. Rohault pour l'en separer ; il louë excessivement les XXIX.

entretiens de ce philosophe, & tout ce qui y est contenu, comme quelque chose [a] *de fin, d'excellent, d'agreable & de solide*; il asseure que tout y est non seulement [b] *conforme à l'experience & à la raison*; mais encore [c] *tres-propre à expliquer la possibilité de nos mysteres.* Et quand il descend en particulier à l'opinion de Monsieur Rohault touchant l'essence de la matiere, voicy comme il la confirme.

a Page 1. & 2.
b Page 4.
c Page 5.

XXX. [d] *Premierement il est aisé de faire voir que dans les livres de physique, la matiere premiere est quelquefois appellée* διάστημα τοῦ μεγέθους, *dimension de la chose étenduë, & le plus souvent,* μέγεθος, *chose étenduë ou ayant longueur, largeur & profondeur; en quoy vray-semblablement Avicenna faisoit consister ce qu'il appelloit* formam corporeitatis; *laquelle forme il disoit estre inseparable de la matiere, comme ce qui en est la difference essentielle, & qui la distingue de tout ce qu'on peut concevoir d'immateriel.* Et plus bas: [e] *Car enfin le moyen de former une idée claire & distincte de la matiere, sans y comprendre cette quantité & cette étenduë, non point comme un accident separable, mais comme sa vraye forme & son essence?*

d Page 8. & 9.
e Page 12.

L'autheur de la Recherche de la Verité.

XXXI. Cet autheur est manifestement Cartesien en plusieurs choses, mais particulierement sur le point de l'essence de la matiere.

Car aprés avoir distingué deux sortes de proprietez dans la matiere ; les unes separables, comme la fluidité, la dureté, la molesse, le mouvement & le repos ; les autres inseparables, comme la figure, la divisibilité, l'impenetrabilité & l'étenduë : aprés avoir dit que l'essence de la matiere ne consiste pas dans les proprietez qui en sont separables, mais dans quelqu'une de celles qui sont inseparables : il ajoûte que la figure, la divisibilité & l'impenetrabilité suivent de l'étenduë, & par consequent ne sont point de l'essence ; mais que l'étenduë ne suppose aucun attribut : d'où il tire cette conclusion. XXXII.

[a] *On doit conclure que l'étenduë est l'essence de la matiere, supposé qu'elle n'ait que les attributs, dont nous venons de parler, ou d'autres semblables ...... mais la difficulté est de sçavoir si la matiere n'a point encore quelques autres attributs differens de l'étenduë, & de ceux qui en dépendent ; en sorte que l'étenduë mesme ne luy soit point essentielle, & qu'elle suppose quelque chose qui en soit le sujet & le principe ...... Car il se peut absolument faire que l'étenduë soite jointe avec quelque autre chose que nous ne concevons pas, parce que nous n'en* XXXIII.

[a] *Tome premier, livre 3. chap. 8. num. 2. de la seconde édition.*

avons point d'idée ; quoyqu'il semble cependant fort déraisonnable de le croire & de l'assurer, puisqu'il est contre la raison d'asseurer ce qu'on ne sçait point & ce qu'on ne conçoit point. Toutefois quand on présupposeroit qu'il y auroit quelqu'autre chose que de l'étenduë dans la matiere, cela n'empescheroit pas, si on y prend bien garde, que l'étenduë n'en fust l'essence. Cet homme n'a-t-il pas bien peur qu'on ne doute de sa pensée?

Monsieur Cally.

XXXIV. Monsieur Cally est un prestre qui enseignoit la philosophie dans l'Université de Caën, & qui en estoit mesme Recteur lorsqu'il imprima sa Science generale, dans laquelle il montre assez qu'il est Cartesien.

XXXV. Car pour ne parler que de ce qu'il dit de l'essence du corps ; s'estant proposé ce titre, [a] *la définition du corps*, il commence un grand [b] discours qu'il en fait par cette définition prétenduë : [c] ***le corps est une chose étenduë de tous costez.*** Il dit que [d] ***cette définition est legitime, qu'elle est generale, qu'elle est claire, & qu'elle est la propre définition du corps.*** Il en prend toutes les parties, qu'il explique les unes aprés les autres ;& voicy ce qu'il dit sur le mot, *étenduë.* [e] *Je dis en second lieu que le corps est une chose étenduë ; parce que la*

[a] Definitio corporis.

[b] *Membre 2. artic. 1. sect. 2.*

[c] Corpus est res quoquoversus extensa.

[d] Hæc definitio legitima est ; est enim generalis, est propria, est cl ra

[e] Dicitur se-

vraye difference du corps ne consiste pas à estre une chose dure, pesante, colorée, ou sensible en aucune autre maniere; puisque la nature du corps demeure toute entiere, quand il a perdu ces qualitez, mais bien plûtost en ce qu'il est une chose étenduë; puisque selon Saint Augustin le corps ne peut estre sans étenduë, & que nous ne pouvons pas mesme concevoir un corps sans le concevoir étendu. C'est de là que viennent toutes les proprietez du corps, comme de leur source: de là vient que le corps occupe le lieu où il est: qu'un corps occupe un lieu plus grand; de sorte neanmoins qu'il est impossible qu'un mesme corps soit jamais ny retraissi & reduit à un espace plus petit que celuy qui luy est naturel, ny étendu à un espace plus grand. De là vient encore qu'un corps est impenetrable, & le reste. Peut-on dire plus fortement que l'étenduë est de l'essence du corps, qu'en disant qu'elle est [a] *la vraye difference du corps*; que le corps [b] *ne peut ny exister réellement, ny estre conçû de nos esprits sans l'étenduë*; & que c'est [c] *de l'étenduë que viennent toutes les proprietez du corps comme de leur source?*

cundò extensa; vera enim corporis differentia non in eo versatur quòd sit res dura, aut colorata, aut quovis alio modo sensilis; his enim qualitatibus amissis integra remanet corporis natura: sed potiùs in eo quòd sit res extensa; quandoquidem corpus nec esse, nec cogitari potest, auctore sancto Augustino, nisi extensum. Et ex hoc tanquam ex fonte omnes corporis affectiones prodeunt. Hinc corpus occupat locum, aliud minorem, aliud majorem; ita ut tamen idem corpus in spatium nec minus nec majus expandi possit: hinc non potest corpus penetrari, &c.

[a] Vera corporis differentia.

[b] Nec esse, nec cogitari potest, nisi extensum.

[c] Ex hoc tanquam ex fonte omnes corporis affectiones prodeunt.

Il dit encore quelque chose de plus for- XXXVI.

mel dans un autre [a] endroit, où il traite de l'accident. Car après avoir définy ce que c'est que l'essence en general ; après avoir dit que ce mot [b] *signifie dans chaque chose l'attribut qui est toûjours, & qui est necessairement toûjours pendant que la chose est elle-mesme.* Après avoir dit que [c] *c'est pour cela que les philosophes ont coûtume de dire que l'essence d'un estre est la racine de toutes ses proprietez ; que c'est ce qu'il y a, & ce que nous y concevons de premier ; que c'est ce que nous expliquons par la définition, & ce que nous répondons d'abord, quand on nous demande ce que c'est que cet estre.* Il en apporte deux exemples, & il dit que [d] *c'est ainsi qu'on dit que les trois dimensions sont l'essence du corps, parce que tandis que le corps existe, il a toûjours & il est necessaire qu'il ait toujours les trois dimensions...... Que c'est ainsi qu'on dit que l'ame raisonnable est l'essence de l'homme ; parce que tandis que l'homme existe, il a toujours & il est necessaire qu'il ait toujours une ame raisonnable ; que c'est ainsi que la rondeur est l'essence du cercle, parce que le cercle est toujours rond tandis qu'il est cercle.* Y a-t-il rien de plus essentiel à aucun estre, que l'ame raisonnable l'est à l'homme, ou que la rondeur

[a] *Membre 2. artic. 3.*

[b] Essentia illud attributū significat, quod, quandiu aliquid est, & semper fit, & semper esse necesse sit.

[c] Propterea essentia à philosophis dici consuevit id quod est primum in unaquaque re, & radix omniū ejus proprietatū ; id quod primum in re cogitatur, id quod definitione explicatur, id quod primum respondetur quærenti quid res sit.

[d] Sic trina dimésio dicitur essentia corporis ; quia quandiu corpus est, & semper habet, & semper habere necesse est trinam dimensionem..... Sic mens humana dicitur essentia hominis, quia quandiu homo est, & semper habet, & semper habere necesse est mentem humanam. Sic rotunditas est essentia circuli ; quia quandiu circulus est, tandiu est rotundus.

l'est au cercle ? M. Cally enseigne que l'étenduë selon les trois dimensions n'est pas moins essentielle au corps.

Il est vray qu'aprés avoir dit qu'*un corps a toujours, & qu'il est necessaire pendant qu'il existe, qu'il ait toujours les trois dimensions* ; il modifie sa proposition par ces paroles qu'il ajoûte ; [a] *au moins autant qu'un homme peut connoistre naturellement ; car Dieu peut faire plus de chose que l'homme n'en peut connoistre.* XXXVII.

[a] Saltem quantum homini naturaliter cognoscere datum est : Deus quippe plura facere quàm homo cognoscere potest.

Mais puisqu'il est impossible de lire attentivement son livre, sans reconnoistre qu'il soûtient toûjours constamment que l'essence du corps en general consiste dans l'étenduë selon les trois dimensions ; qu'en particulier l'essence du corps composé consiste dans l'étenduë *formelle*, & dans l'impenetration actuelle de ses parties ; & que s'il croit qu'il soit absolument possible qu'un corps soit sans ses trois dimensions, ou du moins qu'il soit retraissi à un espace plus petit que celuy qu'il occupe naturellement ; s'il croit qu'un corps composé puisse avoir ses parties penetrées & mises les unes dans les autres : il ne croit tout cela possible, qu'autant qu'il est possible qu'une chose soit sans son essence ; peut-on dire qu'il se soit suffisamment justifié ? Il est autant impossible qu'une chose soit sans son essence, comme il est impossible qu'un tout ne soit pas plus grand qu'une seule de ses parties ; & que XXXVIII les veritez les plus universelles & les plus metaphysiques deviennent autant de faussetez. Que peut-on donc conclure d'un autheur, qui croit avoir besoin, pour ne choquer pas le mystere de l'Eucharistie, de soûtenir la premiere de ces extravagances comme possible, [a] & de dire que le corps de Jesus-Christ est en effet dans ce Sacrement [a] sans l'attribut qui est la vraye [b] difference du corps, & qui est autant essentiel au corps, que [c] la rondeur l'est au cercle?

[a] Quæres potuisset ne fieri ab æterno, ut non fuisset verum, totum esse sua parte maius; aut non faciendum quod tibi fieri non volueris. Respondeo: potuisse Deus ab æterno facere, ut neque illud esset verum, neque hoc bonum: si quidem nihil est sive verum sive bonum, quod à divina voluntate tanquam à prima causa non pendeat. *Idem initio scientiæ generalis in fine 1. cap.* *Voyez la seconde partie, chap. 4. article 3. n. 1.*

[b] *Cy dessus n.* 35.

[c] *Cy-dessus n.* 36.

XXXIX. [d] *Appendix.*

Enfin il finit son livre par [d] *une addition* qu'il y fait contre un autre professeur de philosophie de la mesme Université, qu'il accuse [e] *d'ignorance ou de malice* pour avoir soûtenu qu'*il est peu catholique, & mesme peu raisonnable, de mettre l'essence de la matiere dans l'étenduë actuelle*; & que *l'opinion de ceux qui nient tous les accidens absolus, détruit conséquemment le tres saint Sacrement de l'Eucharistie.*

[e] Adversarii sive ignoratione, sive malitia, prædictas de corpore eiusque modisque corporis opiniones hæreseos accusare non desistunt. *Essentiam materiæ*, inquit nonnemo, *in extensione actuali ponere, & parum philosophicum est, & parum catholicum*: & *sententia negans omnia accidentia absoluta, sacrosanctum Eucharistiæ sacramentum consequenter destruit*, &c. *In fine scientiæ generalis.*

Je laisse à juger aux personnes de bon sens, si ce style ne ressent point quelque emportement, & si ces termes injurieux *d'ignorance & de malice* pouvoient tomber sur le collegue de M. Cally précisément pour avoir soûtenu ces deux theses, sans tomber en mesme temps sur les plus fameux theologiens & controversistes qui ayent jamais esté. XL.

Messieurs Bernier & Gadroys, Antoine le Grand, Ambroise Victor, & plusieurs autres.

Un Cartesien que je ne connois point a esté si zelé pour son party, que pour le mieux fortifier il a trouvé le moyen d'avoir les theses de cinq professeurs de Louvain, & s'est donné la peine de faire r'imprimer les unes toutes entieres, & les autres en abregé. XLI.

De ces cinq professeurs neanmoins il n'y en a que deux qui se declarent sur l'essence du corps; encore faut-il que j'en croye ce Cartesien sur sa bonne foy, puisque je n'ay rien vû ny de leurs écrits ny de leurs theses, que ce qu'il nous en a fait imprimer. XLII.

Il appelle le premier Monsieur *Louis Flemalle*, & il dit que dans les theses qu'il fit soûtenir le dix-septiéme de Juillet de l'année 1673. il soûtint cette proposition: XLIII.
[a] *La masse de la matiere qui constituë tous*

[a] Materiæ mo:

lem, quãta est, totam ab initio condidit Deus, spatium omne constituentem, & cui est extendi adeò proprium, ut dum ab ejus essentia tentas extensionem sejungere, ipsa quoque elabatur ex mente. *In 2. thesi physica.*

les espaces fut creée de Dieu toute grande qu'elle est dés le commencement du monde; & il luy est si propre d'estre étenduë, qu'elle vous échape de l'esprit lorsque vous prétendez separer l'étenduë de son essence.

XLIV. Il appelle l'autre *Robert à Novilia*, & dans l'extrait qu'il fait de ses theses de la mesme année 1673. il rapporte une proposition comme tirée de la seconde conclusion de physique, qui me paroist fort équivoque, & qui peut avoir divers sens; car on peut dire qu'elle signifie, ou que [a] *l'étenduë du corps est ce qu'on appelle matiere*, ou qu'*on appelle matiere ce qu'il y a dans chaque corps qui est précisément étendu*, ou que *le corps consideré précisément en tant qu'étendu, est ce qu'on appelle matiere.*

[a] Materia dicitur illud corporis, quod præcisè extensum est.

XLV. Ce Cartesien auroit encore pû faire imprimer les theses de neuf autres professeurs de la mesme Université, au moins si nous en croyons cet *amy*, dont parle M. Rohault dans son premier entretien, [b] qui *luy mande que la doctrine de M. des Cartes, qui avoit esté autrefois rejettée par l'école de Louvain, y est maintenant si bien receuë, que de seize professeurs en philosophie il y en a quatorze qui l'enseignent.*

[b] Page 98.

XLVI. Il auroit peut-estre encore pû en faire

venir de ſemblables d'Angers & de quelques autres villes, où la philoſophie de M. des Cartes a eſté publiquement enſeignée.

XLVII. Et moy j'aurois ajoûté à tout cela M. Bernier, quoyqu'il faſſe profeſſion d'eſtre tout Gaſſendiſte, & nullement Carteſien ; M. Gadroys, Antoine le Grand, Ambroiſe Victor, & les autheurs de deux livres, dont l'un porte pour titre *Critique de la critique de la Recherche de la verité*, & l'autre s'appelle *l'Education des Dames*, livre dangereux, & qui ne traite de rien moins que de ce qu'il ſemble promettre par un ſi ſpecieux titre.

XLVIII. Monſieur Bernier dans une [a] lettre qu'il écrivit de Chiras en Perſe à Monſieur Chapelle le dixiéme de Juin de l'année 1668. dit que [b] *les corps phyſiques ne peuvent eſtre ſans toutes les dimenſions.* Et un peu aprês : *Ie ſuis encore de ce ſentiment, que les atomes ſont indiviſibles, parce que ce ſont des petites portions de matiere, ou petits corps durs, reſiſtans & impenetrables ; proprietez auſſi eſſentielles à la matiere que l'extenſion.* Voila l'extenſion & l'impenetrabilité eſſentielles à la matiere. Mais dans l'abregé [c] qu'il a fait de la philoſophie de M. Gaſſendi, parlant de l'impenetrabilité, ou de *la ſolidité,* qui fait que *deux parties* de matiere *reſiſtant l'une à l'autre......ſans ſe penetrer....elles occupent chacune leur lieu particulier,*

[a] *Cette lettre eſt imprimée à la fin d'un livre intitulé,* Suite des memoires du S[r] Bernier ſur l'Empire du grand Mogol.

[b] *Page* 19.

[c] *Au premier traité qui eſt* des Principes phyſiques, *chap.* 4.

& proportionné à leur grandeur : il dit que cette *solidité*, & par consequent l'impenetrabilité, *est comme la cause primitive & l'origine de l'étenduë*, & conclud qu'*elle doit bien plûtost estre censée constituer l'essence de la matiere, que l'étenduë*. Il est vray que cette opinion est un peu differente de celle de M. des Cartes, mais elle n'est pas moins perilleuse.

XLIX. Monsieur Gadroys dit nettement [a] *que la matiere ne consiste que dans l'étenduë*.

[a] *Dans le livre du Systême du monde selon les trois hypotheses, question troisiéme de la Fabrique du monde, chap. 2. du Debroüillement du Cahos.*

L. Antoine le Grand dit en termes formels, que *la* [b] *matiere consiste précisément en ce qu'elle est étenduë en longueur, largeur & profondeur* : & qu'*il ne se peut pas faire qu'un corps acquierre une nouvelle étenduë, qu'il ne luy vienne une nouvelle matiere*.

[b] Materia in hoc præcisè consistit, quòd sit extensa in longum, latum & profundum... nam fieri nullo pacto potest, ut aliquid nova dimensione aut quantitate augeatur, quin simul nova materia ei accedere intelligatur. *3. parte institutionum philosophiæ secundum principia Domini Renati des Cartes, articulo 3.*

LI. Ambroise Victor dans le livre qu'il a fait pour montrer par les principes de S. Augustin que les bestes n'ont point d'ame, dit que [c] *par le mot de corps il n'entend autre chose qu'un estre qui par sa longueur, sa largeur & sa profondeur occupe l'espace du lieu*. J'avouë qu'il fait

[c] Si tamen dixeris corpus, quod & nos, id est naturam quamlibet.

profession de ne rien dire de luy-mesme, & qu'il pretend que cette proposition, comme tout le reste de son livre, est de saint Augustin ; mais j'examineray [a] dans la suite ces sortes de citations.

longitudine, latitudine, altitudine spatium loci occupantem, cap. 5.

[a] *Dans la seconde partie, chapitre 3. article 6.*

LII.

L'autheur de la *Critique de la critique de la Recherche de la verité* s'étonne [b] des *doutes que quelques-uns ont formez touchant la nature du corps ou du solide, comme si c'estoit quelque autre chose que la substance étenduë.* Il louë les mathematiciens de ce [c] qu'*ils se sont contentez de considerer dans le corps ou solide ce qui y est effectivement*, & de ce qu'*ils l'ont regardé comme une chose étenduë en trois dimensions.* Il nous prie de [d] n'attribuer rien autre chose à la matiere. Et sur ce qu'on avoit reproché à l'autheur de la Recherche de la verité, qu'il n'avoit point prouvé les notions qu'il avoit données de l'ame & de la matiere ; il répond [e] *que comme les geometres commencent à philosopher par des veritez qu'ils ne prouvent pas, parce qu'elles n'ont pas besoin de preuves ; de mesme l'autheur de la Recherche a pû supposer la clarté de la notion de l'ame & de la matiere, comme une chose claire pour tous ceux qui se consultent eux-mesmes, quoyqu'il n'y ait rien de plus obscur pour les personnes préoccupées.*

[b] Page 17.
[c] page 47.
[d] page 50.
[e] page 55.

LIII.

Enfin l'autheur de l'Education des Dames montre encore assez dans son cinquiéme entretien, qu'il est du sentiment de M. des Cartes touchant l'essence du corps, quand il dit que *la philosophie de des Cartes donne des idées claires & distinctes de la verité, de la raison, de l'esprit & du corps.*

LIV. Et afin qu'il ne me prenne pas pour [a] un de *ces professeurs qui tâchent*, à ce qu'il dit, *d'inspirer de l'aversion à tout le monde pour les philosophes qui ne sont pas de leur opinion*, & qui crient contre [b] *des pauvres inconnus d'autant plus hardiment que souvent ils n'ont pas lû la table de leurs ouvrages*; je suis bien aise de luy marquer qu'il ne m'est pas inconnû non plus que la plusspart des autres que je n'ay point nommez, ou que je n'ay nommez que par les noms qu'ils ont empruntez eux-mesmes; que je les nommeray tous par leurs propres noms quand ils m'y obligeront; que puisqu'ils ne se sont pas nommez eux-mesmes dans leurs livres, je veux bien aussi les épargner dans celuy-cy, pour leur témoigner que je n'en veux point à leurs personnes, & que je ne pretens point les rendre odieux, quoyque je souhaitasse de tout mon cœur d'inspirer de l'aversion à tout le monde pour ce point de leur doctrine. Au reste ils pouront juger par ce que j'ay déja dit, & par tout ce que je diray encore dans la suite, si j'ay lû la table de leurs ouvrages.

[a] *Au second entretien.*

[b] *Au mesme endroit.*

CHAPITRE V.

L'authorité de M. des Cartes & des Cartesiens ne doit pas empescher qu'on ne condamne leurs principes touchant l'essence & les proprietez du corps.

IL n'est pas vray qu'une opinion qui n'a d'elle-mesme aucune probabilité, devienne toûjours probable par la seule des autheurs qui la soûtiennent. I.

Car premierement, quoyque plusieurs hommes sçavans s'accordent sur un point, II.
si ce point est d'une science qu'ils n'ayent jamais étudié, leur consentement ne peut pas avoir beaucoup d'authorité. Ainsi un malade auroit plus de consideration, en ce qui regarde sa maladie, pour l'avis d'un sçavant medecin, que pour celuy de cent geometres qui n'auroient jamais étudié en medecine : & un general d'armée prefereroit sans doute en matiere de fortification, l'avis d'un seul sçavant ingenieur à celuy de cent medecins ensemble, qui n'auroient jamais entendu parler de geometrie.

Secondement, quand plusieurs docteurs III.
s'accordent sur un point particulier de la science qui leur est propre, par exemple

plusieurs theologiens sur un point de theologie ; si neanmoins ces docteurs sont raisonnablement soupçonnez, ou de prendre d'ordinaire des sentimens écartez & dangereux, ou d'estre engagez dans une cabale dont ils preferent les interests à ceux de la verité, sans considerer ce qu'il faut penser des choses, mais seulement ce qu'il en faut dire pour se rendre considerables dans leur party : on ne peut pas croire qu'ils donnent aucune probabilité à l'opinion sur laquelle ils s'accordent ; & si elle est insoûtenable d'elle-mesme, elle demeure insoûtenable avec tout leur appuy. Autrement on pouroit dire que tous les articles de la Confession de foy d'Ausbourg & de celle des ministres de Suisse seroient devenus probables, parce que [a] celle-là a esté approuvée par le commun consentement des theologiens de l'Université d'Heidelberg, & [b] celle-cy par les theologiens de Genéve ; & que toutes les deux ont esté composées par un grand nombre de personnes, qui paroissoient avoir consommé leur vie dans l'étude des saintes Ecritures & des Peres.

[a] *Dans le livre qu'ils ont composé en Allemand, & qui a pour titre,* Conformité & accord de l'Ecriture sainte, des anciens & purs docteurs de l'Eglise, & de la confession d'Augsbourg, touchant la doctrine de la sainte Cene de Nostre Seigneur, par les theologiens de l'Vniversité d'Heidelberg.

[b] *L'an 1566. elle fut imprimée à Geneve avec ce titre* : Confession & simple exposition de la vraye foy & articles catholiques de la pure religion chrestienne, faite d'un commun accord par les ministres de l'Eglise de I. C. qui sont en Suisse, à sçavoir à Zurich, Berne, Schaphouse, Sain gal, Covere des Ghrisons & leurs alliez. Item à Meylhou.. & Bienne, ausquels se sont conioints les ministres de l'Eglise de Geneve, mise en lumiere pour, *&c.*

IV. Enfin quand plusieurs theologiens tres-capables, & nullement soupçonnez d'aucun des defauts dont je viens de parler, conviendroient sur un point de theologie ; si neanmoins l'Eglise se declaroit contre leur sentiment, dès-là elle leur osteroit toute leur authorité, & rendroit leur sentiment improbable.

V. Je n'ay garde de m'emporter icy contre M. des Cartes, ny de l'accuser d'atheïsme, d'impieté ou d'extravagance, comme ses adversaires font tous les jours avec plus de passion que de raison. S'il y a dans ses ouvrages cinq ou six endroits trop hardis & dangereux en matiere de religion, il [a] témoigne d'ailleurs tant de soumission à l'Eglise, qu'on peut bien dire qu'il s'est trop avancé, qu'il a donné trop de liberté à son esprit, & que ces endroits meritent d'estre condamnez; mais on ne peut pas dire qu'il ait esté un athée ou un impie : & pour ce qui regarde les autres questions qui sont purement physiques ou mathematiques, & qui n'ont nul rapport ny à la religion ny aux mœurs; quoyque je n'entre pas toûjours dans ses sentimens, il faut, à mon avis, ne l'avoir point lû, ou ne l'avoir pas compris, pour n'avouër pas qu'il y a beaucoup d'esprit.

[a] *Principior. philos. parte 1. num 76. & parte 4. num. 207.*

VI. Mais comme il appartient à la theologie de définir, si une opinion de philosophie est contraire à ce que la foy nous enseigne du tres-saint Sacrement, ou si elle n'y est pas contraire; pour oster en cette controverse toute l'authorité que M. des Cartes & les Cartesiens, que j'ay citez y pouroient avoir, il me suffit de dire:

VII. 1. Que Messieurs des Cartes, Clerselier, de la Forge, Bernier, Rohault & Gadroys n'ont jamais fait profession d'estre theologiens; & que si M. Cally a un peu étudié en theologie, il ne s'y est jamais acquis aucune authorité considerable.

VIII. 2. Qu'il ne faut que lire *la Recherche de la Verité*, *la Critique de la Critique*, *l'Education des Dames*, pour reconnoistre que les autheurs de ces livres ont une theologie extravagante en plusieurs points, & mesme tres-pernicieuse.

IX. N'est-ce pas une tres-pernicieuse doctrine, par exemple, que d'enseigner que le peché originel n'est autre chose que *la victoire de la concupiscence*; & la concupiscence rien autre chose *que l'effort naturel que les traces du cerveau font sur l'esprit, pour l'attacher aux choses sensibles*. C'est ce qu'enseigne [a] l'autheur de la Recherche de la Verité, sans se mettre en peine de la consequence fâcheuse que l'on en peut tirer contre la vertu du sacrement de Baptesme; aprês lequel il faudroit dire que le peché originel demeureroit encore tout entier, puisque la con-

[a] *Tome 1. livre 2. chap. 7.*

cupiſcence demeure également victorieuſe dans les enfans qui ſont baptiſez, & dans ceux qui ne le ſont pas; & que les traces du cerveau font un égal effort ſur les eſprits des uns & des autres, pour les attacher aux choſes ſenſibles. Voicy ſes paroles.

Comme il eſt neceſſaire ſelon l'ordre éstably de la nature, que les penſées de l'ame ſoient conformes aux traces qui ſont dans le cerveau; on pouroit dire que dés que nous ſommes formez dans le ventre de nos meres, nous ſommes dans le peché, & infectez de la corruption de nos parens; puiſque dés ce temps-là nous ſommes tres-fortement attachez aux plaiſirs de nos ſens; ayant les veſtiges de nos premiers peres, nous en devons auſſi avoir les inclinations. X.

Ainſi nous devons naiſtre avec la concupiſcence & avec le peché originel: nous devons naiſtre avec la concupiſcence, ſi la concupiſcence n'eſt que l'effort naturel que les traces du cerveau font ſur l'eſprit pour l'attacher aux choſes ſenſibles: & nous devons naiſtre dans le peché originel, ſi le peché originel n'eſt autre choſe que le regne de la concupiſcence, & que ces efforts comme victorieux & comme maiſtres de l'eſprit & du cœur de l'enfant. Or il y a grande apparence que le regne de la concupiſcence ou la victoire de la concupiſcence eſt ce qu'on appelle peché originel dans les enfans, & peché actuel dans les hommes libres. Je pourois faire encore d'au- XI.

tres reflexions sur ce passage.

XII. Mais que diray-je de ce que le mesme autheur dit ailleurs, [a] *que les objets materiels n'envoyent point d'especes qui leur ressemblent :* [b] *que l'ame n'a point la puissance de produire les idées.* [c] *Que nous ne voyons point les objets par des idées créées avec nous ; que Dieu ne les produit point en nous à chaque moment que nous en avons besoin.* [d] *Que l'esprit ne voit ny l'essence ny l'existence des objets en considerant ses propres perfections* ......mais [e] *que nous voyons toutes choses en Dieu,* ...... [f] *de sorte que si nous ne voyions Dieu en quelque maniere, nous ne verrions aucune chose.* [g] *Que l'on connoist Dieu par luy-mesme* ...... [h] *Que nous ne voyons presentement que Dieu d'une veuë immediate & directe* ...... mais [i] *que l'on connoist les choses corporelles en Dieu,* & que cela se peut faire parce que [l] *ce qu'il y a dans Dieu qui represente les estres créez, est tres spirituel, tres-intelligible & tres-present à l'esprit.*

[a] La Recherche de la verité tome 1. livre 3. chap. 2.
[b] Chapitre 3.
[c] Chapitre 4.
[d] Chapitre 5.
[e] Chapitre 6.
[f] ibidem.
[g] Chapitre 7.
[h] ibidem.
[i] ibidem.
[l] Chapitre 6.

XIII. Cette doctrine n'est-elle pas extravagante ? n'est-elle pas contraire à celle de saint Paul, qui enseigne que [m] *nous nous élevons par la connoissance des creatures à la connoissance des perfections invisibles de Dieu, de sa puissance éternelle & de sa divinité?* Ne donneroit-elle pas sujet de penser que cet autheur croit que nous voyons naturellement l'essence de Dieu

[m] Invisibilia enim ipsius à creatura mundi, per ea quæ facta sunt, intellecta conspiciuntur, sempiterna quoque eius

en cette vie, s'il n'ajoûtoit [a] qu'*on ne peut pas conclure que les esprits voyent l'essence de Dieu, de ce qu'ils voyent toutes choses en Dieu* ? Mais le moyen d'accorder cette derniere proposition avec les precedentes ? Peut-on *voir Dieu en quelque maniere*, & *voir toutes choses en Dieu*, sans voir en quelque maniere l'essence de Dieu?

virtus & divinitas. Rem. 1. n. 20.
[a] ibid. chap. 6.

Cet autheur suppose dans un autre endroit,[b] qu'*il n'y a que Dieu qui soit assez puissant pour agir en nous, & pour nous faire sentir le plaisir & la douleur ..... que ce ne sont point les objets qui agissent en nous ; & que ce n'est point aussi nostre ame qui cause en elle mesme son plaisir & sa douleur.* Voila une doctrine bien particuliere ; mais voicy ce qu'il ajoûte. *C'est faire une injustice à Dieu que de produire dans son corps des mouvemens qui obligent Dieu en consequence de sa premiere volonté à nous faire sentir du plaisir, lorsque nous n'en meritons pas.* Et aprés un long discours il conclud que *Dieu punira par des douleurs qui ne finiront jamais, les injustes plaisirs des voluptueux.* XIV.

[b] Tome 2. liv. 4. chap. 10.

Les injustes plaisirs que Dieu punira par des douleurs qui ne finiront jamais, sont sans doute des pechez. Or selon cet autheur les plaisirs que nous recevons, *lorsque nous n'en meritons pas*, sont *des plaisirs injustes*, que *Dieu punira par des* XV.

douleurs qui ne finiront jamais. Ce sont des plaisirs injustes, puisque nous ne pouvons les recevoir sans faire une injustice à Dieu : ce sont des plaisirs que *Dieu punira par des douleurs qui ne finirõt jamais*, puisqu'*il punira par des douleurs qui ne finiront jamais les injustes plaisirs* Donc selon cet autheur les plaisirs que nous recevons lorsque nous n'en meritons pas, sont des pechez. Et par consequent comme un homme qui est en peché mortel, ne merite aucun plaisir pendant qu'il demeure en peché mortel; tous les plaisirs que reçoit un homme qui est en peché mortel, sont autant de pechez : s'il mange, il fait un peché ; s'il regarde une fleur, il fait un peché ; s'il lit un bon livre, s'il va au sermon, & s'il trouve quelque plaisir ou à lire ce livre ou à entendre le predicateur, il fait un peché. Quelle theologie est-ce là?

XVI. Comme l'autheur de la Critique de la critique n'a pas tant d'esprit ny de capacité que l'autheur de la Recherche, il est tombé dans des fautes bien plus grossieres & plus aisées à reconnoistre. Il dit

[a] Page 69. par exemple, que [a] *les creatures ne sont point contenues dans la puissance de Dieu,*

[b] Page 70. *avant qu'il ait voulu les produire* ; [b] qu'*elles ne sont mesme concevables dans Dieu que dans l'instant qu'il les produit actuellement* . . . .

[c] ibid. [c] *que Dieu ne voit que*

[d] page 108. *ce qu'il veut voir* . . . . . . [d] *que dans Dieu*

les pensées sont des personnes ou des choses subsistantes.....[a] *que nous n'avons qu'à penser à la matiere, aux mouvemens, aux figures & aux situations de ses parties, aux anges, aux ames, aux hommes & à leurs operations, pour estre assurez que tout cela existe.* Et que *soit que la pensée nous represente substance ou accident, corps ou esprit; il est également necessaire que tout cela existe hors de la pensée.* Je ne dis rien des deux premieres propositions, parce qu'elles contiennent une doctrine qui est assez commune parmy les Cartesiens, & que je seray obligé d'examiner en un [b] autre endroit. Pour dire un mot des trois dernieres.

[a] Page 114.

[b] *Dans la seconde partie, chap. 5. art. 5. sect. 2.*

XVII.

Quand on dit que Dieu ne fait hors de luy que ce qu'il veut faire hors de luy, on suppose qu'il peut ne rien faire hors de luy. S'il est donc vray de dire aussi *que Dieu ne voit que ce qu'il veut voir*, on poura conclure qu'il peut, ou du moins qu'il a pû absolument ne rien voir du tout & ne connoistre rien : mais s'il ne voyoit rien du tout, & s'il estoit sans connoissance & sans sagesse, seroit-il Dieu ?

XVIII.

On ne multiplie point le terme de choses en Dieu, comme on multiplie celuy de personnes, ou l'on y ajoûte quelque mot, qui marque qu'on prend le terme de chose relativement.

XIX.

Il n'y a que la seconde des trois personnes divines, qui soit verbe ou pensée subsistante. Le Pere n'est point verbe, le saint Esprit ne l'est point. Que veut donc dire cet autheur, quand il dit au nombre plurier, *que dans Dieu les pensées sont des personnes subsistantes ?*

XX. Mais y a-t-il rien de plus ridicule, que ce qu'il dit, qu'*il n'a qu'à penser aux choses pour estre asseuré qu'elles existent ; qu'il est necessaire que tout ce que sa pensée luy represente existe hors sa pensée* ; & qu'il existe *dans le mouvement, dans la figure & dans la mesme situation de parties que sa pensée luy represente ?* Il n'a donc qu'à penser qu'il y a des forests & des châteaux en l'air, & il y en aura. Nos princes n'y entendent rien ; il leur faut des armées entieres & un attirail infiny d'armes & de munitions pour prendre les villes, & pour conserver celles qu'ils ont déja prises : voicy un homme qui l'entend bien mieux ; il n'a que faire ny d'armes ny de soldats, il n'a qu'à penser un matin à son reveil que tous les ennemis de sa patrie sont immobiles, que les fossez de leurs villes sont comblez, & que les murailles en sont renversées ; au mesme instant tous ses ennemis demeureront immobiles & metamorphosez comme la femme de Loth en autant de statuës, & les murailles de leurs villes tomberont dans leurs fossez pour les combler. Ne voila pas un homme incomparable ? Il n'a n'a besoin ny de vouloir, ny d'agir ; *il n'a qu'à penser aux choses, & il est necessaire*, si nous l'en voulons croire, *qu'elles existent hors sa pensée.* C'est à dire qu'il est plus puissant que Dieu. Quelle execrable réverie?

[a] L'autheur de l'Education des Dames fait un long discours sur la dissimulation, que je ne pourois rapporter icy sans ennuyer ceux qui liront cet ouvrage ; mais il y enseigne entr'autres choses, que lorsque *Dieu nous represente l'estat de malheur qui doit durer éternellement aprés cette vie par des feux épouventables*, c'est *un déguisement & une dissimulation* : que Dieu ne parle de la sorte, que *pour s'accommoder à la foiblesse de nos esprits*, & *afin de nous donner d'autant plus de crainte, que la peine du feu dont il nous menace nous est plus sensible* : que lorsque la sainte Ecriture parle au feu d'enfer, il la faut entendre dans un sens figuré, comme tout le monde l'entend lorsqu'elle donne *des mains, des oreilles & des passions à Dieu*, & qu'il n'est pas plus vray qu'il y ait un feu réel préparé au diable & à ses anges, qu'il est vray que Dieu ait réellement des mains, des oreilles & des passions. Cette doctrine est-elle catholique? n'ouvre-t-elle pas plûtost la porte au libertinage ? XXI.

[a] *Entretien 3.*

Tous les autres Cartesiens que j'ay citez, sont ou des étrangers que personne XXII.

ne connoist en France, ou des François qui ne se sont encore fait nulle reputation, & quelques-uns ont le malheur d'estre fort suspects en theologie; dês-là que l'on ne connoist pas particulierement leurs personnes.

XXIII. 3. Enfin quand M. des Cartes & tous ses disciples seroient des theologiens consommez & irreprochables, puisque l'Eglise s'est ouvertement déclarée contre ce qu'ils disent de l'essence & des proprietez du corps, comme je vais le montrer; il est certain que leur authorité est nulle, que leur consentement ne peut donner aucune probabilité à leur opinion, & que par consequent il ne doit pas empescher qu'on ne la condamne, puisque d'ailleurs elle merite d'estre condamnée.

PRINCIPES DE LA PHILOSOPHIE DE Mr DES CARTES

Touchant l'essence & les proprietez du corps;

Comparez à la doctrine de l'Eglise touchant l'Eucharistie.

SECONDE PARTIE.

QUAND l'Eglise voit les docteurs partagez sur une question qui a raport à la foy ou aux mœurs, & qu'elle en veut décider quelque chose, elle le peut faire en deux manieres differentes. I.

Premierement elle peut définir positivement un sentiment, en déclarant qu'il est de foy : & quand elle en use de la sorte, les docteurs ne peuvent plus estre partagez ; s'ils veulent demeurer catholi- II.

ques, il faut qu'ils en demeurent tous à ce sentiment que l'Eglise a définy comme de foy, & qu'ils condamnent tous les autres qui luy sont opposez.

III. Mais en second lieu elle peut sans embrasser aucune opinion particuliere, se contenter d'en condamner une : & alors les docteurs catholiques peuvent encore estre partagez, & soûtenir des opinions opposées, pourveu qu'ils s'accordent tous à condamner celle qui a esté condamnée de l'Eglise.

IV. C'est ainsi que les philosophes & les theologiens ne s'accordant pas, quand ils demandoient en quoy consistoit l'essence *de la personne* ; l'Eglise sans aprouver positivement aucune de leurs opinions, s'est contentée de condamner celle qu'elle a crûë contraire aux mysteres de la Trinité & de l'Incarnation ; & que permettant du reste aux docteurs de croire & de dire tout ce qu'ils jugeroient de plus probable, elle leur a seulement défendu de croire ny de dire que *la nature singuliere fust toute l'essence de la personne* ; parce qu'autrement il s'ensuivroit que n'y ayant qu'une nature singuliere dans Dieu, il n'y auroit qu'une personne ; & qu'il y auroit deux personnes en Jesus-Christ, comme il y a deux natures singulieres.

V. Les philosophes ont eu de tout temps des sentimens divers touchant l'essence du corps ou de la matiere ; (car M. des Cartes confond toûjours ces deux mots, & je veux bien les confondre comme luy pour ne point m'arreſter à diſputer de la ſignification d'un mot.) Les uns l'ont fait conſiſter dans le premier ſujet des formes, les autres dans une ſubſtance composée de parties ; d'autres l'ont miſe dans le pouvoir d'eſtre étendu ; d'autres dans l'étenduë meſme ; d'autres dans le fondement de l'impenetrabilité ; d'autres dans l'impenetrabilité meſme ; d'autres dans la diviſibilité, & d'autres enfin en d'autres choſes.

J'avouë que l'Egliſe n'embraſſe poſitivement aucune de ces opinions, & qu'elle n'a jamais définy qu'aucune fuſt de foy, parce qu'il y en a pluſieurs qui ſont fort indifferentes, & que l'on peut également ſoûtenir, ſans donner la moindre atteinte à aucun de nos myſteres. VI.

Mais quoyque Meſſieurs les Carteſiens en diſent, je maintiens qu'elle s'eſt plus que ſuffiſamment déclarée dans le Concile de Trente, pour nous faire entendre que l'opinion de ceux qui ſoûtiennent comme eux, que l'eſſence du corps conſiſte dans ſon étenduë naturelle & dans l'impenetration actuelle de ſes parties, choque directement la preſence réelle du corps de Jeſus-Chriſt dans l'Euchariſtie ; qu'elle a du moins conſequemment condamné cette opinion ; & qu'ainſi elle a VII.

osté aux docteurs catholiques le pouvoir de la soûtenir, sans leur oster le pouvoir de choisir entre toutes les autres celle qu'ils jugeroient la plus vray-semblable.

VIII. Considerons d'abord la doctrine du Concile; ensuite nous la comparerons à celle de M. des Cartes.

Chapitre I.

La doctrine du Concile de Trente touchant la maniere dont le Corps de Iesus-Christ est present dans l'Eucharistie.

I. [a] Iesus-Christ, dit ce saint Concile au chapitre 3. session 13. *est tout entier sous les especes du pain & sous chaque partie des especes du pain; il est aussi tout entier sous les especes du vin, & sous chaque partie des especes du vin.* Et au Canon 3. de la mesme session: [b] *Si quelqu'un nie que dans le venerable Sacrement de l'Eucharistie Iesus Christ est contenu tout entier sous chacune des especes, & sous toutes les parties de chaque espece, aprés que la separation en est faite, qu'il soit anathéme.*

[a] Totus enim & integer Christus sub panis specie, & sub quavis ipsius speciei parte: totus item sub vini specie, & sub eius partibus existit. *Conc. Trid. s.13.c.3.*

[b] Si quis negaverit in venerabili Eucharistiæ Sacramento, sub una quaque specie, & sub singulis cuiusque speciei partibus separatione facta totum Christum contineri, anathema sit. *ibid. sess. 13. can. 3.*

Sur ces deux textes je fais seulement deux remarques.

Premiere remarque. Le Concile définit que Jesus-Christ *est contenu tout entier sous les especes du pain.* Il faut donc que le corps de Jesus-Christ y soit contenu tout entier : car le corps de Jesus-Christ estant une partie de Jesus-Christ, on ne peut pas dire que Jesus-Christ soit tout entier, où son corps n'est pas tout entier. II.

Si le corps de Jesus-Christ est contenu sous les especes du pain ; il n'y a pas une plus grande étenduë que celle des especes du pain, & par consequent il y a une étenduë bien moindre que celle qu'il avoit sur la terre, & qu'il a encore dans le Ciel. III.

Si le corps de Jesus-Christ est contenu tout entier sous les especes du pain, il faut que toute sa substance s'y trouve, autrement il n'y seroit pas tout entier : & par consequent il n'a pas moins de substance sous les especes du pain qu'il en avoit sur la terre, & qu'il en a maintenant dans le ciel. IV.

Donc selon la définition du Concile le corps de Jesus-Christ perd beaucoup de son étenduë dans l'Eucharistie, sans y rien perdre de sa substance : il y perd beaucoup de son étenduë, puisqu'il y en a beaucoup moins qu'il n'en a dans le ciel ; il n'y perd rien de sa substance, puisqu'il n'y en a pas moins qu'il en a dans le ciel. V.

VI. Seconde remarque. Le Concile n'enseigne pas seulement que *Iesus-Christ est contenu tout entier sous les especes du pain & du vin*; mais encore qu'*il est contenu tout entier sous chaque partie des especes du vin*. De sorte que lorsqu'on rompt les especes du pain, ou qu'on divise les especes du vin, Jesus-Christ n'est point divisé, mais *se trouve tout entier sous toutes les parties de chaque espece après que la separation en est faite.*

VII. Il faut donc qu'il n'y ait ny dans les especes du pain, ny dans les especes du vin, aucune partie réelle, sous laquelle Jesus-Christ ne soit contenu tout entier. Autrement si une partie réelle, par exemple de l'hostie consacrée, ne contenoit qu'une partie de Jesus-Christ; comme il n'y a point de partie réelle, qui ne puisse estre tres-naturellement separée de celle qui la touche, le corps de Jesus-Christ pouroit estre naturellement divisé; & il arriveroit tres-souvent qu'il seroit divisé en effet dans la fraction de l'hostie; & ainsi qu'il ne se trouveroit pas *tout entier sous les parties de chaque espece, aprés que la separation en seroit faite.*

VIII. De plus il faut dire selon la doctrine du Concile, que toutes les parties du corps de Jesus-Christ sont penetrées les unes dans les autres sous les especes consacrées. Car si sa teste, ses mains, ses pieds & les autres parties de son corps n'eſtoient pas les unes dans les autres, & toutes dans une meſme place, elles ſeroient les unes hors des autres, & dans des places differentes ; & par conſequent ſa teſte ſeroit ſous une partie des eſpeces, ſes mains ſous une autre partie, ſes pieds ſous une autre partie ; & ainſi ſon corps ne ſeroit pas *tout entier ſous toutes les parties de chaque eſpece*, contre la doctrine du Concile. Afin donc qu'il ſoit *tout entier ſous toutes les parties de chaque eſpece*, il faut que ſa teſte ſe trouve dans la meſme place, & ſous la meſme partie des eſpeces où ſont ſes pieds, il faut que ſes bras s'y trouvent, il faut que ſes mains & toutes les parties de ſon corps s'y trouvent penetrées les unes dans les autres.

D'où je conclus que le corps de Jeſus-Chriſt eſt dans le tres-ſaint Sacrement de l'autel ſans ſon étenduë : car l'étenduë propre d'un corps compoſé de parties réelles, conſiſtant dans la ſituation de ſes parties les unes hors des autres, comme M. des Cartes le confeſſe avec tous les autres philoſophes ; il eſt évident qu'un corps compoſé de parties réelles, qui a toutes ſes parties penetrées les unes dans les autres, n'a pas ſon étenduë. Or le corps de Jeſus-Chriſt eſt un corps compoſé de parties réelles, qui a neanmoins ſelon le Concile toutes ſes parties penetrées les unes dans les autres au ſaint Sacrement de l'autel. Donc ſelon le Concile le corps de Jesus-Christ au saint Sacrement de l'autel n'a pas son étenduë.

X. Enfin l'idée du corps n'est pas la mesme que l'idée de son étenduë. Les Cartesiens n'oseroient nier que le Concile n'ait parlé sagement, quand il a définy que le corps de Jesus-Christ est réellement *contenu dans la venerable Eucharistie*. S'il a parlé sagement, il a sçû ce qu'il disoit : s'il l'a sçû, il en a eu quelque idée. Donc quand il a définy que le corps de Jesus-Christ est réellement *contenu dans la venerable Eucharistie*, il faut qu'il ait conçû un corps, qu'il ait eu quelque idée d'un corps *contenu dans la venerable Eucharistie* : & cependant il n'a eu aucune idée de l'étenduë propre de ce corps dans l'Eucharistie ; il n'a point conçû que ce corps y fust étendu ; au contraire il a jugé qu'il y estoit sans son étenduë. Donc l'idée d'un corps n'est pas la mesme que l'idée de son étenduë : autrement le Concile n'auroit pas pû concevoir le corps de Jesus-Christ dans l'Eucharistie, sans l'y concevoir avec son étenduë.

CHAPITRE II.

Cette doctrine du Concile de Trente est contradictoire à celle de M. des Cartes.

COmparons maintenant la doctrine de Monſieur des Cartes avec celle du Concile.

1. La doctrine du Concile eſt, [a] que le II.
corps de Jeſus-Chriſt dans l'Euchariſtie perd beaucop de ſon étenduë, ſans rien perdre de ſa ſubſtance.

La doctrine de M. des Cartes eſt, [b] qu'il eſt impoſſible qu'un corps perde rien de ſon étenduë, qu'il ne perde autant de ſa ſubſtance.

2. La doctrine du Concile eſt, [c] que III.
les parties du corps de Jeſus-Chriſt ſont toutes penetrées les unes dans les autres ſous les eſpeces conſacrées du pain & du vin.

La doctrine de M. des Cartes eſt, [d] que les parties du corps ſont abſolument impenetrables.

3. La doctrine du Concile eſt, [e] que IV.
le corps de Jeſus-Chriſt eſt ſans ſon étenduë dans le ſaint Sacrement de l'autel; & que par conſequent l'eſſence du corps ne conſiſte pas dans ſon étenduë.

[a] *Voyez le chap. precedent, n. 2. 3. 4. 5.*

[b] *Voyez la 1. partie, chap. 2. n. 6. 7. 8. 9. 10.*

[c] *Voyez le chap. precedent, n. 8.*

[d] *Voyez la 1. part. chap. 2. tout entier.*

[e] *Voyez le chap. precedent, n. 9.*

a Voyez tout le 1. chap. de la premiere part.

La doctrine de M. des Cartes est, [a] que l'essence du corps consiste dans son étenduë, & que sa seule étenduë constituë toute son essence.

V.

b Voyez le ch. precedent, n. 10

4. La doctrine des Peres du Concile est, [b] qu'ils conçoivent le corps de Jesus-Christ dans l'Eucharistie, sans y concevoir l'étenduë propre du corps de Jesus-Christ ; & par consequent l'idée du corps selon les Peres du Concile n'est pas la mesme que l'idée de son étenduë.

c Voyez la 1. partie chap. 1. art. 2, n. 9, & 16.

La doctrine de M. des Cartes est, [c] que l'idée du corps est la mesme que l'idée de l'étenduë du corps, & que par consequent il est impossible de concevoir un corps sans le concevoir avec son étenduë.

VI.

d Si quis negaverit in sanctissimæ Eucharistiæ Sacramento cōtineri verè, realiter & substantialiter corpus & sanguinem, unà cum anima & divinitate Domini nostri Jesu Christi &c. anathema sit. Sess. 13 can. 1.

5. Enfin la doctrine des Peres du Concile est, [d] que le corps de Jesus-Christ qu'ils conçoivent sans son étenduë dans l'Eucharistie, est un veritable corps ; & ainsi que quand ils le conçoivent de la sorte, ils conçoivent quelque chose de réel, & que ce qu'ils conçoivent neanmoins n'est pas un esprit.

La doctrine de Monsieur des Cartes est, [e] que ceux qui pensent concevoir un corps sans son étenduë, conçoivent un esprit, ou ne conçoivent rien.

e *Voyez la premiere partie, chap. 1. art. 2. n. 6.*

VII.

En verité la doctrine de M. des Carres se peut-elle accorder avec celle du Concile ?

Comme tout ce qui est, est possible ; ce qui est absolument impossible, n'est jamais. Qui assûre l'existence, assûre la possibilité, & qui nie la possibilité, nie necessairement l'existence. M. des Cartes nie qu'il soit absolument possible que les parties d'un corps se penetrent ; il nie qu'il soit absolument possible qu'un corps perde de son étenduë sans perdre de sa substance ; il nie donc que le corps de Jesus-Christ ait ses parties penetrées dans le tres-saint Sacrement de l'autel, & qu'il y perde de son étenduë sans y perdre de sa substance: Mais cependant c'est la doctrine du Concile. VIII.

L'Eglise n'a jamais définy en termes formels la possibilité du mystere de l'Incarnation : mais depuis qu'elle en a définy l'existence en définissant que le Fils de Dieu s'est incarné en effet ; tous les fideles ont crû que la possibilité de ce mystere estoit plus que suffisamment définie : & il est assûré que l'on traiteroit comme un heretique un homme qui diroit que le mystere de l'Incarnation est impossible. IX.

Ainsi l'Eglise n'a jamais définy en termes formels qu'un corps puisse avoir ses parties penetrées les unes dans les autres, & perdre de son étenduë sans perdre de sa substance : mais depuis qu'elle nous enseigne que le corps de Jesus-Christ est X.

tout entier sous les especes consacrées, & tout entier sous chaque partie des especes, & consequemment qu'il y a ses parties actuellement penetrées les unes dans les autres, & qu'il y perd en effet de son étenduë sans y perdre de sa substance ; les fideles ont toûjours crû qu'elle avoit plus que suffisamment declaré qu'un corps peut absolument avoir ses parties penetrées les unes dans les autres, & perdre de son étenduë sans y rien perdre de sa substance. Mais que dirons-nous donc de la philosophie de M. des Cartes, qui dit que l'un & l'autre est absolument impossible?

XI. Ou il n'y a rien d'impossible au monde, ou il est impossible qu'une chose soit sans son essence. Donc si le corps de Jesus-Christ est au saint Sacrement sans son étenduë, comme le Concile l'enseigne, il est évident que l'étenduë du corps n'est pas de l'essence du corps : ou si ce que M. des Cartes soûtient est veritable, que l'essence du corps consiste dans son étenduë ; il faut dire que le saint Sacrement de l'Eucharistie est impossible en la maniere que les catholiques le croyent, & que l'Eglise nous propose une chimere quand elle nous enseigne que le corps de Jesus-Christ est dans ce Sacrement sans son étenduë.

XII. Enfin, soit pour croire interieurement, soit pour faire exterieurement profession de sa foy, quoyqu'il ne soit pas necessaire de comprendre ce que l'on doit croire ny ce que l'on confesse ; il faut l'entendre neanmoins & en avoir quelque idée, autrement on pouroit nous reprocher que quand nous croyons & quand nous faisons nos professions de foy, nous ne sçavons ny ce que nous croyons ny ce que nous disons. Mais si l'idée du corps & l'idée de l'étenduë sont une mesme idée ; s'il est impossible de concevoir un corps sans en concevoir l'étenduë ; & si dés-là que l'on ne conçoit plus l'étenduë du corps, on ne conçoit plus le corps mesme, à quelles extremitez reduit-on M. des Cartes ?

XLIX. Comme il fait profession de croire que le corps de Jesus-Christ est dans l'Eucharistie, il faut qu'il dise qu'il a quelque idée du corps de Jesus-Christ dans l'Eucharistie, & qu'il l'y conçoit ; que par consequent son idée luy represente dans l'Eucharistie toute l'étenduë du corps de Jesus-Christ ; & qu'ainsi il conçoit que le corps de J. C. y est aussi étendu, qu'il l'estoit lorsqu'il estoit attaché sur la Croix ; & qu'en mesme temps il n'y est pas plus étendu qu'une petite hostie, dans l'espace de laquelle le Concile définit qu'il est [a] *renfermé* : peut-on s'imaginer une extravagance pareille ?

[a] Contineri. Trid. loco citato.

X. De plus comme il avouë qu'il ne conçoit rien, où qu'il conçoit un esprit, quand il pense concevoir un corps sans son étenduë, il faut qu'il avouë qu'il ne conçoit rien dans l'Eucharistie, ou qu'il n'y conçoit qu'un esprit, puisqu'il fait profession d'y croire le corps de Jesus-Christ sans son étenduë. Auquel se determinera-t-il des deux? avouëra-t-il qu'il n'y conçoit qu'un esprit; il ne croit donc pas que Jesus-Christ y ait son veritable corps; avouëra-t'il qu'il n'y conçoit rien: qu'il ne dise donc plus qu'il y conçoit le corps de Jesus-Christ; qu'il dise de bonne foy, ou qu'il n'y croit rien, ou qu'il croit que le corps de Jesus-Christ n'y est rien, c'est à dire qu'il n'y est point du tout.

XV. Enfin il est engagé à quelquel chose de bien plus fort; car il faut qu'il soûtienne encore que si les Peres assemblez au Concile de Trente eussent conçû que le corps de Jesus-Christ eust esté dans l'Eucharistie, ils y auroient conçû l'étenduë du corps de Jesus-Christ: que n'y ayant point conçû l'étenduë du corps de Jesus-Christ, il faut qu'ils n'y ayent point conçû le corps de Jesus-Christ: que par consequent ils n'ont point crû que le corps de Jesus-Christ y fust réellement, & qu'ainsi ils estoient tous Calvinistes.

XVI. Voila des extremitez que M. des Cartes n'a peut-estre jamais prévûës, mais il y tombe necessairement, supposé ses principes.

CHAPITRE III.

Les Cartesiens prétendent n'estre point obligez à s'expliquer sur la comparaison que l'on fait de leur doctrine avec celle de l'Eglise : mais leur prétention n'est fondée que sur de faux prétextes.

COmme je ne raporteray dans ce chapitre aucune raison du silence des Cartesiens, ny dans le chapitre suivant aucune de leurs réponses, que je n'aye entenduë moy-mesme de leur bouche, ou que je n'aye lûë dans quelques-uns de leurs ouvrages, je promets aussi que je n'en dissimuleray aucune, & que je tâcheray de les mettre toutes dans tout le jour qu'ils leur pouroient donner eux-mesmes.

ARTICLE PREMIER.

Premier prétexte des Carteſiens fondé ſur l'obſcurité du myſtere de l'Euchariſtie, & ſur la profeſſion qu'ils ſont d'eſtre de ſimples phyſiciens.

I. LA premiere & la plus ordinaire réponſe dont ſe ſervent quaſi tous les Carteſiens, c'eſt qu'on a tort d'exiger qu'ils répondent à une objection priſe d'un point de foy qui ſurpaſſe la portée de tous les eſprits humains ; & de vouloir qu'ils expliquent un myſtere qui eſt ineffable.

II. Qu'on argumente contre nous, diſent-ils, par raiſon naturelle, nous ſommes preſts d'y répondre : mais quand on nous propoſe des myſteres de foy, noſtre raiſon ne voit plus goute, & nous n'avons plus rien à dire, ſinon que noſtre philoſophie ne va point juſques-là ; que nous captivons nos eſprits ſous l'empire de la foy ; & que comme nous ne croyons rien dans les choſes naturelles, que ce que la lumiere de la raiſon nous découvre évidemment, dans les choſes de la foy nous croyons tout, ſans permettre à noſtre raiſon de rien examiner ; philoſophes en celles-là, fideles en celles-cy, curieux dans les premieres comme tous les hommes raisonnables le doivent estre, mais soûmis dans les dernieres comme de simples enfans.

III. [a] On nous objecte le Concile de Trente; qu'on nous permette donc d'en demeurer à ce qu'il a définy. Il enseigne que Jesus-Christ est réellement present sous les especes du pain & du vin aprés la consecration; nous le croyons : mais puisqu'il enseigne aussi que ce mystere est [b] *ineffable*, & [c] *qu'il est bien difficile d'expliquer de quelle maniere Iesus-Christ y est present*; pourquoy veut-on nous obliger à l'expliquer? ne seroit-ce pas une temerité extreme de l'entreprendre, & [d] *de vouloir aller plus avant que le saint Concile dans la détermination des manieres, & dans la condamnation des principes de philosophie, à quoy ce Concile n'a point touché.*

[a] Mr Rohault entretien premier, page 94. & Mr Cally, in Scientia generali, membro 2. art. 1. sect. 2.

[b] Pro tam ineffabili & planè divino beneficio. sess. 13. cap. 5.

[c] Ea existendi ratione, quam verbis exprimere vix possumus. ibid. cap. 1.

[d] *Mr Rohault entretien premier, page 95.*

IV. Ce n'est pas que nous disions rien qui soit contraire aux décisions de ce Concile; & [e] *si on croyoit qu'il fust à propos d'expliquer comment le sentiment qu'on a de la matiere s'accorde avec ce que la foy nous enseigne de la transsubstantiation, on le feroit peut-estre d'une maniere assez nette & distincte. Mais on se croit dispensé de la necessité de le faire,* [f] *les manieres dont on explique les mysteres de la foy, n'estant point de foy....* [g] *c'est s'em-*

[e] *L'autheur de la Recherche de la Verité, tom. 1. liv. 3. chap. 8. n. 2.*

[f] *Le mesme au mesme endroit*

[g] *Le mesme au mesme endroit*

barasser inutilement dans des questions inutiles, que de vouloir les expliquer : & s'il en falloit expliquer quelque chose, [a] *ce seroit aux theologiens à le faire*, & non pas à des philosophes.

[a] Id solvere, theologorum est. D Cally loco cit.

V. Nous ne sommes point theologiens ; nous ne faisons profession que [b] *de simples physiciens ; c'est pourquoy laissant à ceux qui sont d'une profession plus relevée à traiter de semblables questions, & à porter leur veuë plus loin que nostre raison ne peut aller, nous nous renfermerons dans les limites qu'elle nous prescrit, sans empieter sur les terres d'autruy, & conclurons suivant ce qu'elle nous a fait connoistre, que l'essence de la matiere consiste dans l'étenduë.*

[b] Mr Rohault dans son traité de physique 1. p. chap. 7. n. 9.

VI. Quand mesme nous serions theologiens, [c] *on est persuadé qu'il ne faut faire usage de son esprit que sur des sujets proportionnez à sa capacité ; & qu'on ne doit pas regarder fixement nos mysteres de peur d'en estre éblouïs.*

[c] L'autheur de la Recherche de la Verité, tom. 1. liv. 3 chap. 8. n. 2.

VII. Si cela est vray à l'égard de tous nos mysteres en general, s'il nous est défendu d'en examiner aucun ; comment nous sera-t-il permis d'examiner celuy de l'Eucharistie, qui est si fort au dessus des sens & de la raison, qu'il est appellé comme par excellence [d] *le Mystere de la foy* : & s'il ne nous est pas permis de l'examiner, quelle justice peut-il y avoir à nous obliger de l'expliquer?

[d] Mysterium fidei.

VIII.

[a] *La tradition est pour ceux qui ne philosophent point sur ce mystere, puisque les saints Peres en ont presque toûjours parlé comme d'un mystere incomprehensible, qu'ils n'ont point philosophé pour l'expliquer: & qu'ils se sont contentez pour l'ordinaire de comparaisons peu exactes, plus propres pour faire connoistre le dogme, que pour en donner une explication qui contentast l'esprit.*

[a] L'autheur de la Recherche de la Verité, tom. 1. liv. 3. chap. 8. n. 2.

IX.

De sorte que bien loin d'estre obligez de répondre aux objections qu'on nous fait, on ne peut pas prudemment s'y engager; & si des philosophes entreprenoient de le faire, [b] *il semble qu'ils ne pouroient éviter la condamnation ou de leur philosophie ou de leur theologie. Car si leurs explications estoient obscures, on mépriseroit les principes de leur philosophie: & si leur réponse estoit claire ou facile, on apprehenderoit avec quelque raison la nouveauté de leur theologie. Puis donc que la nouveauté en matiere de theologie porte le caractere de l'erreur, & qu'on a droit de mépriser des opinions, pour cela seul qu'elles sont nouvelles & sans fondement dans la tradition; on ne doit pas entreprendre de donner des explications faciles & intelligibles, des choses que les Peres & les Conciles n'ont point entierement expliquées.*

[b] Le mesme au mesme endroit.

X.

Enfin quand nous ne pourions absolument répondre aux difficultez qu'on nous propose à l'occasion du saint Sacrement, il seroit toûjours du bon sens de nous en tenir à ce que la raison nous a fait connoistre de l'essence du corps. [a] *Car on ne doit pas nier les choses qui sont claires & évidentes, pour ne pouvoir pas en comprendre quelques autres qui sont obscures: car il est clair & évident que le corps est une chose étenduë, au contraire la maniere dont le corps de Iesus Christ est dans l'Eucharistie, est un mystere tres-obscur. Donc pour ne pas paroistre expliquer un mystere de foy déja assez obscur, par un autre mystere encore plus obscur de l'essence du corps, nous laissons celuy là à croire pendant que nous tâchons de démontrer celuy cy.*

[a] Non ideo perspicua neganda sunt, quòd obscura animo comprehendi nequeant: atqui corpus esse ré extensam perspicuum est. Modus autem quo Christi corpus est in Eucharistia ut fidei mysteriũ est, sic obscurum. Ne igitur obscurum fidei mysterium alio obscuriore corporis mysterio explicare videamur, illud credendum relinquimus dum hoc demonstrare conamur. *D. Cally loco cit.*

XI. Monsieur Cally prétend que [b] *ce seul dernier raisonnement suffit*; qu'aprés cela il peut dire tout ce qu'il luy plaist de l'essence du corps, sans avoir davantage égard à ce que les Peres du Concile de Trente ont défini du précieux corps de Jesus-Christ, & que cette réponse est comme un retranchement, dans lequel il est en assurance contre tous leurs Canons.

[b] Philosopho sufficiat hac respondisse argumentatione. *idem ibid.*

ARTICLE SECOND.

L'obscurité du mystere de l'Eucharistie, & la profession que les Cartesiens font d'estre de simples physiciens, ne les dispense point de répondre.

I. SI ces Messieurs sont catholiques, on peut dire que leur réponse ne l'est guere; quelque soûmis qu'ils paroissent, ils ne pouvoient rien dire de moins respectueux à l'Eglise : & jamais aucun heretique ne s'est avisé de répondre aux argumens des Peres & des docteurs catholiques d'une maniere moins supportable, & dont les consequences fussent plus dangereuses.

II. Quoy donc il sera permis desormais aux philosophes de croire en leur particulier, & de soûtenir en public tout ce qu'il leur plaira contre les dogmes de la foy ; & quand on leur objectera l'authorité de l'Eglise, quand on les pressera par les décisions des Conciles ; ils en seront quittes pour dire qu'ils sont de *simples physiciens, qu'ils laissent à ceux qui sont d'une profession plus relevée à traiter de semblables questions* ; que c'est aux theologiens à répondre à ces argumens ; que les theologiens mesmes *ne doivent pas regarder fixement nos mysteres, de peur d'en estre éblouïs* ; & que *de vouloir les expliquer, c'est s'embarasser inutilement dans des questions inutiles*. Et aprés qu'ils auront répondu de la sorte, pourveu qu'ils fassent les fâchez, & qu'ils se plaignent bien haut de l'injustice qu'on leur fait de les obliger à expliquer des mysteres ineffables & incomprehensibles ; ils en seront quittes pour cela, on les croira bons catholiques, & on souffrira qu'ils continuënt à enseigner leurs pernicieuses doctrines. N'est-ce pas là ouvrir la porte à toutes les heresies ?

III. Si les Cartesiens sont si assurez de la verité de leurs principes, pourquoy craignent-t-ils de répondre à un argement tiré d'une verité de foy ? Puisque deux veritez ne peuvent pas estre contraires ; ils ne hazardent rien, & ils sont assurez que la foy s'accommodera parfaitement avec leur doctrine.

IV. Il est vray que nous ne devons pas philosopher sur nos mysteres, comme pour les soûmettre à la raison, & pour les croire ou ne les pas croire, selon qu'ils paroistront ou ne paroistront pas vray-semblables aux lumieres naturelles de nostre esprit : mais nous devons tellement raisonner sur les principes de nostre philosophie, que nous les soûmettions toûjours à la foy, & que nous n'en soûtenions jamais aucun qui soit contraire à ce qu'elle qu'elle nous enseigne de nos mysteres.

Nous ne devons pas examiner les veritez décidées par l'Eglise, parce que l'examen estant une recherche de la verité, il en suppose l'ignorance & le doute ; & nous ne pouvons ny ignorer la verité des points que nous sçavons que l'Eglise a décidez, ny en douter mesme, sans tomber dans un crime d'infidelité ; puisque pour en estre parfaitement assurez, il nous doit suffire de sçavoir que l'Eglise les a décidez. Mais nous sommes indispensablement obligez dans les questions physiques, qui ont raport avec ces points décidez de l'Eglise, d'examiner avec soin les opinions que nous avançons & que nous entreprenons de soûtenir, afin de ne rien dire qui choque les décisions de l'Eglise, & qui ne s'accorde parfaitement avec tout ce qu'elle a définy, soit de nos mysteres, soit des maximes de nostre morale. V.

C'est ce que les docteurs catholiques ont toûjours fait. C'est ce que les saints Peres ont toûjours extrêmement recommandé aux philosophes. VI.

C'est pour cela que le dernier Concile de Latran fit [a] *cette sage constitution, par laquelle il défend à tous ceux qui sont engagez dans les ordres sacrez, ou qui ont obligation de s'y engager, de s'appliquer plus de cinq ans aprés la logique à l'étude de la philosophie sans avoir étudié en* VII.

[a] Cùm humanæ philosophiæ studia diuturniora absque divinæ sapientiæ condimento, & s...

theologie ou en droit canon; afin que les prestres du Seigneur trouvent dans ces saintes & utiles facultez dequoy purifier les sources infectées de la philosophie.

ne revelatæ veritatis lumine in errorem quandoque magis inducant, quam in veritatis elucidationem; ad tollendam omnem in præmissis errandi occasionem, hac salutari constitutione ordinamus, &c. Statuimus, ne quisquam de cætero in sacris ordinibus constitutus, sæcularis vel regularis, aut alius ad illos à jure arctatus, in studiis generalibus, vel alibi publicè audiendo, philosophiæ aut poësis studiis ultra quinquennium post grammaticam ac dialecticam, sine aliquo studio theologiæ aut juris pontificii incumbat. Verùm dicto exacto quinquennio si illis studiis insudare voluerit, liberum sit ei; dum tamen simul aut seorsum, aut theologiæ, aut sacris canonibus operam navaverit: ut in his sanctis & utilibus professionibus sacerdotes Domini inveniant unde infectas philosophiæ & poësis radices purgare & sanare valeant. *Concil. Lateran. sub Leone X. sess. 8.*

VIII.

C'est pour cela enfin que ce mesme Concile [a] *enjoint tres-étroitement à tous & à chacun des professeurs qui enseignent publiquement la philosophie dans les universitez & ailleurs, lorsqu'ils rencontreront dans les philosophes qu'ils interpretent, des principes ou des conclusions qui ne s'accordent pas avec la foy, de les refuter avec tout le soin possible; de faire voir & la fausseté de leurs raisonnemens, & la verité de la religion chrestienne:* & de montrer ainsi, que la religion n'a rien qui soit contraire à la raison. De sorte que la tradition est constamment en ce point contre les Cartesiens; & l'autheur *de la Recherche* ne peut dire qu'elle soit pour luy, sans dire qu'un Concile, que plusieurs theolo-

[a] Omnibus & singulis philosophis in universitatibus studiorũ generalium & alibi publicè legentibus districtè præcipiendo mandamus, ut cùm philosophorum principia aut conclusiones, in quibus à recta fide deviare noscuntur, auditoribus suis legerint seu

logiens mettent au rang des Oecumeniques, l'a eu ignorée ou renversée.

explicaverit se quale est . . . & ac alia hujusmodi ; teneantur eisdem veritatem religionis christianæ omni conatu manifestam facere ; & persuadendo pro posse docere ; ac omni studio hujusmodi philosophorum argumenta, cùm omnia solubilia existant, pro viribus excludere atque resolvere. *Idem Concil. ibidem.*

Que M. Rohault, & que les autres Cartesiens ne prétendent point s'excuser sur ce qu'ils sont de *simples physiciens*, & que la theologie & les Conciles sont pour eux *des terres etrangeres*, & sur lesquelles ils n'osent *empieter*, & hors desquelles on ne peut entreprendre d'accorder les principes de la philosophie avec les veritez de la foy. IX.

Car bien que je ne croye pas qu'il leur faille beaucoup disputer la qualité qu'ils prennent d'étrangers en theologie, & que je sois prest de leur accorder qu'ils sont encore plus *simples physiciens* qu'ils ne disent ; cela ne les peut excuser, puisqu'il ne falloit point d'autre theologie que celle qu'on apprend aux enfans, & qui se trouve dans les plus petits catechismes, pour leur faire connoistre l'erreur qu'ils soûtiennent touchant l'essence du corps, & pour les empescher de la soûtenir. X.

Je ne veux donc point faire ces Messieurs theologiens malgré eux, mais je leur demande s'ils ne sont point catholiques : je veux qu'ils n'ayent jamais étudié en theologie ; mais diront-ils qu'ils XI.

n'ont jamais apris leur catechisme, & qu'ils n'ont pas lû que *l'Eucharistie est le corps & le sang de Iesus-Christ contenu sous les especes du pain & du vin*; que *le corps de Iesus-Christ est tout en toute l'hostie*, &c. Croyent-ils ces veritez? ne les croyent-ils pas? S'ils ne les croyent pas, non seulement ils ne sont pas theologiens, mais ils ne sont pas mesme catholiques. S'ils les croyent, ils ne doivent rien dire qui leur soit contradictoire; & s'ils disent quelque chose qui leur paroisse opposé, ils sont obligez de s'expliquer, & de montrer que leur philosophie n'a en effet nulle opposition à ce qu'ils sont obligez de croire. Que s'ils ne le font pas, dés là ils pechent ou contre la charité, ou contre la foy.

XII. S'ils peuvent expliquer, comme ils disent, *d'une maniere assez nette & distincte, comment le sentiment qu'ils ont de la matiere s'accorde avec ce que la foy nous enseigne de la transsubstantiation*; ils ne peuvent *estre dispensez de la necessité de le faire*; & ils pechent contre la charité, de ne pas lever le scandale qu'ils ont fait naistre dans l'Eglise, & qu'ils pouroient lever si aisément.

XIII. Si au contraire ils ne voyent point de moyen d'accorder ce sentiment avec la foy, ils pechent contre la foy mesme, de soûtenir un sentiment qui luy est absolument opposé, & qu'ils ne peuvent soûtenir sans la perdre.

Nos mysteres sont ineffables & incomprehensibles, il est vray. Comme ils sont infiniment au dessus de la portée de nos esprits, ils surpassent aussi toutes nos expressions. Ce sont des mysteres. *XIV.*

Mais quelle consequence! Pour estre des mysteres, faut il qu'ils soient des chimeres? ne seront-ils point incomprehensibles, s'ils ne sont impossibles? & ne peut-on confesser qu'ils sont au dessus de la raison, sans dire qu'ils choquent la raison, & qu'ils luy sont directement contraires? *XV.*

Le Sacrement de l'Eucharistie n'estoit-il donc pas *le mystere de la foy* par excellence, devant que M. des Cartes fust né. Les Peres & les docteurs catholiques, qui n'avoient jamais pensé devant luy, que l'étenduë formelle fust de l'essence du corps, n'avoient-ils pas tous conçu que ce mystere estoit ineffable? *XVI.*

N'est-ce pas se mocquer de l'Eglise, de dire que l'on croit que Jesus-Christ est en effet [a] *contenu tout entier dans la venerable Eucharistie sous les especes du pain & du vin*, comme elle l'a défini; & qu'ainsi il y perd beaucoup de son étenduë sans y rien perdre de sa substance, & soûtenir en mesme temps qu'il est absolument [b] *impossible qu'un corps perde tant soit peu de son étenduë sans perdre autant* *XVII.*

[a] *Trid. sess. 13. canone 3.*

[b] *D. des Cartes parte 2. princip. n. 8. Voyez cy-dessus la 1. partie, chap. 2. n.*

de sa substance ; & que par consequent il ne se peut pas faire que le corps de Jesus-Christ soit *contenu dans l'Eucharistie tout entier sous les especes du pain & du vin?* N'est-ce pas là faire d'un mystere adorable une chimere & un estre de raison ? n'est-ce pas le rendre incroyable, sous pretexte de le rendre incomprehensible ; & le détruire en effet, quand on fait semblant de le relever?

XVIII. Cependant ces Messieurs se vantent de ne rien dire qui soit contraire à la foy de l'Eucharistie ; ils se contentent de mépriser toutes les objections qu'on leur fait, comme si elles estoient indignes de réponse ; & sans s'expliquer davantage, ils pretendent qu'on les en doit croire sur leur parole, quand ils ont dit froidement [a] qu'*il faudroit d'autres preuves* pour détruire les raisons sur lesquelles ils établissent leurs principes touchant l'essence & les proprietez du corps.

[a] *Dans la Recherche de la Verité, tom. 1. liv. 3. chap. 8. n. 2.*

XIX. J'examineray leurs raisons [b] ailleurs ; cependant qu'ils disent qu'ils veulent bien s'en tenir à ce que le Concile de Trente a définy, j'y consens. Mais qu'ils se souviennent que ce Concile qui enseigne que *la maniere dont Iesus-Christ est dans l'Eucharistie ne se peut expliquer qu'avec peine*, déclare neanmoins en d'autres endroits *la maniere dont il y est*, en *définissant* [c] qu'*il y est contenu tout entier*, & enseignant [d] qu'*il y est mesme tout entier sous*

[b] *Dans le 4. article de ce chapitre.*

[c] *Sess. 13. canone 3.*

[d] *Eadem Sess. cap. 3.*

chaque partie des especes du pain, & tout entier sous chaque partie des especes du vin. Si ces Messieurs ne veulent dire que le Concile s'est contredit, il faut qu'ils reconnoissent que cette déclaration de la maniere dont Jesus-Christ est dans l'Eucharistie, ne détruit point ce que ce mesme Concile avoit dit, que la maniere dont il y est *ne se peut expliquer qu'avec peine.* Ainsi s'ils peuvent faire la mesme déclaration sans danger de rien perdre de l'estime ny du respect qu'on doit avoir pour ce mystere, qu'ils la fassent donc; qu'ils reconnoissent de bonne foy que *Jesus-Christ est contenu tout entier sous chacune des especes consacrées*, & que par consequent un corps peut perdre de son étenduë sans perdre de sa substance : qu'ils reconnoissent qu'*il est mesme tout entier sous toutes les parties de chaque espece*, & que par consequent un corps peut avoir toutes ses parties penetrées les unes avec les autres dans une mesme place, & qu'ensuite ils se sont trompez aussi bien que M. des Cartes, d'avoir crû que l'essence du corps consiste dans son étenduë formelle, dans l'impenetrabilité de ses parties, & dans la situation actuelle des unes hors des autres.

XX.

Je ne comprens point comment l'autheur de la Recherche a osé dire sans exception, que [a] *les manieres dont on explique les mysteres de la foy, ne sont point*

[a] *Tom. 1. liv. 3. chap. 8. n. 2.*

de foy. Cet autheur ne pouvoit ignorer qu'il y a deux sortes d'explications des mysteres de la foy ; que s'il y en a quelques-unes que l'Eglise a laissées à la dispute des theologiens , il y en a aussi plusieurs autres qu'elle a définies , & qui sont autant de foy que les mysteres mesmes.

XXI. Par exemple elle n'a pas seulement définy qu'il y a un Dieu en trois personnes réellement distinguées , ce qui est comme la substance du mystere de la Trinité ; mais elle a expliqué de quelle maniere ces trois personnes sont distinguées, en définissant que le Pere ne procede d'aucune personne , que le Fils procede du Pere, & le saint Esprit du Pere & du Fils.

XXII. Elle n'a pas seulement définy que le Fils s'est uny à la nature humaine, & que s'estant fait homme, il a réconcilié les hommes avec Dieu ; qui est comme la substance du mystere de l'Incarnation & de la reparation du genre humain : mais elle a expliqué de quelle maniere il s'est uny à la nature humaine, en définissant qu'il s'y est uny *substantiellement* ; de sorte que la nature humaine n'est point en luy une personne humaine ; qu'il est la mesme personne divine qu'il estoit auparavant ; & que sans aucun changement ny de sa divinité ny de sa personne , & sans cesser d'estre un *supost* de la nature divine , il est devenu un *supost* de la nature humaine. Elle a expliqué de quelle maniere ce Dieu fait homme a reconcilié les hommes avec Dieu, en définissant qu'il les a reconciliez en mourant pour eux sur la montagne du Calvaire, attaché à une croix entre deux voleurs, condamné par Pilate, &c.

De mesme aprés avoir définy que [a] *dans le venerable Sacrement de l'Eucharistie il se fait un admirable changement de toute la substance du pain au corps de Nostre Seigneur Iesus-Christ, & de toute la substance du vin en son sang*, qui est comme l'essence de ce mystere, elle a expliqué de quelle maniere Jesus-Christ est present sous les especes consacrées, en définissant qu'il *est* [b] *contenu tout entier sous chacune des especes*; & ajoûtant qu'*il est* mesme [c] *tout entier sous chaque partie des especes du pain & tout entier sous chaque partie des especes du vin*. Et cependant voicy un autheur qui fait profession d'estre theologien & de *rechercher la verité*, qui ne craint point de dire, comme s'il n'avoit jamais entendu parler de ces décisions de l'Eglise, que *les manieres dont on explique les mysteres de la foy, ne sont point de foy*. Peut-on croire qu'un theologien qui parle de la sorte, *cherche la verité?* & s'il la cherche, ne faut-il pas dire ou qu'il n'a point d'yeux pour la voir quand elle se presente à luy, ou qu'il ne la cherche que pour la déguiser, afin d'empescher les autres de la reconnoistre?

XXIII.

[a] *Conc. Trid. Seß. 13. can. 1. & 2.*

[b] *Seß. cit. can. 3.*

[c] *Seß. cit. cap. 3.*

XXIV. S'il prétend que les manieres d'expliquer les mysteres de la foy appartiennent à la substance de ces mesmes mysteres, quand elles sont définies de l'Eglise ; & si par *ces manieres dont on explique les mysteres de la foy*, il n'entend parler que de celles qui ne sont point decidées, & dont il est permis aux theologiens de disputer de part & d'autre.

XXV. Premierement il ne peut éviter le juste reproche qu'on luy peut faire, d'avoir pris universellement sa proposition : car s'il l'avoit entenduë autrement, il auroit dû y mettre la restriction qui estoit necessaire pour la rendre suportable, & luy oster ce qu'elle a d'odieux.

XXVI. Secondement quelque sens que l'on donne à sa proposition, on ne peut donner à son raisonnement que l'une des trois formes suivantes.

Toutes les manieres dont on explique les mysteres de la foy ne sont point de foy.

Or de dire que le corps de Iesus-Christ est contenu tout entier sous chacune des especes consacrées, & sous toutes les parties de chaque espece aprés que la separation en est faite, c'est une maniere d'expliquer un mystere de foy.

Donc il n'est point de foy de dire que le corps de Iesus Christ est contenu tout entier sous chacune des especes consacrées, & sous toutes les parties de cha-

que espece aprés que la separation en est faite.

Ou bien :

Quelques unes des manieres dont on explique les mysteres de la foy, ne sont point de foy.

Or de dire que le corps de Iesus-Christ est contenu tout entier sous chacune des especes consacrées, & sous toutes les parties de chaque espece aprés que la separation en est faite, c'est une maniere d'expliquer un mystere de foy.

Donc il n'est point de foy de dire que le corps de Iesus Christ est contenu tout entier sous chacune des especes consacrées, & sous toutes les parties de chaque espece aprés que la separation en est faite.

Ou enfin :

Toutes les manieres dont on explique les mysteres de la foy qui ne sont pas decidées de l'Eglise, ne sont point de foy.

Or de dire que le corps de Iesus-Christ est contenu tout entier sous chacune des especes consacrées, & sous toutes les parties de chaque espece aprés que la separation en est faite, c'est une maniere d'expliquer un mystere de foy, qui n'est pas decidée de l'Eglise.

Donc il n'est point de foy de dire que le corps de Iesus Christ est contenu tout entier sous chacune des especes consa-

créées, & sous toutes les parties de chaque espece aprés que la separation en est faite.

XXVII. Mais la premiere proposition du premier raisonnement est du moins fausse, temeraire & scandaleuse, puisque j'ay montré qu'il y a plusieurs manieres d'expliquer nos mysteres, qui ont esté definies de l'Eglise comme des points de foy.

XXVIII. Un logicien de deux jours reconnoitroit le défaut du second raisonnement; puisque les deux premieres propositions en sont particulieres, & que de deux propositions particulieres on ne peut rien conclure.

XXIX. Et pour le troisiéme raisonnement, on ne peut plus douter que la seconde proposition n'en soit fausse, aprés la décision du Concile de Trente, que j'ay citée au commencement de l'article precedent, & que j'ay depuis tant de fois repetée.

XXX. Enfin qu'il soit de la substance du mystere de l'Eucharistie, ou que ce soit seulement une maniere de l'expliquer, de dire que *Iesus-Christ y est contenu tout entier sous chacune des especes & sous toutes les parties de chaque espece aprés que la separation en est faite*; il est certain que c'est une proposition de foy définie par un Concile Oecumenique; & que par consequent il n'est plus permis de soûtenir aucune proposition qui luy soit contradictoirement opposée.

Mais aprês tout, cette propoſition de foy nous eſt obſcure, dira M. Cally ; & nous avons une idée claire & diſtincte du principe que nous ſoûtenons touchant l'eſſence du corps : ne ſeroit-il pas contre le bon ſens de renoncer à une idée manifeſte pour une doctrine qui nous eſt obſcure, & que nous ne pouvons pas comprendre? XXXI.

Je feray voir bien-toſt [a] que cette idée prétenduë claire & diſtincte n'eſt en effet ny claire ny diſtincte. Pour maintenant je veux qu'elle paroiſſe telle à M. Cally & à tous les Carteſiens ; je veux au contraire que la propoſition de foy à laquelle elle eſt oppoſée, ſoit encore plus obſcure & plus incomprehenſible qu'elle n'eſt en effet : mais je dis qu'il y a deux ſortes de propoſitions obſcures ; il y en a dont l'obſcurité nous laiſſe la verité incertaine ; il y en a qui nous ſont tellement obſcures, que nous ne laiſſons pas d'eſtre parfaitement certains de leur verité. J'acorde à M. Cally qu'il ne faut pas nier une propoſition claire & manifeſte, pour une autre propoſition qui nous eſt en meſme temps obſcure & incertaine ; mais comme nous ne cherchons l'évidence que pour eſtre aſſurez de la verité, il faut qu'il m'accorde auſſi que quelque obſcure que ſoit une propoſition, quand nous ſommes conſtamment aſſurez de ſa verité, nous devons nier celle qui XXXII.

[a] *Dans l'article 4. de ce chapitre.*

luy est contradictoiremnt opposée, quelque claire qu'elle nous paroisse.

XXXIII. Or je demande, quoyqu'une proposition soit obscure, si neanmoins elle est de foy, si elle a esté revelée de Dieu à son Eglise ; n'est-il pas certain qu'elle est veritable ?

XXXIV. N'est-il pas asseuré qu'une proposition définie par un Concile general, comme un point de foy, est une proposition de foy, & revelée de Dieu à son Eglise ?

XXXV. N'est-il pas constant que le Concile de Trente est un Concile general, & que cette proposition y est définie comme un point de foy ; [a] *dans le venerable Sacrement de l'Eucharistie Iesus-Christ est contenu tout entier sous chacune des especes, & sous toutes les parties de chaque espece, aprés que la separation en est faite.* C'est à dire, comme le Concile s'explique au troisiéme chapitre, sans plus restreindre sa proposition au temps que la separation des especes est faite ; [b] que *Iesus Christ est tout entier sous chaque partie des especes du pain, & tout entier sous chaque partie des especes du vin.*

[a] *Sess.* 13. *can.* 3.

[b] *Eadem sess. cap.* 3.

XXXVI. Si cela est, cette proposition est constamment veritable : & si elle est constamment veritable, celle qui luy est contradictoirement opposée est constamment fausse.

XXXVII. Que veut donc dire M. Cally, quand il dit [c] qu'*il laisse à croire celle-là, peu-*

[c] Illud cre-

dant qu'il s'efforce de démontrer celle. cy? Est-il raisonnable de penser *démontrer* une proposition qui est constamment fausse? Est-il catholique de faire profession de *démontrer* une proposition contradictoirement opposée à une proposition de foy? Et quand il dit qu'*il laisse à croire* cette proposition de foy, ne craint-il point qu'on ne glose sur ces paroles, & qu'on ne dise qu'en effet *il la laisse à croire* à d'autres; que pour luy il ne la croit point, & que s'il la croyoit veritable, il n'entreprendroit pas *de démontrer* la contradictoire, puisqu'il est trop bon philosophe pour ignorer qu'on ne peut rien démontrer contre la verité?

dendum relinquimus, dum hoc demostrare conamur. *Loco citato.*

XXXVIII. A quoy pense M. Rohault, lorsqu'aprés avoir fait ce semble une reflexion particuliere sur ces deux propositions contradictoires, dont il sçait que l'une est de foy, & dit que l'autre luy est connuë par la raison; il conclud sans déliberer pour celle que *la raison luy a fait connoistre*, sans vouloir mesme considerer celle qui est de foy, de peur, dit-il, de *porter sa vûë plus loin que sa raison ne peut aller.* Cela s'appelle-il soûmettre sa raison à la foy?

XXXIX. Comment l'autheur de *la Recherche* ose-t-il traiter ces argumens *d'embaras inutiles?* & n'est-ce pas quelque chose d'assez plaisant que le dilemme qu'il fait dans l'embaras où il se trouve luy mesme.

pour y répondre ? Cet homme qui paroist en toutes autres choses si hardy à avancer & à soûtenir ses idées, fait le timide en ce point, & feint de craindre *la condamnation ou de sa philosophie*, si sa réponse estoit obscure ; *ou de la theologie*, si son explication estoit nouvelle.

XL. Mais s'il a, comme il dit, une réponse *assez nette & distincte*, il n'a rien à craindre de sa philosophie ; & ceux qui ont lû les nouveautez qu'il a publiées, sçavent qu'il ne craint guere la theologie, & qu'il garde bien peu de mesure avec elle. Depuis quand est-il devenu scrupuleux ? & comment nous persuadera-t-il qu'il fasse scrupule de dire une simple nouveauté en theologie, lors mesme qu'il n'en fait point de soûtenir une erreur manifestement opposée à un point de foy ?

XLI. Il est impossible que ny luy ny les autres Cartesiens s'en défendent ; il faut absolument ou qu'ils se déclarent contre ce que l'Eglise a définy de la maniere dont le corps de Jesus-Christ est dans l'Eucharistie, ou qu'ils renoncent au principe de M. des Cartes touchant l'essence du corps, ou qu'ils répondent, & qu'ils montrent par leur réponse que ce principe de M. des Cartes n'est point contraire à ce que l'Eglise a définy de la maniere dont le corps de Jesus-Christ est dans l'Eucharistie.

XLII. N'ont-ils point de honte de se servir d'un pretexte dont les Sacramentaires se servent tous les jours, pour excuser leur opiniastreté & leur silence, lorsqu'ils ne peuvent répondre à nos objections ?

XLIII. Et faut-il que l'autheur de *la Recherche*, & que Messieurs Cally & Rohault m'obligent à leur faire la confusion de comparer leurs excuses avec celles que j'ay trouvées dans l'*Institution de Calvin*, & dans *la Réponse de Iacques I. Roy de la grande Bretagne au Cardinal du Perron?*

XLIV. L'autheur de la Recherche s'excuse sur ce que [a] *les manieres d'expliquer les mysteres de la foy ne sont point de foy*; c'est à dire qu'il est de foy que Jesus-Christ est present dans l'Eucharistie, mais que la maniere dont il y est present n'est point de foy. Et M. Rohault, sur ce que l'Eglise qui a définy la presence de Jesus-Christ dans l'Eucharistie [b] *n'a rien décidé de la maniere d'expliquer ce mystere.*

XLV. Calvin s'excuse sur ce que [c] *Christ qui parle distinctement de la présence de son corps & de son sang dans la Cene, ne dit rien de la maniere dont il y est présent.* Et le Roy Jacques, [d] sur ce que *Christ a dit, cecy est mon corps, & non cecy en cette maniere est mon corps.* Aprés quoy il ajoûte, que *de l'objet il est d'accord avec nous, & que tout le procés est de la maniere.*

[a] Tome 1. liv. 3. chap. 8. n. 2.

[b] Dans son 2. entretien, page 95.

[c] Cùm de corpore & sanguine suo distinctè loquatur Christus modũ autem præsentiæ non describat. cap. 18. n. 3.

[d] Raporté par le Cardinal du Perron au chap. 11. de sa replique à la réponse du Roy de la grande Bretagne.

XLVI. Monsieur Rohault prétend qu'il n'est point obligé à répondre, parce qu'*en* [a] *confessant la presence réelle & substantielle du corps de Iesus Christ dans l'Eucharistie, il ne faut pas aller plus avant que le saint Concile de Trente dans la détermination des manieres, & que personne n'a droit d'imposer aux autres la necessité de se servir de la maniere qui luy paroist la plus vray semblable & la plus propre pour expliquer ce mystere.* L'autheur de la Recherche [b] *s'en croit dispensé*; sur ce que *c'est s'embarasser inutilement dans des questions inutiles*, que de vouloir expliquer ces manieres.

[a] *Dans son 1. entretien, pag. 94. & 95.*

[b] *Tome 1. liv. 3. chap. 8. n. 2.*

XLVII. Et le Roy Jacques s'en défend sur ce que [c] *croyant la presence aussi veritable que la nostre, il ne croit pas devoir rien définir temerairement, ny mesme s'enquerir laborieusement de la maniere de la presence* : & que de vouloir en agir autrement, [d] *ce n'est pas croire religieusement la verité de la chose, mais en decerner par une importune curiosité la maniere.*

[c] *Raporté par le Cardinal du Perron au ch. 14. de sa replique.*

[d] *Raporté par le mesme dans la mesme replique, chap. 9.*

XLVIII. Monsieur Cally s'excuse de parler sur ce que [e] *comme la maniere dont le corps de Iesus-Christ est dans l'Eucharistie est un mystere de foy, elle est obscure.*

[e] Modus quo Christi corpus est in Eucharistia, ut fidei mysterium est, sic obscurum. *In Scientia generali memb. 2. art. 1. sect. 2.*

XLIX. Calvin s'en excuse sur ce que [f] *la maniere de la presence de Christ dans la mesme Eucharistie est une chose ambiguë* : &

[f] Qùm Christus modum

le Roy Jacques, sur ce qu'il ignore cette maniere de presence. [a] *Nous croyons*, dit-il, *la presence, nous ignorons la maniere.*

præsentiæ non describat; quomodo ex re ambigua certò conficient quod volunt. *cap. 18. n. 31.*

[a] *Raporté par le Cardinal du Perron dans le chapitre 13. de sa replique.*

L.

[b] *L'Eglise n'a rien décidé de la maniere.* — [b] *M. Rohault.*

[c] *Christ ne dit rien de la maniere.* — [c] *Calvin.*

[d] *Aller plus avant que le Concile dans la détermination de la maniere.* [e] *Définir temerairement la maniere.* — [d] *M. Rohault.* [e] *Le R. Iacqu.* [f] *M. Cally.*

[f] *La maniere est obscure.* [g] *La maniere est ambiguë.* [h] *Nous ignorons la maniere.* — [g] *Calvin.* [h] *Le R. Iacq.*

[i] *S'embarasser inutilement.* [l] *S'enquevir laborieusement.* — [i] *L'autheur de la Recherche.* [l] *Le R. Iacqu.*

[m] *Des questions inutiles.* [n] *Et une importune curiosité.* — [m] *L'autheur de la Recherche.* [n] *Le R. Iacqu.*

S'en faut-il beaucoup que ces termes ne soient synonymes, & que ces excuses ne soient également suspectes.

ARTICLE TROISIEME.

Second pretexte des Cartesiens, fondé sur l'évidence de leurs principes, & des raisons qu'ils ont de les soûtenir.

VOicy une autre maniere dont les Cartesiens tâchent de défendre leur doctrine temeraire : j'apporte leurs propres paroles, & cite chaque autheur à la marge.

I. [a] *Comme une verité ne peut estre contraire à une autre, ce seroit une impieté de croire que les veritez que l'on treuve en philosophie, fussent contraires à celles de la foy.*

[a] Cùm una veritas alteri adversari nunquam possit, esset impietas timere ne veritates in philosophia inventæ iis quæ sunt de fide adversentur. *D. des Cartes in Epist. ad P. Dinet Præpositum Provincialem Soc. Iesu per Franciam, quæ habetur post obiectiones & responsiones septimas Amstelodami excusas 1670.*

II. Or c'est une verité évidente en philosophie, [b] *que l'étendue est l'essence de la matiere ; & nous avons de si fortes raisons de le dire, qu'il faudroit d'autres preuves que celles qu'on apporte ordinairement, pour les ruiner ou pour les rendre douteuses.*

[b] *Dans la Recherche de la Verité, tom. 2. liv. 3. chap. 8. n. 2.*

III. [c] Car *il faut que la substance spirituelle ait quelque chose en soy d'inseparable, qui*

[c] *M. Clerselier*

constituë son estre de spirituel, & qui le fasse differer de la substance corporelle ; comme aussi il faut que la substance corporelle ait quelque chose en soy d'inseparable qui constituë son estre de corporel, & qui la fasse differer de la substance spirituelle.

dans sa preface à l'Homme de René des Cartes.

IV.

[a] Or qu'on y pense tant qu'on voudra, je mets en fait, ou qu'on ne dira rien de raisonnable, ou qu'il en faudra revenir à cette distinction claire & intelligible, & dont les notions sont comme empreintes en nous-mesmes ; c'est à sçavoir que la substance spirituelle est celle qui a pour attribut inseparable & constituant son essence, la pensée ; comme au contraire que la substance corporelle est celle qui a pour attribut essentiel l'étenduë.

a Le mesme au mesme endroit.

V.

Et certes [b] si nous considerons qu'encore que nous ne connoissions pas parfaitement ce que c'est que dureté, liquidité, chaleur, froideur, pesanteur, legereté, saveur, odeur, son, lumiere, transparence, opacité, & choses semblables ; nous les connoissons neanmoins assez pour sçavoir qu'il n'y a pas une de ces choses qui soit inseparable de la matiere, c'est à dire sans laquelle la matiere ne puisse estre. (Puisque nous voyons des choses materielles qui sont sans dureté, d'autres sans liquidité, d'autres sans chaleur, d'autres sans froideur, & ainsi du reste) nous dirons que l'essence de la matiere ne consiste en pas une de

b M. Rohault dans son traité de Physique, premiere partie, chap. 7. n. 2.

ces choſes, mais bien ſeulement que c'en
a n. 3. ſont des accidens. [a] Il ne paroiſt pas que
nous puiſſions faire le meſme jugement,
ou dire que nous appercevons de ſimples
accidens de la matiere, lorſque nous con-
ſiderons qu'elle eſt étenduë en longueur,
largeur & profundeur; qu'elle a des parties; que ſes parties ont quelque figure, &
qu'elles ſont impenetrables. Car quant à
l'étenduë, il eſt certain que nous ne ſçaurions en ſeparer l'idée de quelque matiere
que ce ſoit, puiſque là où nous ne concevons point d'étenduë, là auſſi nous ne
trouvons pas qu'il nous reſte aucune idée
de la matiere; de meſme qu'il ne reſte plus
aucune idée du triangle, ſitoſt qu'on ceſſe
d'imaginer une figure bornée de trois lignes.
b n. 4. [b] Pour les parties de la matiere, nous concevons qu'elles luy appartiennent ſi neceſſaire-
ment, que nous ne ſçaurions nous en repre-
ſenter la moindre portion, pour petite qu'on
ſe puiſſe imaginer, poſée ſur une ſuperficie
plane, que nous ne concevions qu'en meſme
temps elle la touche par un endroit, & ne la
touche point par un autre; c'eſt à dire que
nous ne concevions que cette petite portion
c n. 5. de matiere a des parties. [c] Quant à la
figure, dautant que ce n'eſt autre choſe
que la diſpoſition des extremitez d'un corps;
il eſt évident qu'encore que nous ne puiſſions peut-eſtre pas déterminer quelle eſt
la figure particuliere de chaque corps en
particulier, neanmoins nous ne ſçaurions

nous en proposer aucun pour grand ou petit qu'il puisse estre, sans concevoir en mesme temps qu'il a une figure. [a] *Enfin pour ce qui est de l'impenetrabilité, dautant qu'une certaine étenduë de matiere, par exemple un pied cubique a déja tout ce qu'il luy faut pour estre une telle quantité, il ne paroist pas qu'un autre pied cubique de matiere luy puisse estre ajoûté, sans qu'ils fassent ensemble deux pieds cubiques. Et de fait de les vouloir réduire par la penetration à un seul pied cubique, ce n'est pas tant ajoûter un pied cubique à un autre pied, que c'est détruire & aneantir sa premiere supposition : ce qui nous porte à croire que les parties de la matiere sont impenetrables de leur nature.* [b] *Cela estant, nous devons dire que l'étenduë, la divisibilité, la figure & l'impenetrabilité sont du moins des proprietez essentielles à la matiere, puisqu'elles l'accompagnent toûjours & qu'elles en sont inseparables : & dautant que c'est tout ce que nous concevons appartenir necessairement à la matiere, & que nous n'y reconnoissons rien davantage, nous pouvons assurer que l'une d'elles en est l'essence.* [c] *Et parce que l'étenduë est conceuë devant les trois autres, & que l'on ne sçauroit concevoir ces trois autres sans présupposer l'étenduë ; nous devons juger que l'étenduë est ce qui constituë l'essence de la matiere.*

a n. 6.

b n. 7.

c n. 8.

VI.

Il est vray que les philosophes scolas-

a L'autheur de la Recherche de la Verité, tome 1. liv. 3. chap. 8. n. 2.

tiques pensent penetrer plus avant : [a] *mais si on leur demande qu'ils expliquent cette chose qu'ils prétendent apercevoir dans la matiere par delà l'étenduë, ils le font en plusieurs façons, qui font toutes voir qu'ils n'en ont point d'autre idée que celle de l'estre ou de la substance en general ; & cela paroist assez en ce que cette idée n'enferme point d'attributs particuliers qui conviennent à la matiere.*

VII.

b L'autheur de la Recherche au mesme endroit,

En effet [b] *si on oste l'étenduë de la matiere, on oste tous les attributs & toutes les proprietez que l'on conçoit distinctement luy appartenir, quand mesme on laisseroit cette chose qu'ils s'imaginent en estre l'essence : car il est visible qu'on ne pouroit pas faire un ciel, une terre, ny rien de ce que nous voyons. Et tout au contraire si on oste ce qu'ils imaginent estre l'essence de la matiere, pourvû qu'on laisse l'étenduë, il est encore certain qu'on peut former avec l'etenduë toute seule le monde que nous voyons.*

VIII.

c Le mesme au mesme endroit,

[c] *De mesme donc qu'il suffit pour se persuader qu'une montre n'a point quelque entité differente de la matiere dont elle est composée, de sçavoir comment la differente disposition des roues peut faire ce qu'elle fait ; & de n'avoir outre cela aucune idée distincte de ce qui pouroit y estre.* Ainsi pour nous persuader qu'il n'y a rien *dans la matiere par delà l'étenduë*, il suffit que nous sçachions que l'étenduë diversement

versement figurée & diversement agitée peut faire tout ce que fait la matiere.

IX.

Car ce qu'on dit que l'essence de la matiere [a] *est le sujet & le principe de l'étenduë, se dit gratis, & sans que l'on conçoive distinctement ce qu'on dit, c'est à dire sans qu'on ait d'autre idée qu'une generale & de logique, comme de sujet & de principe : on pourroit en cette sorte imaginer encore un sujet & un principe de ce sujet de l'étenduë, & ainsi à l'infiny.*

[a] Au mesme endroit.

X.

[b] *Enfin il est absolument necessaire que tout ce qu'il y a au monde, soit ou bien un estre, ou bien la maniere d'un estre ; un esprit attentif ne le peut nier : or l'étenduë n'est pas la maniere d'un estre ; donc c'est un estre : mais parce que la matiere n'est pas un composé de plusieurs estres, comme l'homme qui est un composé de corps & d'esprit, puisque la matiere n'est qu'un seul estre, il est manifeste que la matiere n'est rien autre chose que l'étenduë.*

[b] Au mesme endroit.

XI.

[c] *Pour prouver maintenant que l'étenduë n'est pas la maniere d'un estre, mais que c'est veritablement un estre, il faut remarquer qu'on ne peut concevoir la maniere d'un estre qu'on ne conçoive en mesme temps l'estre ..... parce que la maniere d'un estre n'estant que l'estre mesme d'une telle façon ..... il est visible qu'on ne peut concevoir la maniere sans l'estre. Si donc l'étenduë estoit la maniere d'un es-*

[c] Au mesme endroit.

stre, on ne pourait concevoir l'étenduë sans un estre, dont l'étenduë seroit la maniere; cependant on la conçoit fort facilement toute seule : donc elle n'est point la maniere d'aucun estre.

XII. Aprés tant de preuves, n'est-il pas étrange que des theologiens [a] *se laissent emporter avec d'autant plus d'aigreur à invectiver contre un principe* si bien étably, *qu'ils le croyent plus veritable & de plus grande consequence ; & que ne pouvant le refuter par raison, ils assurent sans aucune raison qu'il est contraire aux saintes Ecritures & aux veritez de la foy? ne sont-ils pas impies en ce point de vouloir se servir de l'authorité de l'Eglise pour détruire la verité?* & ne seroit-ce pas perdre le temps de nous arrester à répondre à de semblables invectives.

a Sæpe in illud eò acrius invehuntur, quò verius & majoris momenti esse putant : quodque rationibus refutare non valent, sacris scripturis ac veritatibus fidei adversari absque ulla ratione affirmant : impii certè hac in parte, quod authoritate ecclesiæ uti velint ad evertendam veritatem. *D. des Cartes in fine responsionis ad obiectiones quartas, loquens de alio suo principio, quo negat omnia accidentia absoluta.*

ARTICLE QUATRIEME.

Quand les raisons des Cartesiens paroistroient évidentes, elles ne les dispenseroient pas de répondre à la décision de l'Eglise. Et quand l'Eglise n'auroit rien décidé de contraire à leurs raisons, elles paroistroient encore d'elles mesmes ou manifestement fausses, ou du moins fort douteuses.

I. LE Pere de la Grange Prestre de l'Oratoire a judicieusement [a] remarqué, que quand M. des Cartes examine la nature & les proprietez des choses, il suit d'abord les lumieres de la raison; qu'il s'en tient opiniatrément à ce qu'elle luy semble dire, sans considerer ce que la foy luy enseigne; & qu'il suppose en suite que la foy n'enseigne rien, & qu'elle ne peut rien enseigner qui soit contraire à sa raison: au lieu qu'un philosophe chrestien devroit s'appuyer d'abord sur les principes de la foy, comme sur autant de fondemens solides, & en suite tenir pour faux tout ce que la raison luy semble dire de contraire, sans s'arrester à l'écouter, & supposant que la vraye raison ne peut rien prouver qui soit contraire à la foy.

[a] *Dans le liv. qu'il a fait sur les principes de la philosophie contre les nouveaux philosophes, &c.*

II. Si nostre raison estoit infaillible, & si nous estions parfaitement asseurez que ce qu'elle nous fait paroistre vray fust toûjours vray en effet, j'avouë que nous pourions sans danger & sans crainte supposer que la foy n'enseigneroit rien qui fust contraire aux lumieres de nostre raison.

III. Mais comme nous sçavons que nostre raison est sujette à nous tromper, & à nous representer souvent le faux sous une aussi grande apparence de verité que le vray mesme, estant d'ailleurs asseurez que la foy est infaillible, & que ce qu'elle nous enseigne ne peut estre faux : que doit faire un philosophe chrestien, lorsque sa raison luy paroist contraire à sa foy ?

IV. Doit-il s'arrester à sa raison, & supposer que sa foy ne dit pas ce qu'elle dit? S'il en usoit de la sorte, ne seroit-ce pas agir en philosophe payen ? ne seroit-ce pas [a] *tenir la verité de Dieu dans l'injustice*, & faire triompher la raison de la foy ? ne seroit-ce pas cesser d'estre fidele pour demeurer philosophe?

V. Ne doit-il pas plûtost s'en tenir à sa foy, & supposer que sa raison n'a qu'une fausse apparence de verité ? Et quand il en use de la sorte, peut-on dire qu'il est [b] *un impie en ce point ?* N'agit-il pas en philosophe veritablement chrestien ? [c] *Ne captive-t-il pas son esprit*, comme S. Paul le souhaitte, *sous l'obeissance de Iesus-Christ*, en faisant triompher sa foy de sa

[a] Veritatem Dei in injustitia detinent. *Rom*. 1, 18.

[b] Impii certè hac in parte. *D. des Cartes loco citato.*

[c] In captivitatem redigentes intellectum in obsequium fidei. 2 *Cor*. 10. 5

raiſon ? & ne montre-t-il pas qu'il prefere la qualité de fidele à celle de philoſophe ?

Je ne ſerois donc point obligé, ſi je ne voulois, de répondre directement aux raiſons des Carteſiens ; puiſqu'une bonne raiſon ne peut prouver que la verité, & qu'une fauſſeté ne peut eſtre appuyée que ſur d'autres fauſſetez. Dês-là que j'ay montré que leur concluſion eſt fauſſe, montrant qu'elle eſt contraire à la foy; j'ay droit de ſuppoſer, & j'ay montré meſme conſequemment que toutes les preuves qu'ils en pouroient apporter ſont fauſſes. Ainſi quand je n'y répondrois point du tout, ou quand les réponſes que j'y donneray, ſeroient ou obſcures ou foibles ; ces Meſſieurs ne pouroient tirer aucun avantage ny de mon ſilence, ny de mon obſcurité ou de la foibleſſe de mes réponſes : & quelque apparence de verité que je laiſſaſſe à leurs preuves, elle n'empeſcheroit point qu'on ne dûſt condamner leur concluſion, ou du moins les obliger à répondre eux-meſmes, & à montrer que leur doctrine ſe peut accorder avec la foy. VI.

Mais leurs preuves ne ſont point ſi fortes, qu'il faille craindre de s'engager à y répondre ; & j'oſe dire que quand l'Egliſe n'auroit rien décidé qui leur fuſt contraire, elles devroient encore paroiſtre aux Carteſiens meſme ou manifeſtement fauſ- VII.

ses, ou du moins fort douteuses.

VIII. Pour commencer par la premiere, je ne sçay si M. Clerselier, de qui je l'ay tirée mot à mot, la prise du ministre *du Moulin*, ou si c'est par hazard que la mesme pensée luy est venuë : mais il est fâcheux qu'on luy puisse reprocher qu'il ne s'en sert aujourd'huy [a] qu'aprês que ce ministre s'en est servy, pour impugner la presence réelle du corps de Jesus-Christ dans l'Eucharistie : n'est-ce pas là déja un grand sujet à un philosophe catholique de se défier de cette preuve?

[a] *Voyez la 3. partie chap. 2. n. 9.*

IX. Pour la détruire tout-à-fait, je remarque qu'elle renferme deux propositions : la premiere qui est negative, est qu'outre l'étenduë formelle, il n'y a rien dans le corps qui le fasse differer de l'esprit ; la seconde qui est positive, est que le corps differe essentiellement de l'esprit par l'étenduë formelle. Et je demande non pas ce qu'un theologien, mais ce qu'un philosophe Cartesien doit penser de ces deux propositions.

X. Premierement M. des Cartes tombe d'accord avec Aristote, qu'il n'y a point de corps qui ne soit divisible, & par consequent composé de parties. Il enseigne avec tous les philosophes, que le corps n'a point d'intelligence : & il ajoûte contre Aristote & contre tous les philosophes, que le corps n'a de luy-mesme ny action ny mouvement. Cela supposé ne peut-on pas dire,

Que l'esprit est une substance simple, & que le corps est une substance composée de parties. XI.

Que l'esprit est une substance doüée d'intelligence, & que le corps est une substance sans intelligence. XII.

Que l'esprit est une substance active, & que le corps est une substance sans action & sans pouvoir d'agir. XIII.

Voila selon les principes de Monsieur des Cartes mesme trois differences essentielles entre l'esprit & le corps, sans parler de l'étenduë. Comment un Cartesien peut-il donc soûtenir qu'*on ne dira jamais rien de la substance corporelle qui la fasse differer de la substance spirituelle, si on ne dit que la substance corporelle est celle qui a pour attribut essentiel l'étenduë?* XIV.

Secondement quand nous ne pourions reconnoistre en quelle autre chose le corps differe de l'esprit, on ne devroit jamais dire que l'étenduë soit ce *qui constituë l'estre corporel, & qui le fait differer de la substance spirituelle.* XV.

Car l'estre du corps doit consister en quelque chose qui le fasse differer non seulement des esprits, mais encore des autres estres materiels; & cependant il n'y a pas plus de raison de dire que l'étenduë soit essentielle au corps, qu'au reste des estres materiels. XVI.

XVII. Je sçay bien que pour cette raison les Carteſiens nient que les formes materielles ſoient des eſtres diſtinguez de la matiere, & qu'ils ſuppoſent que tous les eſtres du monde ſont ou des corps ou des eſprits.

XVIII. Mais ſi leur preuve ne peut ſubſiſter ſans cette ſuppoſition, comment leur peut-elle paroiſtre ſi conſtante ? L'autheur de la Recherche avouë luy-meſme [a] qu'*on ne doit pas juger qu'il n'y ait de creé que des corps ou des eſprits.* Les autres Carteſiens ſçavent bien que de tous les theologiens catholiques qui ont eſté depuis le temps des Apôtres juſqu'à celuy de M. des Cartes, [b] il n'y en a pas un ſeul qui n'ait reconnu des eſtres accidentels ; & s'ils ont vû la diſſertation de Theophile Raynaud [c] *touchant les accidens qui demeurent dans l'Euchariſtie*, ils y ont pû compter [d] plus de quarante-ſix theologiens tres-conſiderables, de tous les états & de tous les ordres de l'Egliſe, dont les uns ſuppoſent manifeſtement, & les autres diſent en termes formels, qu'il eſt heretique de ſoûtenir qu'il n'y ait aucun accident qui ſoit réellement diſtingué de toute ſubſtance. Les Carteſiens peuvent-ils ſans temerité préferer leur jugement à celuy de tous les theologiens de l'Egliſe, & ſuppoſer comme une verité inconteſtable ce que tant de grands hommes condamnent non ſeu-

[a] *Tome 1. liv. 3. chap. 9.*

[b] *Theophilus Raynaudus tom. 6. de accidentibus in Euchariſtia remanentibus ſect. 2. punct. 7. & ſect. 3. punct. 5.*

[c] De accidentibus in Euchariſtia remanentibus, tom. 6.

[d] *Sect. 2. puncto 7.*

lement comme une fausseté, mais encore comme une heresie ?

XIX. Cependant quand on laisseroit encore passer cette supposition témeraire, qu'il n'y a que des corps & des esprits au monde, quelle avantage en tireroient ces Messieurs ? Voudroient-ils soûtenir que le corps differe essentiellement de l'esprit par un attribut qui peut également manquer à l'esprit & au corps? Oseroient-ils dire que le corps ne peut pas estre à la maniere d'un esprit sans étenduë formelle ? N'est-ce pas ainsi que le corps de Jesus-Christ est actuellement dans l'Eucharistie ; & n'est-ce pas pour cela que les saints Peres disent que *sa* [a] *chair y est comme spirituelle?*

[a] Dupliciter Christi caro intelligitur. Primò spiritualis illa, de qua ipse dixit, *Caro mea verè est cibus ;* & *Nisi manducaveritis carnem meam*, &c. Secundò caro quæ crucifixa est. *S. Hieron. in Epist. ad Ephesios cap.* 1. *vide & epist.* 61. *ad Pammach.*

XX. Ce seul point feroit voir encore plus que suffisamment la fausseté de la preuve de M. Rohault, puisqu'elle est toute fondée sur ce principe, que l'étenduë formelle est *une proprieté inseparable de la matiere.*

XXI. Mais tous les Cartesiens me reprocheroient pour luy & pour M. Clerselier, que j'en reviens toûjours au mystere de l'Eucharistie, & que je ne me souviens plus que je me suis engagé à leur répondre sur les lumieres de la raison.

XXII. Je leur demande donc comment ils prouvent que l'étenduë formelle *est une proprieté inseparable de la matiere*, c'est à dire une proprieté sans laquelle aucune matiere ne puisse exister. Car enfin si nous ne pouvons prendre une trop haute idée de Dieu, nous n'en pouvons prendre une trop haute de sa puissance : si nous jugeons que son estre est l'estre le plus parfait que nous puissions concevoir, nous devons juger que sa puissance est aussi la plus parfaite puissance dont nous puissions nous former l'idée ; & par consequent comme nous pouvons nous former l'idée d'une puissance qui soit capable de faire tout ce qui n'enferme point de contradiction : & comme nous ne pouvons nous former d'idée d'une puissance plus parfaite, nous devons juger que la puissance de Dieu est capable de faire tout ce qui n'enferme point de contradiction. Je demande donc encore une fois aux Cartesiens, quelle contradiction il y a qu'une matiere & un corps soit sans son étenduë formelle.

XXIII. Monsieur Rohault dit qu'il y en a une; je sçay bien qu'il le dit, & qu'il le dit plusieurs fois ; M. des Cartes l'avoit dit devant luy, plusieurs autres Cartesiens l'ont dit depuis luy : mais je ne demande pas qu'ils me disent qu'il y a contradiction; car je ne suis puis point resolu de les en croire sur leur parole.

XXIV. Ils disent que l'étenduë estant toute l'essence de la matiere, une matiere sans étenduë seroit une matiere sans matiere.

Mais ne voyent-ils pas qu'ils font un cercle ridicule, puisque pour prouver que l'étenduë est toute l'essence de la matiere, ils supposent qu'elle n'en peut estre separée sans contradiction ; & que pour prouver qu'elle n'en peut estre separée sans contradiction, ils nous disent quelle en est toute l'essence. XXV.

Aprés que M. Rohault a supposé que l'*étenduë, l'impenetrabilité, avoir des parties, & des parties de quelque figure*, sont quatre proprietez inseparables de la matiere ; il ajoûte que *l'étenduë est conçûë devant les trois autres; & que l'on ne peut pas concevoir ces trois autres sans présupposer l'étenduë*. XXVI.

A qui pretend-il persuader cette philosophie ? l'étenduë n'estant autre chose selon luy-mesme que l'impenetration actuelle des parties, & la situation des unes hors des autres ; s'il estoit vray, comme il pretend, que l'étenduë & l'impenetrabilité fussent inseparables de la matiere, il faudroit dire que l'impenetrabilité précederoit l'étenduë ; puisqu'il est clair que l'impenetration actuelle des parties de la matiere ne pouroit pas estre le principe de leur impenetrabilité ; & qu'au contraire leur impenetrabilité seroit le principe de leur impenetration actuelle. XXVII.

Mais parce qu'il seroit encore dangereux de faire consister l'essence de la ma- XXVIII.

tiere dans l'impenetrabilité ; j'ajoûte qu'*avoir des parties* est necessairement conçû devant l'étenduë formelle, & qu'on ne sçauroit concevoir l'étenduë formelle sans présupposer des parties.

XXIX. Cette verité est si évidente, que j'ose dire que les Cartesiens s'y rendroient eux-mesmes, s'ils la vouloient examiner sans préoccupation. Car enfin il faut concevoir qu'une chose est, avant que de concevoir qu'elle est d'une maniere ou d'une autre ; il faut mesme en quelque sens qu'elle soit, avant qu'elle soit de telle ou de telle maniere. Or que les parties de la matiere soient ou les unes dans les autres, ou les unes hors des autres ; ce ne sont à leur égard que des differentes manieres d'estre : il faut donc necessairement concevoir des parties de la matiere, avant que de concevoir que ces parties de matiere soient ou les unes dans les autres, ou les unes hors des autres : à peu prés comme nous disons qu'il est necessaire de concevoir une ame & un corps, avant que de concevoir qu'une ame soit ou dans un corps, ou hors d'un corps.

XXX. Ainsi M. Rohault auroit dû dire selon ses principes, que l'essence de la matiere consiste en ce qu'elle est une substance composée de parties ; & en cela il n'auroit rien dit qui ne s'accordast avec la foy, & qui ne se pust soûtenir en philosophie, pourvû qu'il eust supposé ces parties absolument penetrables.

XXXI. Si je croyois l'autheur *de la Recherche*, je m'engagerois à déclarer & à prouver mon sentiment touchant l'essence de la matiere. Mais je le prie de considerer que je ne fais pas icy un traité de physique ; qu'un theologien doit se contenter de réfuter les erreurs de philosophie, qui sont contraires à la créance de l'Eglise, ou au sentiment commun des saints Peres, & laisser aux philosophes la liberté de dire du reste tout ce qu'ils veulent. Je luy diray bien que tous les scholastiques ne croyent pas que l'essence de la matiere soit d'estre *le sujet de l'étenduë*, comme il semble le vouloir persuader : mais je ne me declareray point davantage ; il me suffit de luy avoir montré que *l'estre composé de parties* est un attribut que l'étenduë formelle *présuppose*, un attribut que l'on doit *appercevoir dans la matiere par delà l'étenduë* formelle, & par lequel on peut *connoistre la matiere & la distinguer des esprits*, quand on croit comme Monsieur des Cartes qu'elle est divisible à l'indéfiny.

XXXII. Quant à ce qu'il ajoûte, que *d'une matiere sans étenduë on ne pouroit rien faire de ce que nous voyons ; & qu'au contraire on peut former avec l'étenduë toute seule le monde que nous voyons* : il faut qu'il souffre que je luy dise que ces deux propositions sont également fausses.

XXXIII. Car quoyque les choses qui sont sans étenduë formelle ne puissent estre veûës, la plûpart de celles que nous voyons neanmoins se peuvent faire sans étenduë formelle. Nous voyons un homme par exemple, & cependant il faut renoncer à la foy de l'Eucharistie pour nier que Dieu puisse faire un homme sans étenduë formelle. On ne voit pas Jesus-Christ en ce mystere, & il n'y est pas de la maniere qu'il faudroit qu'il y fust pour y estre vû; mais il est de foy neanmoins qu'il y est un vray homme; & le mesme homme que les hommes ont vû naistre dans une étable, & mourir sur une croix. Si Dieu peut faire un homme sans étenduë formelle, pourquoy ne pourra-t-il pas faire sans étenduë formelle la plûpart des autres choses que nous voyons?

XXXIV. Au contraire *on ne peut rien faire de tout ce que nous voyons avec l'étenduë toute seule*. Car comme une maniere d'estre ne peut estre toute seule; que si elle est, il faut qu'elle soit en quelque sujet, & qu'il y ait quelque estre qui la soûtienne; comme *on ne peut pas* mesme, ainsi que dit nostre autheur, *concevoir la maniere sans l'estre*: que pouroit-on *faire avec l'étenduë toute seule*; puisque l'étenduë n'est qu'une maniere d'estre, qui par consequent ne peut jamais estre toute seule? Peut-on faire quelque chose avec ce qui ne peut jamais estre?

C'en seroit assez pour faire voir à tout autre qu'à cet autheur, que l'horloge dont il se sert ne va pas bien. Mais il ne se rebute pas si aisément, il pretend que l'étenduë n'est pas une maniere d'estre, & voicy comment il le prouve. XXXV.

On ne peut concevoir la maniere sans l'estre ; si donc l'étenduë estoit la maniere d'un estre, on ne pourroit concevoir l'étenduë sans cet estre, dont l'étenduë seroit la maniere ; cependant on la conçoit fort facilement toute seule. XXXVI.

Voila un homme qui a une merveilleuse facilité de concevoir les choses comme il luy plaist. Tous les philosophes du monde, à la reserve de ceux qui se sont fait un point d'honneur de défendre toutes les opinions qui passent pour estre de M. des Cartes, assurent que quand ils conçoivent l'étenduë, ils la conçoivent toûjours necessairement comme l'étenduë de quelque chose ; nous faisons toutes les abstractions & tous les efforts que nous pouvons ; & quoy que nous fassions, nous ne pouvons concevoir l'étenduë sans concevoir quelque chose d'étendu. M. des Cartes mesme, quoyqu'il suppose toûjours que l'étenduë est un estre, & non seulement un estre, mais une substance, avouë neanmoins [a] qu'*une étenduë ne peut pas estre l'étenduë de rien* : & voicy un autheur qui nous veut faire croire qu'*on la conçoit facilement toute seule*. XXXVII.

[a] Nihili nulla potest esse extensio. R. des Cartes Princip. philos. p. 2, n. 18.

XXXVIII. Se ſcuvient-il bien qu'il parle de l'étenduë poſitive, de l'étenduë qui conſiſte dans la ſituation des parties les unes hors des autres ? Quel moyen de concevoir une étenduë poſitive qui ne ſoit *l'étenduë de rien ?* quel moyen de concevoir ſituation de parties les unes hors des autres, ſans concevoir des parties qui ſoient ſituées les unes hors des autres?

XXXIX. Il n'eſt pas plus poſſible de concevoir l'étenduë toute ſeule, que la durée toute ſeule. L'autheur de la Recherche m'avouëra que quand il conçoit *durée*, il la conçoit toûjours comme durée de quelque choſe, & qu'il ne la peut concevoir ſans concevoir quelque choſe qui dure : il faut donc qu'il avouë auſſi que quand il conçoit *étenduë*, il la conçoit toûjours comme étenduë de quelque choſe, qu'il ne la peut concevoir ſans concevoir quelque choſe d'étendu, & qu'ainſi l'étenduë eſt autant une maniere d'eſtre que la durée.

XL. Car il faut raiſonner du temps à proportion comme du lieu ; que deux corps ſoient ou en un meſme temps, ou en des temps differens, ce ne ſont à l'égard de ces corps tout au plus que deux differentes manieres d'eſtre ; donc que deux corps ou deux parties de matiere ſoient ou en un meſme lieu ou en deux lieux differens, ce ne ſont à l'égard de ces corps ou de ces parties de matiere que deux differentes manieres d'eſtre.

XLI. Mais voicy dequoy démonter tout-à-fait *la montre* de ce philosophe : c'est une raison theologique ; s'il trouve mauvaïs que je m'en serve, qu'il remarque que je ne le fais que pour confirmer ce que j'ay déja étably par des raisons purement naturelles.

XLII. Il est de foy que le tres-saint Sacrement de l'Eucharistie contient veritablement, réellement & substantiellement le corps & le sang de Jesus-Christ avec son ame & sa divinité, & que par consequent il contient Jesus-Christ tout entier. Il est certain, selon la doctrine de l'Eglise, que le corps de Jesus-Christ a dans cet auguste Sacrement tout l'estre qu'il a dans le ciel, & qu'il y est seulement d'une autre maniere : il est indubitable neanmoins qu'il n'a pas dans ce Sacrement toute l'étenduë qu'il a dans le ciel, puisque l'Eglise définit, que Jesus-Christ est tout entier sous chaque espece du pain & du vin, & sous chacune des parties de chaque espece, aprés qu'on les a separées. Il est donc aussi constant que l'étenduë n'est qu'une maniere d'estre, qu'il est constant qu'une conclusion tirée en bonne forme de deux propositions de foy ne peut estre fausse.

XLIII. Cependant l'autheur de la Recherche n'en croit rien, au contraire il suppose que [a] *l'étenduë est un estre*, comme une verité qu'il auroit démontrée : il ajoûte

[a] *Tom. 1. liv. 3. chap. 8. n. 2.*

que *la matiere n'est pas un composé de plusieurs estres, mais un seul estre.* Et de ces deux propositions il conclut qu'*il est manifeste que la matiere n'est rien autre chose que l'étenduë.*

XLIV. Est-il possible qu'un homme qui a tant d'esprit, soit capable de raisonner si mal? que diroit-il si je raisonnois contre luy en cette sorte:

L'autheur de la Critique de la Critique est un homme.

L'autheur de la Recherche est un seul homme.

Donc l'autheur de la Recherche est l'autheur de la Critique de la Critique.

XLV. Comme cette consequence ne luy plairoit pas, je suis assuré qu'il desapprouveroit d'abord ce syllogisme, & qu'il en auroit bien-tost trouvé le défaut. C'est neanmoins dans cette forme qu'il raisonne.

L'étenduë est un estre.

La matiere est un seul estre.

Donc la matiere est l'étenduë.

XLVI. En verité je craindrois qu'on ne m'accusast de luy en imposer, si je n'avois cité ses propres paroles; si son livre ne pouvoit estre lû de tous ceux qui liront celuycy, ou s'il estoit possible de donner un autre tour à son raisonnement.

XLVII. Cependant n'aurois-je pas lieu de dire à M. des Cartes & à ses disciples, ce que saint Augustin dit autre fois sur un autre ſujet à quelques Platoniciens: [a] *Voila donc ces forts argumens que la foibleſſe humaine poſſedée de la vanité oſe oppoſer à la toutepuiſſance divine.* Voila ces raiſons évidentes, ces notions claires & diſtinctes, ſur leſquelles on s'opiniaſtre à ſoûtenir une opinion qui ne ſe peut ſoûtenir ſans détruire le plus auguſte de nos Sacremens.

[a] Ecce quibus argumentis omnipotentiæ Dei, humana contradicit infirmitas, quam poſſidet vanitas. *S. Auguſt. lib. 22. de civitate Dei, cap. 11.*

XLVIII.

Que feroient ces Meſſieurs, s'ils avoient des preuves auſſi apparentes contre ce Sacrement adorable, que les Ariens & les Neſtoriens en avoient autrefois contre les myſteres de la Trinité & de l'Incarnation; puiſqu'ils ont aſſez peu d'humilité pour tenir ferme en ce point contre la creance de toute l'Egliſe, ſur des preuves ſi frivoles, & dont la ſeule raiſon naturelle découvre ſi évidemment ou la fauſſeté, ou l'incertitude.

XLIX.

Car il ne ſuffit pas de faire comme M. des Cartes des proteſtations generales que [b] *l'on ſe ſoumet à l'authorité de l'Egliſe catholique, &* [c] *à la cenſure des theologiens pieux & orthodoxes; quand d'ailleurs on ſoûtient une doctrine particuliere cenſurée par tous ces theologiens, & manifeſtement oppoſée au ſentiment de l'Egliſe.*

[b] Hæc omnia eccleſiæ catholicæ authoritati ſubmitto. *Principiorum philoſophiæ p. 4. n. 207.*

[c] Provoco ad pios & orthodoxos theologos, quorum me judiciis & cenſuræ libentiſſimè ſubmitto. *In fine reſponſionis ad objectiones quartas.*

L.

Il ne ſuffit pas meſme de faire des ſoûmissions particulieres semblables à celle que fait l'autheur de la Recherche, quand il avouë que [a] *sans doute l'étenduë n'est point l'essence de la matiere, si cela est contraire à la foy*

[a] Tom. 1. liv. 3. chap. 3. n. 2.

LI. Enfin ce n'est pas assez de parler comme M. Rohault, qui a neanmoins le plus approché de ce qu'il falloit dire, lorsqu'il a dit [b] *que le corps de Iesus-Christ estant tres-veritablement penetrant, tout principe de philosophie qui seroit contradictoire à cette verité, seroit certainement faux.*

[b] M. Rohault, entretien 1. page 94.

LII. Toutes ces soûmissions sont conditionelles; & quelques respectueuses qu'elles paroissent, leurs autheurs ne laissent pas de soûtenir avec tout cela constamment comme un principe de philosophie, que l'étenduë formelle impenetrée & impenetrable, est toute l'essence du corps; qu'il n'est pas possible qu'un corps perde de son étenduë sans perdre de sa substance; & qu'il y auroit contradiction que deux parties de matiere fussent penetrées ensemble : ce qui est *opposé à cette verité que le corps de Iesus-Christ est tres-veritablement penetrant.*

LIII. Il faut donc que ces Messieurs parlent autrement; il faut qu'ils fassent une protestation particuliere & absoluë, de ne plus croire que l'étenduë formelle soit de l'essence du corps, de ne plus croire que l'idée de l'essence du corps soit la mesme que celle de l'étenduë formelle; de ne plus croire que ce ſoit concevoir un eſprit ou ne rien concevoir, que de concevoir un corps ſans le concevoir formellement étendu ; de ne plus croire enfin qu'il y ait contradiction que deux parties de matiere ſoient penetrées enſemble, ny qu'un corps perde de ſon étenduë ſans rien perdre de ſa ſubſtance. Autrement s'ils veulent continuer à ſoûtenir ces propoſitions, il faut qu'ils répondent au Concile de Trente, & qu'ils montrent comment elles s'y peuvent accorder, ou qu'ils ſe reſolvent à ſouffrir en effet *la cenſure de tous les theologiens pieux & orthodoxes.*

ARTICLE CINQUIEME.

Troiſiéme pretexte des Carteſiens, fondé ſur l'authorité de ſaint Auguſtin, de ſaint Thomas, d'Ariſtote, &c.

SAint Auguſtin & S. Thomas, diſent M[rs] les Carteſiens, ſçavoient bien ce qui eſtoit de foy, & ce qu'ils eſtoient obligez de croire de la preſence du corps de Jeſus-Chriſt dans l'Euchariſtie ; & cependant ils ont ſoûtenu comme nous, que l'étenduë ſelon les trois dimenſions eſtoit de l'eſſence du corps. Si ce ſentiment eſtoit auſſi manifeſtement contraire à la foy, que l'on pretend, ces grands docteurs ne s'en seroient-ils point aperçû ? & s'ils s'en estoient aperçû, auroient-ils pû, auroient-ils voulu le soûtenir?

II. [a] *Nous appellons corps*, dit saint Augustin, *tout ce qui par sa longueur, largeur & profondeur occupe l'espace du lieu.* [b] *Car je vous demande si vous pensez qu'il y ait un corps qui n'ait pas à sa maniere de la longueur, de la largeur & de la profondeur .... si vous ostez cela aux corps, mon opinion est qu'ils ne pouroient plus tomber sous les sens, & qu'on ne pouroit pas mesme juger qu'ils fussent des corps.*

[a] Corpus dicimus materiã quamlibet lõgitudine latitudine, altitudine spatium loci occupantem. S. *August. lib. 7. de Genesi ad literam, cap 21. M. Rohault & Ambroise Victor citent ce passage pour eux : le premier dans son premier entretien, page 96. le second dans le cinquieme chap. du liv. qu'il a fait des Ames des bestes.*

[b] Nam prius abs te quære utrum corpus ullum putas esse quod non pro modo suo habeat longitudinem & latitudinem & altitudinem. Si hoc demas corporibus, quantum mea opinio est, neque sentiri possunt, neque omnino corpora esse rectè existimari. *Sanctus Augustinus in lib. de quantitate animæ cap. 4 citatus à Domino Cally in memb. 2. scientiæ generalis articulo 1, sect. 2.*

III. Saint Thomas se servant du mot barbare de *corporeité*, pour signifier l'essence du corps, enseigne que [c] *la corporeité n'est rien autre chose que les trois dimensions.* Et il n'est pas le seul peripateticien qui soit dans ce sentiment, *il y en a* encore *plusieurs* autres *qui y sont.*

[c] Corporeitas nihil aliud est quàm tres dimensiones. *Sanctus Thomas 2. contra gentes cap. 81. ad 2. citatus à Domino Cally loco citato.*

IV. [d] *Ammonius entre les anciens dit que nous*

[d] Hæc est sen-

avons l'idée du corps, quand nous le prenons avec la longueur, la largeur & la profondeur.

tentia plurium peripateticorum, inter quos antiquior Ammonius in Categorias Aristotelis. Cap. de quantitate. *Ratio*, inquit: *corporis exoritur, cùm id cum longitudine, latitudine, atque profunditate accipimus. Dominus Cally loco citato.*

V.

a *Entre les modernes M. le Rés dit que la grandeur, (c'est à dire le corps) signifie au sentiment commun des hommes, le fondement prochain des attributs de grand & de petit*, & ajoûte que la quantité n'est point distinguée de l'étenduë locale.

a Recentior verò Resius articulo quarto de quantitate §. 2. *Magnitudo*, inquit, (quo nomine intelligit corpus) *ex communi hominum sensu designat id in quo proximè fundantur denominationes magni & parvi. Idem D. Cally loco citato.*

VI.

b *Il y a mesme dequoy s'étonner qu'on refuse de reconnoistre que cette opinion soit d'Aristote. Car il est aisé de faire voir que dans les livres des physiques de ce philosophe la matiere premiere est quelque fois appellée διάστημα τοῦ μεγέθους, dimension de la chose étenduë, & le plus souvent μέγεθος chose étenduë, ou ayant longueur, largeur & profondeur.*

a *L'autheur du Discours sur les suiets traitez dans les entretiens de M. Rohault page 8.*

VII.

Que nos adversaires nous disent comment ils accordent le sentiment de saint Augustin, de saint Thomas, d'Aristote, & de tant de peripateticiens avec la doctrine du Concile de Trente touchant l'Eucharistie; quand ils nous l'auront dit, nous nous servirons de leur explication pour répondre à ce qu'ils nous objectent de ce Concile ; & s'ils ne le peuvent pas, & s'ils croyent mesme que cela est impossible, il faut qu'ils confessent que leur objection n'a point de force, ou il faut que par une erreur tres-grossiere ils nous croyent obligez de preferer la doctrine de ces trois grands hommes à la décision de l'Eglise. Mais en attendant leurs explications je vas satisfaire à ces authoritez.

ARTICLE SIXIEME.

Les Cartesiens ne peuvent se prévaloir de l'authorité de saint Augustin, de saint Thomas, d'Aristote, &c.

I. LEs passages qu'on nous allegue sont tous pris si à contre-sens, & j'en trouve mesme quelques-uns si indignement tronçonnez, que je ne puis assez m'étonner de la mauvaise foy des Cartesiens qui s'en servent.

II. [a] Falloit-il que ces Messieurs empruntassent encore des heretiques cette défence pretenduë ? Ne sçavoient-ils pas que Philippe de Mornay, [b] Pierre du Moulin &

[a] *Philippe de Mornay chap. 3. du liv. 4. de l'institution, usage & doctrine du saint Sacrement, &c.*

[b] *Pierre du Moulin dans son apologie pour la sainte Cene du Seigneur, chap. 16.*

& [1] M. Claude s'estoient efforcez devant eux de prouver par plusieurs semblables citations de saint Augustin & d'Aristote, qu'il est de l'essence du corps d'estre étendu, & d'avoir toûjours ses parties les unes hors des autres ? Falloit-il qu'ils ressemblassent en ce point à ces fameux Calvinistes, & qu'ils me missent dans la necessité de leur faire aujourd'huy le mesme affront que le grand Cardinal du Perron fit autrefois au Sieur de Mornay ?

[1] *M. Claude dans sa réponse aux deux traitez intitulez la Perpetuité de la Foy, septiéme édition, 1. partie, chap. 4.*

III. Je commence par les passages des philosophes que ces Messieurs nous citent.

IV. L'autheur du discours sur les entretiens de M. Rohault dit qu'Aristote au chapitre 4. du 4. de ses livres physiques appelle la matiere διάστημα τοῦ μεγέθους, qui veut dire, selon la version de ce traducteur, dimension de la chose étenduë.

V. Premierement διάστημα ne signifie point en ce lieu dimension, mais *intervalle*. Cela est si constant & si aisé à conjecturer à la seule lecture, qu'Argyropylus, Pacius, Casaubon, Duval, les philosophes de Conimbre & les autres interpretes que j'ay vûs, conviennent tous à l'expliquer de la sorte.

VI. Secondement Aristote n'a eu garde de se servir du mot μεγέθου, qui ne fut jamais un mot Grec: & quand on voudroit que ce fust une faute d'impreſſion, il faudroit toûjours que noſtre autheur euſt voulu mettre ou μεγίστου ou μεγέθους; qu'il choiſiſſe : s'il a voulu mettre μεγίστου, il a voulu falſifier le texte, car dans Ariſtote il y a μεγέθους : & ſuppoſé qu'il le vouluſt falſifier en ſubſiſtuant un mot qui ſigniſiaſt comme il vouloit *de la choſe étenduë*, il devoit mettre μεγάλου au poſitif, & non pas au ſuperlatif μεγίστου. S'il a voulu mettre comme il y a dans Ariſtote, μεγέθους, il a commis une infidelité dans ſa traduction, puiſque μεγέθους ne ſignifie point *de la choſe étenduë*, mais ſeulement *de la grandeur*.

VII. Troiſiémement quelque ſens que l'on donne à ces deux mots, διάστημα μεγέθους, on ne peut ſoûtenir ſans s'expoſer à eſtre convaincu de fauſſeté, qu'Ariſtote ait prétendu dire en cet endroit, que la matiere ſoit la grandeur ou l'étenduë : au contraire s'il falloit juger du ſentiment de ce philoſophe par ce texte, il faudroit dire qu'il auroit crû que la matiere n'eſt pas la grandeur, puiſque immediatement aprês avoir dit que ce διάστημα eſt la matiere, il ajoûte [a] qu'*il eſt quelque choſe de different de la grandeur.*

[a] ᾗ δὲ δοκεῖ ὁ τόπος εἶναι τὸ διάστημα τοῦ μεγέθους ἡ ὕλη. τοῦτο γὰρ ἕτερον τοῦ μεγέθους. *Ariſt. lib. 4. Phyſ. cap. ſecundùm Argyropylum 2. ſecundùm Pacium 4.*

VIII. Mais il faut eſtre de bonne foy : tout

ce chapitre d'Aristote est divisé en deux parties ; dans la premiere, d'où les paroles qu'on nous objecte, & celles que je viens de citer sont tirées, Simplicius & S. Thomas remarquent fort bien qu'Aristote ne fait que proposer les opinions qu'il a dessein de refuter, & qu'il refute en effet dans la seconde partie : & tout homme qui lira ce chapitre avec un peu d'attention, fera aisément la mesme remarque.

Quant à ce que le mesme autheur ajoûte, que la matiere est *le plus souvent appellée par Aristote μέγεθος*, il trouvera bon que nous n'en croyions rien, jusqu'à ce qu'il nous marque précisément le livre & le chapitre ou le texte dans lequel il a trouvé cette expression. IX.

Monsieur Rohault qui avoit plus lû, & qui possedoit mieux que ce discoureur la philosophie d'Aristote, n'y a jamais rien vû de pareil : & lorsqu'il est interrogé par [a] *M. N.* dans son premier entretien, *s'il est assuré d'avoir suivy en ce point le sentiment d'Aristote*, voicy ce qu'il répond. *Pour vous parler franchement, la question que vous me faites est tres difficile à resoudre, parce que je ne puis pas si certainement répondre d'Aristote, que je puis répondre de moy-mesme. Il me suffit de vous dire que je conçois la matiere des choses naturelles comme une substance étenduë en longueur, largeur & profon-* X.

[a] Page 14. & 15.

deur, ainsi que saint Augustin la définit en plusieurs lieux. Mais je ne puis pas de mesme ne vous dire nettement ce qu'en a pensé Aristote. J'examineray bien-tost la pensée de saint Augustin sur ce sujet.

XI. Cependant nous voulons bien que les Cartesiens sçachent que nous ne sommes point idolâtres d'Aristote ; que quelque estime que nous ayions pour ce grand philosophe, nous ne le croyons point infaillible ; qu'ainsi nous ne balancerons jamais entre son authorité & celle de l'Eglise ; & que si on nous prouve qu'il ait esté du sentiment de M. des Cartes touchant l'essence du corps, nous sommes prests de le condamner comme [a] *nous le condamnons déja dans quelques autres points de sa doctrine.*

[a] Nonne Aristotelis dicta scholastici cômuniter impugnant de mundi æternitate, de divina in agendo necessitate, de negata ab eo creandi potentia ; ac de aliis gravissimis capitibus, in quibus hallucinatur ex humanæ pupulæ infirmitate ad lucem divinam cæcutientis. *Cardinalis Pallavicinus in historia Concilii Tridentini lib. 7. cap. 14.*

XII. Il semble d'abord que Monsieur Cally va nous accabler d'une legion de peripateticiens, lorsqu'il se vante d'en avoir *plusieurs* dans son sentiment. Mais quand on trouve dans la suite, que ces *plusieurs peripateticiens* se reduisent à deux, & que ces deux-là mesmes ne sont nullement pour luy, que doit-on penser de toutes ses citations ?

XIII. Pour entendre ce qu'il nous objecte

d'Ammonius, il faut sçavoir que le mot de *corps* se prend en deux façons; que les physiciens le prennent pour la substance mesme du corps, mais que les geometres le prennent seulement pour une des especes de la quantité, qu'ils distinguent de la ligne & de la surface, en ce que la ligne est une longueur sans largeur & sans profondeur: la surface dit longueur & largeur sans profondeur, ou le corps enferme les trois dimensions, longueur, largeur & profondeur. Si je montre donc qu'Ammonius n'a point pris le corps en physicien pour une substance corporelle, mais seulement en geometre pour une espece de quantité distinguée de la ligne & de la surface; ne sera-t-il pas constant que ce qu'il en a dit ne fera rien ny contre nous ny pour M. des Cartes? Pour le montrer je n'ay qu'à rapporter icy la proposition de cet autheur toute entiere.

XIV.

Elle est tirée du chapitre de la quantité, qu'il commence par [a] ***plusieurs raisons pour lesquelles il juge qu'Aristote aprés avoir mis la substance dans la premiere categorie, a dû mettre la quantité dans la seconde.*** Et par cette seule reflexion je pourois prouver invinciblement qu'Aristote & Ammonius ont jugé que la quantité n'estoit pas l'essence de la substance corporelle; car l'essence d'une chose & la chose mesme estant de la mesme categorie, s'ils

[a] Cujusnam rei gratiâ præposita sit prædicamentis omnibus substantia, jam supra enarravimus: sedem autem secundam obtinet in prædicamentis Quantum, pluribus

eussent crû que la quantité eust esté comme le veut M. des Cartes, l'essence de la substance corporelle, ils auroient mis l'une & l'autre dans la mesme categorie; & aprés avoir mis la substance corporelle dans la premiere, ils n'auroient pas reservé la quantité pour en faire une seconde.

XV.

Aprés qu'Ammonius a rendu raison de la methode d'Aristote, il dit que [a] *ce philosophe reconnoist qu'il y a deux sortes de quantité; l'une composée de parties unies, & l'autre composée de parties separées. Que la premiere a cinq especes, la ligne, la surface, le corps, le lieu, le temps; & que la seconde n'en a que deux, à sçavoir le nombre & le discours.* Puis jugeant à-propos d'expliquer ces divisions en faveur de ceux qui ne sont pas encore initiez dans les mysteres de la geometrie, il commence par cette définition; [b] *Il faut donc sçavoir que les geometres appellent corps ce qui a les trois dimensions, longueur, largeur & profondeur:* ensuite il fait un long discours pour prouver qu'il y a des lignes, des surfaces & des corps; & voicy la derniere preuve qu'il en apporte. [c] *L'usage commun nous donne na-*

de causis. Ac primum quidem quod, &c. *Ammonius in cap. de Quanto.*

[a] Aristoteles dividit quantum in continuum atque discretum. Est porro continuum quantũ quod unitas habet partes, atque inter se cohærentes: discretum, quod è contrario se habet, quod partes, in quã, à se invicem obtinet disiunctas. Quanti continui quinque species enumerat, lineam, superficiem, corpus, locũ, tempus: discreti duas, numerum orationemque. Cæterùm gratiã eorum qui geometriæ initiati non sunt, de his opus est pauca dicere.

[b] Sciendum igitur, id à geometris corpus vocari quod tres obtinet dimensiones, longitudinem, latitudinem, profunditatem.

[c] Quin communis quoque usus lineæ naturaliter notitiam obji-

turellement l'idée de la ligne, lorsque nous mesurons les chemins, parce que nous n'en mesurons que la longueur, sans avoir égard à leur largeur. Au contraire nous avons la notion de la surface, lorsque nous mesurons les champs, parce que nous en mesurons la longueur & la largeur, sans en considerer la profondeur. Mais lorsque nous mesurons les puits, les murs & les bois, nous concevons l'idée du corps, (voicy les paroles que M. Cally nous objecte) *parce que nous en prenons la longueur, la largeur & la profondeur.*

net, cùm vias metimur: longitudiné enim sine latitudine solam accipimus; rursus verò ipsius superficiei notio habetur, cùm mensurâ definimus agros: nam eorum longitudinem solùm latitudinemque æstimamus. At verò puteis & parietibus & lignis metiendis corporis intelligentiam concipimus, longitudinem & latitudinem & profunditatem nimirum assumentes.

XVI. Ce discours a-t-il besoin de commentaire ? N'est-il pas clair qu'Ammonius n'y prend point *le corps* au sens que le prennent les physiciens pour une substance ? Et ne falloit-il pas que M. Cally arrachast cette proposition de sa place, & qu'il en dissimulast encore une partie, afin que l'on ne s'apperçust pas que cet autheur n'a entendu par le mot de *corps* que ce qu'entendent les geometres, c'est à dire une des especes de la quantité.

XVII. Aprés Ammonius on nous objecte M. le Réz, qui dit que *la grandeur signifie le fondement prochain des attributs de grand & de petit*; & parce que cette proposition n'a aucune apparence de conformité avec le sentiment de M. des Cartes touchant l'essence du corps, M. Cally s'est avisé d'y inserer cette parenthese, *la grandeur, (c'est à dire le corps) signifie, &c.* J'embarasserois bien M. Cally, si je luy demandois en quel dictionnaire il a trouvé que *la grandeur veuille dire le corps.*

XVIII. Il est vray que M. le Réz a esté en ce point comme en beaucoup d'autres, de l'opinion des nominaux, qui croyent que la quantité n'est point une chose distinguée du corps.

XIX. Mais M. Cally sçait bien que M. le Réz & tous les nominaux ne croyent point aussi que la quantité soit la mesme chose que le corps; parce que la quantité estant selon eux un pur mode, & n'estant point une chose, ils croyent qu'elle ne peut estre ny une chose differente du corps, ny la mesme chose que le corps.

XX. J'avouë que ces philosophes disent que la quantité est un mode qui n'est point distingué de l'étenduë actuelle, & que l'étenduë actuelle est toute l'essence de ce mode.

XXI. Mais encore une fois M. Cally sçait bien qu'ils reconnoissent tous que ce mode, qu'ils appellent quantité, est accidentel au corps; que le corps peut estre sans ce mode; & par consequent que l'étenduë actuelle, qui n'est essentielle qu'à ce mode, est purement accidentelle au corps.

XXII. Si M. Cally, qui croit que la rondeur par exemple d'un anneau d'or n'est pas un estre distingué de la substance de l'or, me disoit que la rondeur est une figure dont toutes les parties sont également éloignées d'un mesme centre, qu'elle n'est point distinguée de cette figure, & que cette figure luy est essentielle: trouveroit-il bon que j'inserasse cette parenthese dans sa proposition, *la rondeur, (c'est à dire l'or) est une figure, &c.* & que je luy fisse accroire qu'il auroit dit ou pretendu dire qu'il est essentiel à la substance de l'or d'avoir toutes ses parties également éloignées d'un mesme centre? C'est ainsi qu'il en use envers M. le Réz.

XXIII. Mais on ne doit pas s'en étonner, vû le peu de fidelité qu'il fait paroistre en citant saint Thomas.

XXIV. Ce saint docteur au chapitre quatre-vingt & uniéme du livre quatriéme contre les Gentils, répondant à la seconde des objections qu'il s'estoit proposées, dit ces paroles: [a] *La corporeité se peut prendre en deux façons. Premierement pour la forme substantielle du corps qui fait que le corps est une espece de substance; & en ce sens il faut que la corporeité qui est une forme substantielle dans l'homme, ne soit rien autre chose que l'ame raisonnable. Secondement la corporeité se prend pour une forme accidentelle, qui fait que le corps est une espece de quantité; & en ce sens la*

[a] Corporeitas dupliciter accipi potest. Vno modo secundum quod est forma substantialis corporis, prout in genere substantiæ collocatur .... & sic oportet

quod corporeitas, prout est forma substantialis in homine, non sit aliud quàm anima rationalis .... Alio modo accipitur prout forma accidentalis, secundùm quam dicitur corpus esse in genere quantitatis ; & sic corporeitas nihil aliud est quàm tres dimensiones. *S. Thomas lib. 4. contra gentes cap. 81. ad secundum.*

corporeité n'est rien autre chose que les trois dimensions.

XXV. Il ne faut que des yeux pour remarquer que saint Thomas dit en cet endroit expressément, que *la corporeité* qui *n'est rien autre chose que les trois dimensions, est une forme accidentelle* à la substance du corps. Et il ne faudroit qu'un esprit mediocre pour conclure qu'il prétend par consequent que les trois dimensions soient aussi accidentelles à la substance du corps ; puisque ce qui est la mesme chose qu'une forme accidentelle, est necessairement accidentel au sujet auquel la forme mesme est accidentelle.

XXVI. Et cependant M. Cally qui n'est pas aveugle, & qui a l'esprit plus que mediocre, fait semblant de ne rien voir de tout cela, & sans faire aucune mention de tout ce qui precede, il nous cite seulement ces dernieres paroles: *La corporeité n'est rien autre chose que les trois dimensions* ; pour prouver que le saint docteur a jugé comme luy que les trois dimensions sont essentielles au corps. Cette maniere de citation n'est-elle pas surprenante?

XXVII. Je n'ay plus qu'à répondre aux deux

passages de saint Augustin ; mais le premier prouve si peu pour les Cartesiens, qu'il n'est pas necessaire de m'y arrester beaucoup : car comme nous disons tous les jours que le feu est un élement chaud, sans vouloir pour cela que la chaleur actuelle soit essentielle à ce qu'il y a de substance dans le feu ; pourquoy S. Augustin n'aura-t-il pas pû dire que *le corps est ce qui occupe par sa longueur, largeur & profondeur l'espace du lieu*, sans prétendre qu'il soit essentiel à la substance du corps d'occuper toûjours actuellement l'espace du lieu par sa longueur, largeur & profondeur ?

Je m'arreste donc à répondre au second qui est plus difficile ; & pour le faire, je ne me serviray point de la distinction des dimensions *radicales* & des dimensions *actuelles*, pour obliger les Cartesiens à me prouver que saint Augustin veut parler des dimensions actuelles, quand il dit que si [a] *on ostoit au corps la profondeur, on ne pouroit plus juger qu'ils fussent des corps.* C'est neanmoins ce que ces Messieurs doivent pretendre, & qu'ils auroient peut-estre bien de la peine à prouver. XXVIII.

[a] *Adeodatus.* Quam altitudinem dicas non intelligo. *Augustinus.* Illam dico, qua efficitur ut interiora corporis cogitentur, aut etiam sentiantur, si perlucet, ut vitrum : quam si demas corporibus, quantum mea opinio est, neque sentiri possunt, neque omnino corpora esse recte existimari. *S. August. in lib. de quantitate animæ cap. 4.*

Mais quand ils prouveroient que selon XXIX.

ſaint Auguſtin le corps a toûjours eſſentiellement quelque ſorte d'étenduë actuelle, ils ne prouveroient encore rien. Il faudroit qu'ils prouvaſſent de plus que dans la doctrine de ce saint docteur, *l'étenduë actuelle, formelle, impenetrable & incapable d'eſtre retraiſſie*, eſt eſſentielle au corps ; car c'eſt uniquement de ce point de leur philoſophie que je leur fais un crime, & c'eſt ce qu'ils ne trouveront jamais dans ſaint Auguſtin. C'eſt ce qu'ils ne concluëront jamais raiſonnablement d'aucun de ſes principes.

XXX. Que ſera-ce ſi j'ajoûte à tout cela, que ſaint Auguſtin a pris en cet endroit le mot de corps comme Ammonius, non point en phyſicien pour la ſubſtance meſme du corps, mais ſeulement en geometre pour une des eſpeces de la quantité ? C'eſt de quoy il eſt aiſé de convaincre meſme les Carteſiens.

XXXI. Car premierement ſi on peut expliquer ſaint Auguſtin par ſaint Auguſtin meſme, il s'en declare en un autre endroit, & nous avertit expreſſément, que [a] *quand il dit que les trois dimenſions font le corps, il ne prend point le corps comme il a coûtume de le prendre lorſqu'il parle du corps naturel* ; & la raiſon qu'ils ajoûte de cet avertiſſement eſt, dit-il, *de peur qu'il ne ſemble que je parle encore de ſubſtance.*

[a] Longitudo ſine latitudine γραμμή, dicitur, emenſa verò cum longitudine latitudo dicitur ἐπιφάνεια. Si autem altitudo fuerit ſociata, corpus cuncta perficiunt. Quod tamen non ita accipimus, quemadmodum ſolemus accipere naturale, ne ad uſiam reverti videamur. *S. Auguſt. in categoriis cap. 10. de quantitate.*

En second lieu saint Augustin dans le chapitre mesme que citent les Cartesiens, considere toûjours le corps par opposition à la surface & à la ligne ; & par consequent toûjours comme une des especes de la quantité. Ceux qui voudront se donner la peine de lire, non seulement ce chapitre, qui est le quatriéme du livre *de la Quantité de l'ame*, mais encore le chapitre precedent & les autres qui suivent jusqu'à la fin du chapitre quatorziéme, & qui auront assez de lumiere pour comprendre une longue démonstration qu'y fait saint Augustin, reconnoistront la verité de ce que je dis. XXXII.

Il veut prouver que nostre ame, à parler proprement, n'a point de quantité, parce qu'elle est indivisible, & voicy l'ordre qu'il garde pour en prouver l'indivisibilité. 1. Il fait un assez long discours du corps, de la surface, qu'il appelle *figure*, & de la ligne. 2. Changeant de mots, & appellant le corps *profondeur*, la surface *largeur*, & la ligne *longueur*, il dit que la longueur precede la largeur, & que la largeur precede la profondeur ; parce que nous pouvons concevoir longueur sans largeur, & largeur sans profondeur ; ou au contraire nous ne pouvons concevoir ny largeur sans longueur, ny profondeur sans longueur & largeur. 3. Delà il infere que la longueur est plus noble que la largeur, & la largeur plus noble que la pro- XXXIII.

fondeur. 4. Il explique comment la profondeur est divisible en trois sens, la largeur en deux, la longueur en un seulement, & montre qu'il est impossible qu'une chose soit moins divisible que la longueur, qu'elle ne soit absolument indivisible. 5. De ces deux dernieres propositions il conclud que ce qui est plus noble est moins divisible. 6. En suite venant à nostre ame, il prouve qu'elle n'est ny un corps ny une surface, parce qu'elle peut connoistre la longueur sans penser ny à la largeur ny à la profondeur. 7. Il ajoûte qu'un estre qui a de la longueur, a aussi de la largeur & de la profondeur ; que nostre ame qui n'a ny largeur ny profondeur, ne peut donc point avoir de longueur ; qu'elle est plus noble par consequent & moins divisible que la longueur, & qu'ainsi elle est absolument indivisible.

XXXIV. Voila l'abregé le plus fidele que j'ay pû faire de tout le raisonnement de saint Augustin dans les douze chapitres que j'ay dits. Il est ce me semble à present facile de juger que ce Pere n'y considere le corps qu'en geometre, puisqu'il n'en parle que par rapport à la surface & à la ligne.

XXXV. Et certes s'il entendoit parler de la substance du corps, il se contrediroit luy-mesme. Car il est constant qu'il enseigne dans les categories, que [a] *la quantité est un accident de la substance du corps :*

[a] Descripta igitur usia, ac-

si donc il enseignoit en cet autre lieu que les Cartesiens nous objectent, que la quantité ou l'étenduë formelle & impenetrable, qui n'est que la quantité mesme ou une suite de la quantité, fust essentielle à la substance du corps; ne faudroit-il pas dire qu'il enseigneroit deux propositions contradictoires?

cidentium definitione necessarius ordo postulat, quorum primum est Quantum. *S. Aug. in categoriis cap. 10. de quantitate.*

CHAPITRE IV.

Lorsque les Cartesiens entreprennent de répondre à la contradiction que l'on trouve entre leur doctrine & celle de l'Eglise, ils ne répondent jamais rien qui les puisse justifier.

LES Cartesiens ne sont pas toûjours si opiniâtres à se taire sur la comparaison que l'on fait de leur doctrine avec celle de l'Eglise, qu'ils ne s'efforcent quelquefois d'y répondre. Mais leurs réponses ont si peu de force, & plusieurs mesmes sont si contraires les unes aux autres, qu'il semble qu'ils ne font difficulté de les produire d'abord, que parce qu'ils en reconnoissent eux-mesmes le foible, & qu'ils prévoyent que leurs adversaires ne doivent pas avoir beaucoup de peine à le découvrir.

II. Les uns ne pouvant se résoudre à dire qu'un corps peut estre sans son essence, avoüent qu'il faut modifier leurs principes ; d'autres plus hardis soûtiennent que leurs principes n'ont besoin d'aucune modification, mais qu'un corps peut estre sans son essence. D'autres, ainsi que l'on verra dans la suite, répondent encore autrement, & j'en connois quelques-uns qui soûtiennent toutes ces réponses, & qui se servent tantost des unes, & tantost des autres, selon la disposition des esprits ausquels ils ont affaire, employant toûjours non pas celle qu'ils croyent la meilleure, mais celle qu'ils croyent plus propre à embarasser leurs adversaires presens. Examinons ces réponses les unes aprês les autres.

ARTICLE PREMIER.

Premiere réponse des Cartesiens.

I. Voicy donc comme quelques Cartesiens distinguent leur principe touchant l'essence du corps. Quand on soûtient, disent-ils, que l'essence du corps consiste dans l'étenduë formelle, on ne prétend pas parler du corps *connû par la lumiere surnaturelle de la foy*, mais seulement du corps *connu par les lumieres naturelles de la raison*.

Replique.

Comme cette réponse est équivoque, & qu'elle peut avoir au moins deux sens ; je prie ces Messieurs de s'expliquer eux-mesmes, avant que je dispute contre eux. II.

Veulent-ils dire que l'essence du corps, quand il est connu par les lumieres naturelles de la raison, consiste en effet dans l'étenduë formelle ; & qu'en effet l'essence du corps, quand il est connu par la lumiere surnaturelle de la foy, ne consiste pas dans l'étenduë formelle ? III.

Veulent-ils dire seulement qu'en quoy que ce soit que consiste en effet l'essence du corps, on doit juger qu'elle consiste dans l'étenduë formelle, si on en juge par les lumieres naturelles de la raison ; mais qu'on doit juger tout le contraire, si on en juge par les lumieres surnaturelles de la foy ? IV.

Ceux qui veulent passer pour francs Cartesiens, défendent le premier sens. Les Cartesiens mitigez s'en tiennent au second. V.

Pour ceux qui défendent le premier sens, je ne sçay comment ils peuvent parler ainsi sans renoncer au bon sens, à la philosophie & à la foy. VI.

Il faut qu'ils ayent renoncé au bon sens ; car c'est une verité évidente par elle-mesme, & de laquelle aucun homme de bon VII.

sens n'a jamais douté devant Monsieur des Cartes, que les essences des choses sont immuables ; qu'il est impossible qu'une mesme chose ait tantost une essence & tantost une autre, & que chaque chose a toûjours necessairement la mesme essence qu'elle a euë une fois. Cela estant, un homme de bon sens peut-il dire que l'essence du corps consiste quelquefois dans l'étenduë formelle, & que quelque fois elle ne consiste pas dans l'étenduë formelle, & qu'un corps demeurant toûjours le mesme, peut changer d'essence comme il changeroit d'habit, de posture ou de couleur.

XLIV. Il faut en second lieu qu'ils ayent renoncé à la philosophie. Car toute la philosophie tombe d'accord que les connoissances purement speculatives ne peuvent ny rien ajoûter ny rien oster à leur objet ; que les changemens qui leur arrivent ne le changent point du tout ; & que bien qu'elles soient differentes, il est toûjours le mesme, s'il n'est changé par quelque autre principe. Je regarde par exemple un tableau, & je le regarde tantost sans lunettes, & tantost avec des lunettes, tantost seulement de l'œil droit, tantost seulement de l'œil gauche, & tantost de tous les deux yeux ensemble ; quoyque ces manieres de regarder soient differentes, le tableau que je regarde demeure toûjours le mesme. Or les connoissances que nous avons de l'essence du corps, soit par la raison, soit par la foy, sont des connoissances purement speculatives. Elles ne peuvent donc ny rien ajoûter, ny rien oster à l'essence du corps ; & quoyque nous changions de connoissance, quand nous venons à considerer l'essence du corps par la lumiere surnaturelle de la foy, aprês l'avoir considerée par la seule lumiere de la raison naturelle, ce changement qui arrive dans nos connoissances, ne fait aucun changement dans l'essence du corps. Les connoissances que nous avons de l'essence du corps sont indifferentes ; mais l'essence du corps connuë par ces differentes connoissances, est toûjours la mesme ; & par consequent si l'on soûtient que l'essence du corps consiste en effet dans l'étenduë formelle, quand le corps est connu par les lumieres naturelles de la raison, on ne peut nier que quand il est connu par la lumiere surnaturelle de la foy, son essence ne consiste encore dans l'étenduë formelle : ou si l'on croit qu'en effet l'essence du corps ne consiste pas dans l'étenduë formelle ; quand le corps est connu par la lumiere surnaturelle de la foy, on doit avouër que quand il est connu par les lumieres naturelles de la raison, son essence ne consiste pas en effet dans l'étenduë formelle.

Enfin il faut que ces Messieurs ayent renoncé à la foy, ou du moins qu'ils en IX.

ayent oublié un des principaux points. Car si un corps connu par les lumieres surnaturelles de la foy, n'a pas en effet la mesme essence qu'il a quand il est connu par les lumieres de la raison naturelle ; il faut qu'il en ait une autre : ainsi il faut qu'il ait deux essences réellement distinguées & réellement differentes ; l'une, quand il est connu par les lumieres de la raison naturelle ; & l'autre quand il est connu par la lumiere surnaturelle de la foy. Or le corps de Jesus-Christ a esté connu par ces deux differentes lumieres : ses disciples qui l'ont vû, l'ont connu par une lumiere naturelle ; nous qui ne le voyons pas, & qui ne l'avons jamais vû, nous le connoissons par une lumiere surnaturelle : & sans parler mesme de la connoissance que nous en avons, lorsqu'il institua le Sacrement adorable de l'Eucharistie, ses apôtres le connurent en mesme temps & par une lumiere naturelle, puisqu'ils le voyoient en sa place à table : & par une lumiere surnaturelle, puisqu'ils le crûrent réellement present sous les especes du pain & du vin aprés la consecration. Il faut donc que nos Messieurs disent que le corps de Jesus-Christ a eu & qu'il a encore deux essences réellement distinguées & réellement differentes.

X. Or je demande à tous les philosophes du monde, si deux essences réelles réellement distinguées, réellement differentes, & ſeparées de lieu, ne ſont pas deux eſtres differens : & ſi ce ſont deux eſſences ſpirituelles, ne ſont-elles pas deux differens eſprits ? ſi ce ſont deux eſſences corporelles, ne ſont-elles pas deux differens corps ? Si cela n'eſt vray, comment prouvera-t-on que ſaint Michel & Lucifer ſont deux eſprits ? Comment prouvera-t-on que le feu & l'eau ſont deux corps? Mais ſi cela eſt vray auſſi, ou en ſont les Carteſiens ? S'ils veulent parler conſequemment, il faudra qu'ils diſent que le Fils de Dieu s'eſt incarné deux fois ; qu'il a eu & qu'il a encore deux corps réellement diſtinguez & réellement differens ; l'un qu'il a pris de la Vierge Marie, l'autre qu'il a pris où il luy a plû. Cela s'accorde-t-il avec noſtre foy ?

Pour les autres Carteſiens qui tâchent d'adoucir la doctrine de leur maiſtre, & qui proteſtent que ſans ſe mettre en peine de juger en quoy conſiſte effectivement l'eſſence du corps, ils pretendent ſeulement qu'on doit juger qu'elle conſiſte dans l'étenduë formelle, ſi on en juge ſur les ſeules lumieres de la raiſon ; ils peuvent bien dire qu'ils abandonnent en ce point M. des Cartes, mais ils ne peuvent pas ſe vanter de le juſtifier par cette explication XI.

Car j'ay fait voir dans la premiere partie, [a] que quand ce philoſophe dit que *l'étenduë en longueur, largeur & profon-* XII.

[a] Chap. 1. art. 3.

deur constituë la nature de la substance corporelle, il ne faut pas entendre seulement que c'est tout ce qu'il en connoist par la raison naturelle; mais qu'il prétend que la chose est réellement de la maniere qu'il l'assure, & que *l'étenduë en longueur, largeur & profondeur constituë* en effet *la nature de la substance corporelle*; & ainsi bien que cette explication leur pûst servir à faire voir qu'ils n'ont point de sentiment dangereux touchant l'essence du corps, elle ne peut servir de réponse aux raisons que j'ay aportées, & par lesquelles j'ay prétendu combattre non pas indifferemment toutes les idées qui pourroient venir aux philosophes, mais précisément celle que M. des Cartes nous a laissée dans ses ouvrages, & que ses plus fameux sectateurs, ainsi que je l'ay fait voir, [a] défendent encore aujourd'huy.

[a] *Dans la premiere partie chap. 4.*

XIII. Je ne m'arresteray donc point à réfuter cette explication, ny à prouver que la premiere proposition en est fausse; & qu'à juger mesme de l'essence du corps par les seules lumieres de la raison, on doit reconnoistre qu'elle consiste en quelque autre chose que dans l'étenduë formelle: je l'ay déja prouvé dans [b] le chapitre précedent.

[b] *Article 4.*

XIV. Mais je ne puis m'empescher de dire icy, que si l'on ne doit pas juger des sentimens de M. des Cartes par ses écrits, & si l'on veut se persuader qu'il a crû le contraire de ce qu'il a dit, & que lorsqu'il a dit que *l'étenduë en longueur, largeur & profondeur constituë la nature du corps*, il n'a pas pensé que *l'étenduë en longueur, largeur & profondeur constituast* en effet *la nature du corps*; mais qu'il a pensé seulement que c'estoit tout ce qu'on en pouvoit reconnoistre par la raison, quoyque par la foy il reconnûst le contraire : avec tout cela, dis-je, je ne puis & je ne dois pas omettre de dire que la maniere dont il a parlé est toûjours tres-condamnable.

XV. Car si les sens, la raison & la foy sont trois moyens differens que Dieu nous a donnez pour connoistre la verité ; il est certain que ces moyens sont subordonnez les uns aux autres ; que la foy surpasse la raison, comme la raison surpasse les sens ; & que comme la raison doit corriger les erreurs des sens, la foy doit corriger les erreurs de la raison. D'où il s'ensuit que quand la raison & les sens ne s'accordent pas ; pour parler raisonnablement, on doit parler conformément aux lumieres de sa raison, sans avoir égard au raport de ses sens ; & quand la foy & la raison semblent ne se pas accorder ; pour parler en bon catholique, on doit parler conformément aux lumieres de sa foy, sans avoir égard aux lumieres de sa raison.

XVI. Monsieur des Cartes n'a pas ignoré ces

deux regles, au contraire il les a expressément [a] remarquées; [b] il a protesté qu'il vouloit s'en souvenir toute sa vie, il a averty ses disciples de ne les oublier jamais, & il dit que la seconde sur tout doit estre nostre premiere & souveraine regle.

[a] Minimè decere hominem philosophum magis fidere sensibus, quã maturæ rationi. 1. *parte princip.* n. 76.

[b] Præter cætera autem memoriæ nostræ pro summa regula est infigendum, ea quæ nobis à Deo revelata sunt, ut omnium certissima esse credenda: & quamvis fortè lumen rationis quam maxime clarum & evidens, aliud quid nobis suggerere videretur; soli tamen authoritati divinæ potiùs quàm proprio nostro judicio fidem esse adhibendam. *ibidem.*

XVII. Si l'on veut donc qu'il ait crû en effet sincerement selon les lumieres de la foy, que l'étenduë formelle n'est pas l'essence du corps, mais seulement qu'elle paroisse estre l'essence du corps, si on en juge selon les lumieres de la raison naturelle: on ne peut neanmoins nier qu'il n'ait manqué contre *la souveraine regle*, & qu'il n'ait parlé autrement qu'il n'est permis à un bon catholique.

XVIII. Que diroit-on d'un philosophe, qui aprés avoir consideré ce que ses yeux & sa raison luy font connoistre de la grandeur du soleil & de celle de la lune, aprés avoir fait reflexion que ses yeux luy representent la lune aussi grande que le soleil, mais que sa raison luy fait voir que le soleil est beaucoup plus grand que la lune, diroit neanmoins serieusement, & soûtiendroit avec chaleur, que la lune est aussi

aussi grande que le soleil; qui le diroit incessamment sans jamais dire le contraire, & qui soûtiendroit sans s'expliquer davantage & sans adoucir sa proposition, ne diroit-on pas que ce philosophe parleroit tout à fait déraisonnablement?

S'il est déraisonnable de parler conformément au témoignage des sens, lorsqu'il est contraire à la raison: que sera-ce de parler conformément aux lumieres apparentes de la raison, lorsqu'elles sont contraires à celles de la foy? Si l'un est une espece de folie; que doit-on juger de l'autre? Voila pourtant ce qu'a fait M. des Cartes, si nous en croyons ses plus favorables interpretes. XIX.

Car il est certain qu'il a dit serieusement, & qu'il s'est efforcé de prouver, que *l'étenduë en longueur, largeur & profondeur constituë la nature de la substance corporelle*: il l'a dit plusieurs fois, & il n'a jamais dit le contraire; il l'a soûtenu avec chaleur, & il ne s'est jamais expliqué davantage, jamais il n'a modifié sa proposition. Si donc il a reconnu, comme on prétend, par les lumieres de la foy, que cette proposition estoit fausse, en mesme temps que sa raison la luy faisoit paroistre comme veritable; on ne peut pas nier qu'il n'ait parlé conformément à sa raison contre sa foy, & qu'il n'ait écrit selon son propre jugement contre l'authorité divine. XX.

ARTICLE SECOND.

Seconde réponse des Cartesiens.

I. LEs philosophes & les theologiens, disent ces Messieurs, parlent diversement des choses. Si on dit que l'essence du corps consiste dans l'étenduë formelle, c'est lorsqu'on parle seulement *en philosophe*; mais quand on parle *en theologien*, on dit tout le contraire, & on avouë que l'essence du corps ne consiste pas dans l'étenduë formelle.

Replique.

II. N'est-ce pas une chose étrange que ces Messieurs qui font profession de ne rien dire dont ils n'ayent des idées claires & distinctes, nous fassent des réponses si obscures & si ambiguës, qu'on ait peine à deviner ce qu'ils veulent dire?

III. Entendent-ils que l'essence du corps, quand on en parle sur les lumieres de la philosophie, consiste en effet dans l'étenduë formelle, & qu'en effet elle ne consiste pas dans l'étenduë formelle, quand on en parle sur les lumieres de la theologie?

IV. Entendent-ils seulement qu'en quoy que consiste en effet l'essence du corps, on doit dire, si on en parle selon les lumieres de la philosophie, qu'elle consiste dans l'étenduë formelle ; mais qu'on en doit juger tout le contraire, si on en parle selon les lumieres de la theologie ?

V. Enfin pretendent-ils que quand on est couvert du manteau de philosophe, ou quand on se trouve dans une classe de philosophie, on peut dire que l'essence du corps consiste dans l'étenduë formelle : mais que quand on a pris le bonnet de docteur, ou quand on se rencontre dans une classe de theologie, on doit dire que l'essence du corps ne consiste pas dans l'étenduë formelle ?

VI. Leur réponse ne pouvant estre entenduë que dans l'un de ces trois sens, il faut qu'ils choisissent. Mais ils ne peuvent plus s'en tenir ny au premier ny au second, parce qu'estant les mesmes qu'ils ont pû donner à la réponse précedente, ils sont déja refutez par la replique que j'y ay faite.

VII. S'ils s'arrestent au troisiéme sens, il faut qu'ils me permettent de leur dire, qu'en répondant de la sorte ils ne parlent ny en theologiens ny en philosophes.

VIII. Ils ne parlent point en theologiens ; car des theologiens devroient sçavoir que l'Eglise ne souffre point que l'on enseigne comme vray en philosophie, ce qu'elle nous oblige de condamner comme faux en theologie, & que le dernier Concile de Latran sous Leon X. [a] condamna *comme des semeurs d'heresies, comme des infideles & des heretiques abominables & detestables, comme des gens que l'on devoit fuir & qui devoient estre punis*, certains philosophes *qui disoient que selon la philosophie l'ame raisonnable estoit mortelle, quoyqu'ils protestassent*, [b] ainsi que Sponde l'a remarqué, *que quand ils parloient en chrestiens, ils avoüoient que l'ame raisonnable estoit immortelle, & qu'ils ne la disoient mortelle que lorsqu'ils parloient seulement en philosophes.*

[a] Cùm diebus nostris, quod dolenter reperimus, zizaniæ seminator antiquus, humani generis hostis, nonnulles perniciosissimos errores à fidelibus semper explosos in agro Domini superseminare & augere sit ausus, de natura præsertim animæ rationalis, quòd videlicet mortalis sit, aut unica in cunctis hominibus ; & nonnulli temere philosophantes, secundùm saltem philosophiam verum id esse asseverent. Contra hujusmodi pestem opportuna remedia adhibere cupientes, hoc sacro approbante Concilio . . . . , . omnes hujusmodi erroris assertionibus inhærentes, veluti damnatissimas hæreses seminantes, per omnia ut detestabiles & abominabiles hæreticos & infideles, catholicam fidem labefactantes, vitandos & puniendos fore decernimus. *In parte 2. tomi 4. Conciliorum Severini Binii in Concil. Lateran. ultimo, sess.* 8.

[b] Occasionem prædictæ de philosophis sanctioni dedisse dicitur Petrus Pomponatius Mantuanus, Iovii in philosophia præceptor, qui enarrans Aristotelem & Averroëm Bononiæ, animas post corporis mortem interituras ex sententia Aristotelis probare conatus, juventutem valde corruperat ; se eo tuens, quòd philosophicè loqueretur, sed aliter cùm christianus esset, sentiret. *Henricus Spondanus ad annum* 1513. *n.* 20.

IX. Où il faut remarquer que ce Concile aprês avoir prouvé l'immortalité de l'ame raisonnable par plusieurs témoignages de l'Ecriture sainte, aporte la raison pourquoy il condamne la doctrine de ces philosophes, qui avoüant que l'ame estoit immortelle selon la foy & la theologie, *assuroient seulement qu'elle estoit mortelle selon la philosophie;* [a] & dit que c'est *parce qu'une verité ne peut estre contradictoirement opposée à une autre verité.*

[a] Cùm verū vero minimè contradicat. *In loco citato prædicti Concilii.*

X. C'est cette raison qui me donne lieu de reprocher encor aux Cartesiens qu'ils ne parlent point en philosophes. Car il est certain dans toute la philosophie, & il l'a toûjours esté devant que ce Concile que l'on conte entre les œcumeniques l'eust dit, que deux propositions contradictoires ne peuvent pas estre en mesme temps veritables. Or ces deux propositions, *l'essence du corps consiste dans l'étenduë formelle, l'essence du corps ne consiste pas dans l'étenduë formelle*, sont contradictoires; donc si l'une est vraye, l'autre est necessairement fausse: s'il est vray que l'essence du corps consiste dans l'étenduë formelle, il est faux que l'essence du corps ne consiste pas dans l'étenduë formelle; & s'il est faux, on ne le doit pas dire en theologie: & au contraire s'il est vray que l'essence du corps ne consiste pas dans l'étenduë formelle, il est faux que l'essence du corps consiste dans l'étenduë formelle; & s'il est faux, on ne le doit pas dire en philosophie.

XI. Qu'un Cartesien fasse le theologien ou le philosophe; qu'il soit dans une classe ou dans une autre; qu'il ait une fourure ou qu'il n'en ait point : peut-on croire pour cela que le corps change d'essence ? & s'il n'en change point, comment peut-on dire que son essence qui ne consiste pas dans l'étenduë formelle, commence à consister en effet dans l'étenduë formelle, lorsqu'il plaist à un Cartesien de mettre bas la fourrure, de sortir d'une salle pour entrer dans une autre, & de quitter le nom de theologien pour prendre celuy de philosophe ?

ARTICLE TROISIEME.

Troisiéme réponse des Cartesiens.

I. a Duplex est rei cujuslibet, quæ nobis cōsideranda proponi potest, status ordinarius unus, alter extraordinarius. Prior ille dicitur, qui juxta consuetum naturæ ordinem constitutus naturali lumine cognosci potest : hoc modo natura cogitatione prædita & per-

a *Toutes les choses qui nous peuvent estre proposées à considerer, ont deux états differens ; l'un ordinaire, l'autre extraordinaire. Le premier est celuy qui estant étably sur un ordre toûjours gardé dans la nature, peut estre connu par une lumiere naturelle. Ainsi il y a une liaison si necessaire entre la nature doüée de raison & la personne, que l'une estant multipliée, l'autre l'est aussi toûjours. Et c'est dans ce sens que nous définissons le corps, une chose étenduë selon les trois dimensions, d'où suit l'impenetrabilité. Le second est celuy qui estant étably sur un ordre particulier & different de l'ordre qui a coûtume de se garder dans la nature, ne peut estre compris par la lumiere naturelle ; & ce ce sens il y a une si grande difference entre la nature doüée de raison & la personne, que dans Dieu il n'y a qu'une nature, quoyqu'il y ait trois personnes; & Iesus Christ n'est qu'une seule personne, quoyqu'il ait deux natures. C'est donc en cette maniere que l'on peut croire que le corps de Iesus-Christ retient veritablement* dans l'Euchariftie *la qualité de corps, quoyqu'il n'y soit ny étendu ny impenetrable; parce que Dieu, dont la souveraine puissance surpasse infiniment nostre foible sagesse, peut faire plus de choses que nous n'en pouvons comprendre.*

sona tanta necessitudine cohærent, ut alterutra multiplicata multiplicetur & altera: hoc etiã modo corpus à nobis definitur res quoquoversus extensa, unde est impenetrabile, &c. Posterior ille habetur, qui præter consuetum naturæ ordinem constitutus naturali lumine comprehendi non potest: hac ratione natura cogitatione prædita & persona ita differunt, ut Dei una sit natura, triplex persona: Christi verò una persona, & duplex natura. Hac ergo ratione credi potest corpus Christi veram corporis ratione retinere, quamvis hoc neque sit extensum, neque impenetrabile. Deus quippe, cujus summa potentia imbecillem nostram sapientiam infinito superat intervallo, plura præstare potest, quàm nos valeamus animo comprehendere. *D. Cally memb. 2. Scientia generalis articulo 1. sect. 2.*

II. Ce sont les propres termes de Monsieur Cally, avant lequel plusieurs Cartesiens s'estoient déja servy de cette réponse : voicy comment M. Rohault [a] entre autres en avoit parlé.

[a] *Dans son 1. entretien page 93.*

III. *Nous regardons seulement les choses dans l'ordre naturel, & telles qu'elles sont, & que nous les connoissons ...... Ainsi quand les theologiens enseignent, ou que le corps de Iesus Christ est sans étenduë, ou que les parties se penetrent les unes les autres, ils ne disent rien de contraire à ce que nous enseignons parce qu'ils parlent d'un autre ordre dont nous ne parlerons jamais.*

IV. Monsieur Rohault ajoûte, [a] que *comme l'Eglise n'a rien decidé de la maniere dont Iesus-Christ existe dans l'Eucharistie, personne n'a droit d'imposer aux autres la necessité de se servir de celle qui luy paroist la plus vray semblable; & qu'aprés tout quelque détermination qu'on en fit, elle ne pouroit regarder ceux qui se renferment comme luy dans le pur ordre de la nature.*

[a] *Au mesme endroit page 93.*

Replique.

V. De toutes les réponses des Cartesiens, il n'y en a point qui paroissent moins déraisonnables que celle-cy : elle éblouït d'abord, & bien des gens s'y sont laissé prendre. Mais au fond elle n'est pas plus solide ny orthodoxe que les autres que j'ay déja refutées.

VI. Pour en juger il faut remarquer que ces Messieurs ne disent pas seulement que le corps est étendu quand il est dans son état naturel, & qu'il ne l'est pas lorsqu'il est dans un état surnaturel : s'ils ne disoient que cela, ils ne diroient rien qui fust dangereux & qui ne fust reçû de tout le monde, [b] mais ils ne diroient pas ce que leur maistre leur a appris.

[b] *Voyez l'article 1. de la premiere partie.*

Ce qu'ils enſeignent donc, c'eſt que toute l'eſſence du corps, quand il eſt dans ſon état naturel, conſiſte en effet dans l'étenduë formelle, comme l'eſſence du cercle conſiſte dans la rondeur, & celle du triangle dans ſes trois angles ; (la premiere comparaiſon eſt de M. Cally, & la ſeconde de M. Rohault) & que cependant quand le corps eſt dans un état ſurnaturel, ſon eſſence ne conſiſte plus dans l'étenduë formelle, mais en quelque autre choſe qu'ils ne peuvent nous dire, & qu'ils ne ſçavent pas eux-meſmes. Qu'ainſi bien-que le corps de Jeſus-Chriſt ſoit dans le ſaint Sacrement ſans l'étenduë formelle, il n'y eſt pas neanmoins ſans ſon eſſence ; parce qu'il y eſt dans un état ſurnaturel, & que ſon eſſence en cet état ne conſiſte pas dans l'étenduë formelle. *VII.*

Voila la doctrine non ſeulement de Meſſieurs Cally & Rohault, mais preſque de tous les Carteſiens : doctrine pour laquelle ils ont une merveilleuſe complaiſance, & que M. Rohault appelle [a] *tres-judicieuſe & tres-conforme au reſpect qu'on doit à Dieu* Mais doctrine qui ne merite que le mépris des ſçavans, & l'horreur des fideles : doctrine que l'on doit appeller extravagante, & contraire à la parole & à l'authorité de Dieu. C'eſt ce qu'il faut démontrer. *VIII.*

[a] *Entretien* 1, *pag.* 96.

Car dês-là qu'une choſe peut eſtre en *IX.*

deux états opposez, il faut que chacun de ces deux états luy soit purement accidentel : autrement si l'un des deux luy estoit essentiel, elle ne pouroit estre sans estre en cet état ; & ainsi elle ne pouroit pas estre en deux états opposez. Donc puisque ces Messieurs enseignent que le corps de Jesus-Christ peut estre en deux états differens & opposez ; l'un naturel & ordinaire, l'autre extraordinaire & surnaturel ; il faut qu'ils reconnoissent que chacun de ces deux états est purement accidentel au corps ; & que quand le corps ne fait que passer d'un état à l'autre, il ne luy arrive qu'un changement accidentel, c'est à dire un changement par lequel il perd un accident pour en acquerir un autre.

X. Or devant tous les philosophes du monde, un changement purement accidentel qui arrive à une substance, n'empesche pas que cette substance ne demeure essentiellement la mesme qu'elle estoit auparavant : pendant qu'elle existe, elle conserve toûjours la mesme essence sous les differens accidens ; & il seroit ridicule de dire que quand elle perd un accident pour en acquerir un nouveau, elle perde son ancienne essence pour en acquerir une autre.

XI. Le changement d'état n'empesche donc pas que le corps de Jesus-Christ ne demeure toûjours essentiellement le mesme.

Quoyqu'il ſoit au ſaint Sacrement dans un état extraordinaire & ſurnaturel, puiſqu'il y eſt neanmoins tres-réellement, & auſſi réellement qu'il eſt au ciel dans un état naturel & ordinaire, il ſeroit bien ridicule de dire qu'il n'a pas la meſme eſſence dans ces differens états ; & que dans cet état extraordinaire & ſurnaturel il a une autre eſſence que celle qu'il a partout ailleurs.

XII. Voila cependant ce que diſent ces Meſſieurs. En verité cette doctrine merite-t-elle tant de complaiſance ? doit-elle eſtre appellée *tres judicieuſe*, comme l'appelle M. Rohault ? ne merite-elle pas au contraire le mépris, je ne dis pas ſeulement des ſçavans, mais meſme de toutes les perſonnes qui ont un peu de bon ſens ? & ne doit-elle pas, comme j'ay dit, paſſer dans leur eſprit pour extravagante ?

XIII. Saint Paul rapportant l'hiſtoire de l'inſtitution du tres-ſaint Sacrement, dit que[a] *le Seigneur Ieſus-Chriſt la nuit meſme qu'il devoit eſtre livré* à la mort, *prit du pain, & rendant graces le rompit, & dit, Prenez & mangez, cecy eſt mon corps qui ſera livré pour vous.* Et afin d'appuyer davantage cette hiſtoire, il aſſure[b] *qu'il a appris du Seigneur meſme ce qu'il nous a enſeigné.*

[a] Dominus Ieſus in qua noςte tradeb-tur, accepit panem, & dixit ; Accipite & manducate: hoc eſt corpus meum, quod pro vobis tradetur. 1. *Corinth* 11.

[b] Accepi à Domino, quod & tradidi vobis. *Ibidem.*

XIV. Il est donc de la foy que c'est le mesme corps de Jesus-Christ qui est dans le saint Sacrement, & qui *a esté livré* pour nous à la mort; que c'est le mesme qui est mis & comme aneanty par les Prêtres sous les especes du pain, & qui a esté attaché par les Juifs à la croix: puisque Jesus-Christ l'a revelé luy-mesme à saint Paul, & par saint Paul à toute son Eglise.

XV. Cela estant, je demande ce que l'on peut penser d'une doctrine qui prouve que Jesus-Christ n'a pas dans le saint Sacrement le mesme corps qui *a esté livré* pour nous à la mort, & attaché par les Juifs à la croix. C'est ce que prouve la doctrine de ces philosophes.

XVI. Car il est impossible qu'il n'y ait pas deux corps réellement & essentiellement differens, où il y a deux essences de corps réellement differentes. J'ay déja prouvé ce principe dans la replique à la seconde réponse; & quand je ne l'aurois pas prouvé, il est si évident par luy-mesme, qu'il ne semble pas qu'un homme qui n'a pas tout-à-fait perdu la raison en puisse disconvenir.

XVII. Or ces Messieurs enseignent que l'essence du corps que Jesus-Christ avoit autrefois à la croix, & l'essence du corps qu'il a maintenant dans le Sacrement de l'autel, sont deux essences réellement differentes: que la seule étenduë formelle faisoit toute l'essence du corps qu'il avoit à la croix ; & que l'essence du corps qu'il a dans le Sacrement de l'autel n'est point l'étenduë formelle, mais quelque autre chose.

Donc selon ces Messieurs le corps que Jesus-Christ avoit à la croix, & le corps qu'il a dans le Sacrement de l'autel sont deux corps réellement & essentiellement differens : le corps qu'il a dans le Sacrement n'est pas le mesme *qui a esté livré* pour nous à la mort, c'est tout un autre corps. Et ainsi ou il s'est trompé, ou il a trompé ses disciples, quand il leur a dit ; *prenez & mangez, cecy est mon corps qui sera livré pour vous.* XVIII.

En verité cette doctrine est-elle, comme dit M. Rohault, *tres-conforme au respect qu'on doit à Dieu ?* N'est-elle pas, comme j'ay dit moy-mesme, directement contraire à la parole & à l'authorité de Jesus-Christ, & ne merite-t-elle pas l'indignation & l'horreur des fideles ? XIX.

Aprés cela si on vouloit relever ce que ce philosophe semble dire, [a] que *quelque détermination que fasse l'Eglise, elle ne poura regarder ceux qui se renferment comme luy dans le pur ordre de la nature:* si l'on vouloit examiner pourquoy M. Cally, qui disoit tantost, [b] qu'*il laissoit à croire ce mystere*, se contente encore maintenant de dire, [c] *qu'on le peut croire,* XX.

[a] *Voyez cy-dessus le n. 4.*

[b] Credendum reliquimus.

[c] Credi potest.

& pourquoy il ne dit pas qu'on le doit croire, & qu'il le croit ; que ne pourroit-on point conjecturer de la hardiesse de l'un, & de la lâcheté de l'autre ? Mais je veux bien supprimer toutes les consequences que je pourois tirer de ces expressions. Je ne veux point qu'on juge mal de leur pensée ; & tout ce que je pretens, c'est que sans parler de leurs personnes, on condamne la doctrine contenuë dans leurs livres.

XXI. Je n'ay rien dit de l'exemple qu'apporte M. Cally, & qu'il prend de l'essence de *la personne* ; car cet exemple ne luy peut servir, s'il ne pretend que *la nature doüée de raison* est toute l'essence de *la personne* ; comme il prétend que l'étenduë est toute l'essence de la substance corporelle : & s'il l'entend ainsi, ne tombe-t-il pas dans une seconde erreur, quand il pense se défendre de la premiere ?

XXII. Parce que nous concevons que l'animal raisonnable est toute l'essence de l'homme, & que la figure bornée de trois lignes est toute l'essence du triangle ; nous jugeons qu'il est absolument impossible que deux animaux raisonnables ne fassent deux hommes, & que deux figures bornées chacune de trois lignes ne fassent deux triangles : qu'il est impossible qu'il y ait trois hommes, où il n'y qu'un animal raisonnable ; & qu'il y ait trois triangles où il n'y a qu'une figure bornée de trois lignes.

Si donc on prétend aussi que *la nature doüée de raison* est toute l'essence de *la personne* ; il faut que l'on croye qu'il est absolûment impossible, que *deux natures doüées de raison* ne fassent pas deux *personnes*, & qu'il y ait trois *personnes* où il n'y a qu'une *nature doüée de raison*. Et par consequent il faut qu'on dise qu'il y a deux *personnes* en Jesus-Christ, aussi bien que deux *natures doüées de raison* ; & que comme il n'y a dans Dieu qu'une *nature doüée de raison*, il n'y a aussi qu'une *personne*.

Monsieur Cally pense-t-il se justifier sur le mystere de l'Eucharistie, en choquant ainsi les mysteres de la Trinité & de l'Incarnation ?

ARTICLE QUATRIEME.

Quatriéme réponse des Cartesiens.

JEsus-Christ est bien dans le ciel d'une maniere naturelle, mais il est dans l'Eucharistie d'une maniere sacramentale. V. a M. Rohault entretien 1. page 94.

Replique.

Quelle consequence les Cartesiens prétendent-ils tirer de cette distinction ? Je croirois leur faire tort de penser qu'ils donnent à ce terme *de maniere sacramentale* le mesme sens que luy donnent les Calvinistes qui s'en servent pour signifier que Jesus-Christ est seulement en figure dans l'Eucharistie.

II. Quoy qu'ils puissent donc entendre par cette expression, je veux croire qu'ils veulent demeurer catholiques, & qu'ils reconnoissent de bonne foy que le corps de Jesus-Christ est réellement présent dans cet auguste mystere.

III. Mais je n'en demande pas davantage; car s'ils reconnoissent qu'il y est réellement, comme d'ailleurs ils avouënt qu'il n'y a pas son étenduë formelle, il faut ou qu'ils disent qu'il y est sans son essence, ce qui ne se peut soûtenir; ou qu'ils reconnoissent que son essence ne consiste pas dans l'étenduë formelle, qui est tout ce que je prétens.

ARTICLE CINQUIEME.

Cinquiéme réponse des Cartesiens.

I. [a]ON reconnoist que l'essence du corps de Jesus-Christ dans l'Eucharistie ne consiste pas dans l'étenduë formelle, & on le croit avec la mesme fermeté, avec laquelle tous les catholiques croyent que les personnes de la tres-sainte Trini-

[a] *L'autheur de la Recherche de la Verité tom. 1. liv. 3. ch. 8. n. 2.*

té sont réellement distinguées entre elles, quoyqu'elles ne soient pas réellement distinguées de la divinité. Mais comme ce dernier mystere n'empesche pas les philosophes catholiques de soûtenir en general, que [a] *des choses qui ne different point d'une troisiéme, ne different point entre elles:* le premier ne doit pas empescher que l'on ne soûtienne aussi universellement, que *l'essence du corps consiste dans l'étenduë formelle.*

[a] Quæ sunt eadem uni tertio, sunt eadem inter se.

Replique.

II. Si cette réponse a encor quelque apparence de solidité, ce n'est que dans un faux jour, qui se dissipe bientost, pour peu qu'on l'examine.

III. Car la comparaison que font icy les Cartesiens ne leur peut servir, à moins qu'ils ne pretendent que cette proposition particuliere, *les trois personnes divines, qui ne sont pas distinguées de la divinité, sont réellement distinguées entre elles*, soit contradictoire à cette proposition generale, *les choses qui ne sont pas distinguées d'une troisieme, ne sont pas distinguées entre elles*: comme cette autre proposition particuliere, *l'essence du corps de Iesus-Christ dans l'Eucharistie ne consiste pas dans l'étenduë formelle*, est contradictoire à cette proposition generale, *l'essence du corps consiste dans l'étenduë formelle.*

IV. Or les deux premieres propositions ne sont nullement contradictoires. C'est une des premieres regles de la logique, que deux propositions ne peuvent estre contradictoires, qu'elles n'ayent le mesme sujet, ou du moins que le sujet de la proposition particuliere ne soit enfermé dans le sujet de la proposition generale. Ainsi personne ne dira jamais que ces deux propositions, *tout homme est raisonnable*, *quelque lion n'est pas raisonnable*, soient contradictoires, parce qu'elles ont des sujets differens, & que *quelque lion* n'est pas enfermé en *tout homme*. Voyons donc si les deux propositions dont il s'agit, ont le mesme sujet, ou du moins si le sujet de celle des deux qui est particuliere, est enfermé dans le sujet de l'autre qui est generale. Le sujet de la proposition generale c'est, *toutes les choses qui ne sont pas distinguées*, &c. le sujet de la proposition particuliere c'est, *les trois personnes de la sainte Trinité* : n'est-il pas manifeste que ces deux sujets sont differens ? Les theologiens n'enseignent-ils pas que les trois personnes de la tres-sainte Trinité ne sont pas trois choses simplement, quoique quelques-uns se donnent la liberté d'accorder qu'elles sont trois choses relatives : que le Fils qui est une autre personne que le Pere, n'est pas une autre chose que le Pere : que le S. Esprit qui est une autre personne que le Pere & le Fils, n'est pas une autre chose que le Pere & le Fils ; & que par consequent le sujet de cette proposition particuliere, *les trois personnes de la tres-sainte Trinité, qui ne sont pas distinguées de la divinité, sont distinguées entre elles*, n'est pas enfermé dans le sujet de cette proposition generale, *les choses qui ne sont point distinguées d'une troisieme, ne sont point distinguées entre elles?* Il est donc constant que ces deux propositions ne sont pas contradictoirement opposées ; & ainsi quoiqu'on les puisse soûtenir en mesme temps toutes deux, il ne s'ensuit pas que l'on en puisse soûtenir en mesme temps deux autres qui sont constamment contradictoires.

V. Un Cartesien dira que c'est chicaner, & s'arrester à une subtilité ridicule, que de vouloir que le premier mot de ce principe latin, *qua sunt eadem uni tertio*, &c. signifie précisément, *les choses qui ne different point d'une troisieme*, &c.

VI. Mais outre que cette version est de l'autheur de la Recherche, & que j'ay droit par consequent, soit qu'il ait bien ou mal traduit, de prendre les propres termes de sa réponse pour la refuter : j'ajoûte que quand un mot a une signification reçûë de tous les hommes qui parlent une langue, & qu'il n'en a point d'autre ; ce n'est point chicaner que de luy donner ce sens si universellement reçû ; au contraire ce seroit chicaner que de vouloir luy en donner un autre. Or tous les hommes qui ont jamais parlé latin, ont toûjours pris les adjectifs & les pronoms neutres sans substantif, dans le mesme sens qu'ils prenoient le nom substantif *res* joint aux adjectifs & aux pronoms feminins. Quand ils ont dit par exemple, *aliud*, *aliqua*, *multa*, &c. ils ont toûjours entendu le mesme qu'ils entendoient quand ils disoient, *alia res*, *aliqua res*, *multa res*, &c. *une autre chose*, *quelque chose*, *plusieurs choses*, &c. Donc ce n'est nullement chicaner, que de donner à ce pronom neutre *qua*, mis sans substantif, le sens que je luy donne, quand je le prens pour *les choses qui*

VII. Et l'on ne peut dire que ce soit s'arrester à une subtilité ridicule, que de vouloir s'en tenir à cette traduction, sans condamner tous les theologiens, & dire qu'ils font une heresie & des heretiques à leur fantaisie sur une subtilité ridicule, lorsque recevant cette proposition comme catholique, *Filius divinus est alius à Patre*, ils reprouvent cette autre comme heretique, *Filius divinus est aliud à Patre*; sur ce que *alius*, qui est dans la premiere proposition, estant du genre masculin, signifie seulement que *le Fils de Dieu est une autre personne que son Pere*; au lieu que *aliud* qui est dans la seconde proposition, estant du neutre genre signifiroit, disent-ils, que *le Fils de Dieu seroit une autre chose que son Pere* : qu'ainsi le Pere & le Fils seroient deux choses, deux estres, deux natures, & par consequent deux Dieux.

VIII. Dieu mesme a toûjours parlé dans l'Ecriture sainte avec cette précaution. Quand Jesus-Christ a voulu dire en un mot, que son Pere & luy estoient *une mesme chose*, il n'a pas dit au genre masculin, [a] *Ego & Pater unus sumus* ; mais au neutre, *unum sumus*. Et dans un autre endroit le saint Esprit ayant à marquer & le nombre des personnes divines, & l'unité de leur estre, il se sert du genre masculin pour nous dire que le Pere, le Fils & le S. Esprit sont *trois personnes*, & du neutre sans substantif, pour signifier que ces trois personnes sont *une mesme chose*. [b] *Tres sunt qui testimonium dant in cælo, Pater, Verbum, & Spiritus sanctus ; & hi tres unum sunt.*

[a] Ioan. 10. 30.

[b] 1. Ioan. 5. 7.

IX. Mais accordons aux Cartesiens ce qu'ils n'ont aucun droit d'exiger, que *quæ sunt eadem*, &c. se doit entendre non seulement *des choses* ou des estres, mais encor des personnes, des modes, & des relations *qui ne different point*, &c. ils m'avouëront du moins que ces deux mots, *uni tertio*, se doivent toûjours entendre dans le mesme sens que ces deux autres, *quæ* & *eadem*. Ainsi le sens de ce principe sera, que *des choses qui ne different point d'une troisieme chose, que des personnes qui ne dif-*

ferent point d'une troisiéme personne, &c. *ne different point entre elles.*

X. Or cela supposé, leur comparaison ne fait encor rien pour eux, & ce principe n'est point encor contradictoire à ce que la foy nous apprend du mystere de la Trinité, puisqu'elle nous apprend que le Pere & le Fils ne sont point *deux choses*; & que s'ils sont deux personnes, on ne peut pas dire qu'ils soient deux personnes *qui ne different point d'une troisieme personne.*

XI. Que diront donc ces Messieurs? confondront-ils le sens de toutes les paroles de cet axiome, pour soûtenir qu'il signifie non seulement que *les choses qui ne different point d'une troisieme chose*, ou que *les personnes qui ne different point d'une troisieme personne*; & que *les personnes qui ne different point d'une troisieme chose*, &c. ne different point entre elles. Cette conclusion est bien peu raisonnable; j'y consens neanmoins encor: mais quoy qu'en ayent pensé les payens, les Ariens, & les autres heretiques semblables, jamais aucun philosophe catholique n'a soûtenu cette proposition dans un sens si universel; nous avoüons tous qu'elle n'est en ce sens ny un axiome, ny un principe de nostre philosophie; mais que c'est une proposition fausse, puisqu'elle est contradictoire à ce que la foy nous oblige de croire du mystere de la Trinité.

XII. Que les Cartesiens en disent autant de

leur pretendu principe ; il est constant que si on le prend universellement, il est contradictoire à ce que l'Eglise nous enseigne de la presence de Jesus-Christ dans l'Eucharistie. Qu'ils cessent donc de le soûtenir, comme ils font, universellement ; & qu'ils reconnoissent sincérement que ce n'est point un principe, mais une erreur de dire en general que l'essence du corps consiste dans l'étenduë formelle.

Quand ils auront donné cette marque de leur soûmission à l'Eglise, ce sera déja quelque chose ; mais je leur feray voir que ce ne sera pas encor assez, & que s'ils veulent estre estimez bons catholiques, il faut qu'ils avouënt qu'il est faux non seulement de dire en general, que *l'étenduë formelle constituë la nature du corps* ; mais de dire mesme qu'elle constituë jamais l'essence d'aucun corps particulier. XIII.

Il est vray que les personnes du Pere & du Fils, qui ne different point d'une troisieme chose, different quelquefois, & quelquefois ne different point entre elles : que dans Dieu, le Pere & le Fils different entre eux, quoiqu'ils ne different point de l'essence divine : que dans Isaac, le pere de Jacob & le fils d'Abraham ne different point entre eux, parce qu'ils ne different point de l'estre d'Isaac : & qu'ainsi bien-que ce fameux principe, *quæ sunt eadem uni tertio*, &c. pris dans le dernier sens auquel j'ay consenty, soit faux XIV.

dans quelques exemples particuliers, il ne laisse pas d'estre vray dans une infinité d'autres exemples.

XV. Mais les Cartesiens n'en peuvent pas dire autant de leur principe : s'il est vray dans quelque exemple, il ne peut estre faux dans aucun exemple particulier ; & s'il est faux en un seul, il est impossible qu'il ne soit faux partout.

XVI. Car il y à cette difference entre les propositions essentielles, & celles qui ne le sont pas ; que les premieres sont universellement veritables, & ne peuvent estre fausses, parce qu'elles n'attribuent à leurs sujets que les essences de ces mesmes sujets ; & que les essences sont necessaires, immuables, toûjours & partout les mesmes : au lieu que les secondes sont absolument fausses, quand on les prend en general, & sont tantost vrayes & tantost fausses ; quand on les fait particulieres ; vrayes en quelques exemples, fausses en quelques autres.

XVII. Cette proposition, *tout cercle est rond*, est essentielle ; aussi est-elle vraye universellement ; & il est impossible qu'elle soit fausse en aucun exemple, autrement il faudroit qu'il y eust un cercle sans rondeur, & par consequent sans son essence.

XVIII. Cette autre proposition, *tout animal est raisonnable*, n'est pas essentielle ; aussi est-elle fausse, parlant ainsi universellement :

ment ; & si vous la faites particuliere ; si vous ne dites plus, *tout animal est raisonnable*, mais seulement, *quelque animal est raisonnable*, vostre proposition sera vraye en un exemple, & fausse en plusieurs autres : elle sera vraye, si par *quelque animal* vous entendez parler de l'homme ; elle sera fausse, si par *quelque animal* vous entendez parler du lion, du cheval, ou de quelque autre beste.

XIX.

Or cette proposition, *quæ sunt eadem uni tertio*, &c. prise dans toute l'étenduë qu'on luy veut donner, est aussi peu essentielle que celle-cy, *tout animal est raisonnable* ; car comme de ce qu'il y a quelque animal qui est raisonnable, & quelque animal qui n'est pas raisonnable, nous concluons que cette proposition, *tout animal est raisonnable*, n'est pas essentielle : ainsi de ce qu'il y a, [a] comme je l'ay montré, quelques personnes de pere & de fils, qui ne differant point d'une troisieme chose, ne different point entre elles ; & quelques personnes de pere & de fils, qui ne differant point d'une troisieme chose, ne laissent pas de differer entre elles ; nous devons conclure que cette proposition, *quæ sunt eadem uni tertio, sunt eadem inter se*, prise dans toute l'étenduë qu'on luy veut donner, n'est pas essentielle, & par consequent il ne faut pas s'étonner si elle n'est pas toûjours vraye en ce sens, & si elle est fausse

[a] *n. 14. de cet article.*

en quelques exemples, quoiqu'elle soit vraye en plusieurs autres.

XX. Au contraire les Cartesiens veulent que cette proposition, *tout corps est formellement étendu*, soit une proposition essentielle, puisqu'ils soûtiennent que l'étenduë formelle est toute l'essence du corps. Si donc cette proposition est vraye une fois, il faut qu'elle soit toûjours vraye: si elle est vraye en un seul exemple, il faut qu'elle le soit en tous les exemples possibles; autrement il faudroit qu'il y eust un corps sans son essence. Et par consequent s'il est vray que l'essence du corps de Jesus-Christ, tel qu'il est dans le ciel, consiste dans l'étenduë formelle; il est necessairement vray de dire, que quelque part qu'il se trouve, & de quelque maniere qu'il s'y trouve, son essence consiste dans l'étenduë formelle; & ainsi, ou qu'il n'est pas dans l'Eucharistie, ou qu'il y a son étenduë formelle, & toutes ses parties, les unes hors des autres. Ces consequences n'étonnent-elles point les Cartesiens?

XXI. Enfin quand je laisserois passer cette foible comparaison, sans me vouloir servir d'aucun des argumens précedens pour en faire voir l'injustice; quand je la supposerois avec ces Messieurs, ils ne pouroient encore se purger de l'erreur que je leur ay déja reprochée deux fois.

XXII. Car selon la doctrine des catholiques, Jesus-Christ a dans le S. Sacrement le mesme corps qu'il a pris de la Vierge Marie, le mesme qui a esté circoncis, crucifié, & ensevely; le mesme qu'il avoit lorsqu'il parut resuscité à ses disciples; le mesme qu'il a regnant dans le ciel, & qu'il aura lorsqu'il viendra juger les vivans & les morts. C'est le sentiment de l'Eglise, ce sont les expressions des saints Peres.

Mais cependant si cette proposition, *l'essence du corps consiste dans l'étenduë formelle*, est en mesme temps, comme veulent les Cartesiens, fausse à l'égard du corps de Jesus-Christ dans l'Eucharistie, & vraye à l'égard de tout autre corps, & du corps mesme de Jesus-Christ par tout ailleurs hors de l'Eucharistie; de la mesme maniere qu'ils veulent que cette autre proposition, *des choses qui ne different point d'une troisième, ne different point entre elles*, soit en mesme temps fausse dans la Trinité, & vraye par tout ailleurs: il faut qu'ils disent que le corps de Jesus-Christ a dans l'Eucharistie une essence qu'il n'a point ailleurs, & qu'il a par tout ailleurs une essence qu'il n'a point dans l'Eucharistie: qu'ainsi Jesus-Christ a deux essences de corps, & en suite deux corps, l'un dans l'Eucharistie, & l'autre par tout ailleurs: & par consequent que s'il a veritablement un corps dans l'Eucharistie, il n'y a pas le mesme corps qu'il a pris de la Vierge Marie; il n'y a pas le mesme XXIII.

qui a esté circoncis, crucifié, & ensevely; il n'y a pas ny celuy qu'il avoit lorsqu'il parut resuscité à ses disciples, ny celuy qu'il a regnant dans le ciel, & qu'il aura lorsqu'il viendra juger les vivans & les morts.

CHAPITRE V.

Dissertation sur la possibilité prétenduë des choses impossibles, dernier retranchement des Cartesiens.

ARTICLE PREMIER.

Les Cartesiens avouënt que le corps de Jesus-Christ est sans son essence dans l'Eucharistie; & ajoûtent que cela est possible, parceque Dieu l'a ainsi voulu, & que les choses ne sont possibles ou impossibles que par la volonté qu'il a de les faire ou de ne les pas faire.

C'EST en vain, disent ces Messieurs, que les philosophes scolastiques vantent tant ces principes qu'ils supposent toûjours, & qu'ils ne prouvent jamais, que *les choses ne peuvent estre sans leurs essences*, & que *les essences des choses sont necessaires & immuables*. S'ils n'ont rien de plus fort à nous objecter, il est aisé de leur répondre. Car nous leur declarons

J. 266.
Petav. Dogm. Theolog. Tom. 1. libr. 5. cap. 7. § 6. pag. 347. 348.
Maimonid. More nevoch. part. 3. cap. 15. p. 371.

Augustin. contr. Faustum: Deus creator et conditor naturarum nihil contra naturam facit, quia id erit naturale cuique rei quod ille facit, a quo est omnis modus, numerus, ordo naturae. Sed tamen non incongrue dicitur aliquid facere contra naturam, quod facit contra id quod novimus in natura.

une bonne fois, que nous nous inscrivons en faux contre ces principes si hardiment & si aveuglément reçus dans les écoles. Nous soûtenons tout au contraire, non seulement que le corps de Jesus-Christ, mais encor que toutes les autres choses creées peuvent estre sans leurs essences, & que les essences des choses ne sont ny necessaires, ny immuables. Et si nous le soûtenons ainsi, ce n'est point par esprit de contradiction, nous voulons bien nous engager à prouver ce que nous avançons.

II. Il est certain que les choses creées ne sont que ce que Dieu les fait; & comme il ne les fait que ce qu'il veut tres-librement, elles ne peuvent estre que ce qu'il veut, & toutes leurs essences dépendent absolument de sa volonté. [a] *C'est sa volonté seule qui fait que les choses sont possibles, ou impossibles.*

[a] Causa cur aliquid dicamus possibile, alia est extra nos, alia in nobis. Prior non est æternum nescio quid... sed est sola Dei voluntas... Posterior est clara distinctaque idea. *D. Cally in philosophia Catena aurea, edita Cadomi anno 1672. pag. 9.*

III. Et [b] *d'autant que quelques uns obscurcissent cette doctrine, en prétendant que c'est comme une verité de foy de dire que les creatures sont contenuës dans la puissance de Dieu avant mesme que l'on conçoive qu'il ait voulu les produire :* [c] *il faut leur répondre qu'il est dangereux de dire que dans ce premier instant on peut déja parler des creatures, & les regarder dans Dieu ou ailleurs. Au contraire il faut*

[b] L'autheur de la Critique de la Critique de la Recherche de la Verité page 69.

[c] page 70.

dire qu'elles ne sont concevables dans Dieu, que dans l'instant qu'il les produit actuellement. En effet n'y ayant point dans Dieu de puissance d'agir qu'autant qu'il veut, il faut supposer son decret libre, avant qu'on puisse parler d'aucune chose, puisqu'il ne voit que ce qu'il veut voir; c'est pourquoy c'est un discours chimerique de dire que les creatures sont ou ne sont pas contenuës dans sa puissance en ce premier instant.

IV. [a] page 80.

[a] *Dieu estant souverainement libre & puissant, il y auroit du blaspheme à dire qu'aucune chose hors de luy possedast quelque degré d'estre & de réalité qu'il ne luy auroit point donné avec indifference. On croit avoir raison de contredire ceux qui enseignent que Dieu connoist des natures, des essences, des veritez, des proprietez des choses comme malgré luy, & avant qu'il se soit déterminé à les faire & à les connoistre.*

V. [b] Cùm voluntas tanti utique Conditoris, conditæ rei cujusque natura sit. *S. August. lib. 21. de Civit. Dei, relatus à D. Cally loco citato.*

[b] *La volonté de ce grand Createur estant* donc, selon la doctrine de S. Augustin, *la nature de chaque chose créée*, il faut dire que si l'essence de l'homme est d'estre animal raisonnable; que si l'essence du triangle est d'avoir trois angles, & du nombre dix d'avoir deux fois cinq unitez; que si le tout est necessairement plus grand que sa partie, si ce qui est une fois passé ne peut plus n'estre point passé; si enfin il y a du mal à mentir, mesme à haïr librement Dieu: c'est que Dieu l'a voulu ainsi. [c] Il a pû vouloir tout le contraire, & s'il l'eust voulu, l'homme n'au-

[c] Quæres, potuissetne fieri ab æterno, ut

roit eu pour son essence que ce qui est aujourd'huy l'essence du cheval, & néanmoins auroit esté veritablement homme; le triangle n'auroit eû que deux angles, & néanmoins auroit esté triangle; le nombre dix n'auroit eu que deux fois deux unitez, & néanmoins auroit esté nombre dix; le tout auroit esté tout, quoiqu'il n'eust pas esté plus grand que sa partie; le passé quoique déja passé, pouroit encor n'estre point passé; & il n'y auroit aucun mal ny à mentir, ny à haïr librement sa Bonté.

non fuisset verum totum esse sua parte majus: aut non esse bonum, alteri non faciendum quod tibi fieri non volueris. Respondeo, potuisset quidem Deus ab æterno facere, ut neque illud esset verum, neque hoc bonum: siquidem nihil est sive verum, sive bonum, quod à divina voluntate tanquam à prima causa non pendeat. *D. Cally initio sua Scientia generalis in fine capitis 1.*

VI. Il est vray que nostre esprit a peine à comprendre ces grandes veritez. Mais quoy, pretendrions-nous mettre à la puissance de Dieu les mesmes bornes que la puissance de Dieu a mises à nos esprits? Souvenons-nous que nos esprits estant finis, & la puissance de Dieu estant infinie, il y a une distance infinie entre ce que Dieu peut faire, & ce que nous pouvons comprendre. Nous ne pouvons pas comprendre tout ce que Dieu peut faire; mais Dieu peut faire ce que nous comprenons, & ce que nous ne comprenons pas; il peut faire ce que nous jugeons le plus impossible.

VII. [a] S. Gregoire de Nysse, [b] S. Augustin,

a *Δύναμις γάρ ἐστιν ἡ βουλή. S. Greg. Nyss. in Hexaëm.*

b Cujus velle, posse est. S. *Aug. lib. Medit. cap. 29.*

[a] S. Leon & [b] S. Fulgence disent admirablement, que *vouloir en Dieu, c'est pouvoir ; que sa puissance & sa volonté sont une mesme chose.* Et S. Gregoire de Nysse ajoûte, que si l'on veut feindre quelque difference entre ces deux attributs, il faut dire que [c] *la volonté de Dieu est la mesure de sa puissance.*

[a] Deus, cujus natura bonitas, cujus voluntas potentia. S. *Leo I. serm. 2. de Nativit.*

[b] Non aliud est in illo velle, quàm posse. S. *Fulgentius lib. 1. ad Monim. cap. 12.* Et cui hoc est semper velle, quod posse. *Idem ad Trasimund. regem lib. 3. cap. 23.*

[c] Μέτρον τῆς δυνάμεως τοῦ Θεοῦ τὸ θέλημα γίνεται. *S. Greg. Nyss. in Hexaëm.*

VIII.

Dieu, dit Theodoret, [d] *peut tout ce qu'il veut.* [e] *Il peut mesme*, dit S. Augustin, *ce qui est impossible.* Parceque, comme dit Tertullien, [f] *il n'y a rien qui soit impossible à Dieu, que ce qu'il ne veut pas.*

[d] Πάντα ὅσα βούλεται δύναται. *Theodoret. contra hær.*

[e] Potest & quod impossibile est. S. *Aug. serm. 147. de Tempore.*

[f] Deo nihil impossibile, nisi quod non vult. *Tertull. de carne Christi cap. 3.*

IX.

Comme [g] *le pouvoir de Dieu*, dit saint Fulgence, *est aussi grand que son vouloir, son vouloir est aussi grand que son pouvoir.* [h] *Et le pouvoir de sa volonté est parfaitement proportionné à la volonté qu'il a de pouvoir : parceque vouloir n'est autre chose que pouvoir, en celuy en qui le pouvoir suit toûjours le vouloir.*

[g] Cui tantum posse quantum velle, & tantum velle quantum posse naturaliter suffragatur. S. *Fulgent. ad Trasim. lib. 3. cap. 23.*

[h] Ideo diximus tantam ibi esse virtutem voluntatis, quanta est voluntas ipsa virtutis : quia cui subest, cùm volet, posse ; non aliud est in illo velle, quàm posse. *Idem in lib. 1. ad Monimum cap. 12.*

X. Comme il n'y a rien hors de Dieu qui

soit absolument necessaire, rien qui soit absolument immuable, il n'y a rien aussi hors de Dieu qui soit absolument impossible. Et si nous nous servons quelquefois de ces termes, *de necessaire, d'immuable, & d'impossible*, nous les devons entendre dans le sens que les entendent les saints Peres, qui disent que tout ce que nous appellons necessaire, immuable, ou impossible dans les creatures, ne l'est en effet que supposé la volonté de Dieu, & consequemment à quelqu'un de ses decrets. Supposé par exemple que Dieu ait resolu de toute éternité par un decret absolu, que l'essence du triangle fust d'avoir trois angles; parceque les decrets absolus de Dieu sont immuables & toûjours efficaces, nous disons qu'il est necessaire que le triangle ait trois angles; qu'il est impossible que le triangle n'ait pas trois angles; & que l'essence du triangle est immuable. Mais antecedemment au decret de Dieu, l'essence du triangle n'a rien de certain & d'immuable, il n'est nullement necessaire qu'il ait trois angles, il n'est nullement impossible qu'il soit sans trois angles. Et si au lieu de supposer le decret absolu, par lequel Dieu a resolu de toute éternité que l'essence du triangle fust d'avoir trois angles; nous supposions que Dieu en eust fait un autre, par lequel il eust resolu de toute éternité que l'essence du triangle seroit d'avoir quelquefois trois angles,

& quelquefois seulement deux angles ; le triangle qui n'a à present partout qu'une mesme essence, auroit en divers temps & en divers lieux deux essences differentes ; & demeurant toûjours triangle, tantost il auroit trois angles, & tantost il n'en auroit que deux.

XI. Or c'est ainsi que Dieu a formé son decret touchant l'essence du corps de Jesus-Christ. Il a resolu de toute éternité que ce corps adorable auroit deux differentes essences, l'une hors de l'Eucharistie, l'autre dans l'Eucharistie : que hors de l'Eucharistie toute son essence consisteroit comme l'essence de tout autre corps dans l'étenduë formelle ; que dans l'Eucharistie son essence ne consisteroit pas dans l'étenduë formelle, mais en quelque autre chose que nous ne pouvons découvrir par raison, & qu'il ne nous a pas voulu reveler, parcequ'il a voulu nous en faire un mystere.

XII. Donc le corps de Jesus-Christ a en effet deux differentes essences ; & bienqu'il soit sans étenduë formelle dans l'Eucharistie, cela n'empesche pas que par tout ailleurs hors de l'Eucharistie son essence ne consiste aussi-bien que l'essence de tous les autres corps dans l'étenduë formelle.

ARTICLE SECOND.

Cette doctrine des Cartesiens fait tort & à leur reputation, & à la Religion.

LEs Cartesiens ne se plaindront pas que je dissimule leurs réponses, ny que j'en diminuë la force ; & je puis dire mesme qu'ils n'avoient point encore appuyé celle-cy de l'authorité de tant de Peres, & qu'ils ne l'avoient jamais tournée d'une maniere qui dûst paroistre moins déraisonnable. I.

Mais quoique je luy aye donné tout le jour & l'appuy qu'elle peut avoir ; y aura-t'il un philosophe, ou un theologien au monde, qui n'en soit choqué, & qui ne la trouve indigne de replique? II.

Quoy donc les choses peuvent estre sans leurs essences? un homme peut estre homme sans estre animal raisonnable ? un triangle peut estre triangle sans avoir trois angles ? le nombre dix peut estre nombre dix, sans avoir deux fois cinq unitez ? le tout peut estre tout sans estre plus grand que sa partie ? le passé quoiqu'il soit passé peut encore n'estre point passé ? sont-ce des philosophes, sont-ce des hommes qui parlent de la sorte? n'est-ce pas estre poussé à bout, que d'estre reduit à ces extremitez ? & ne vaudroit- III.

il pas mieux avouër franchement qu'on est vaincu, que de s'opiniâtrer à soûtenir une opinion, que l'on ne peut soûtenir sans avancer tant d'extravagances?

IV. Quoy donc il en faut venir là, pour conserver la foy du mystere de l'Eucharistie? Pour croire que Jesus-Christ y peut estre present de la maniere que l'Eglise l'enseigne, il faut croire que toutes ces chimeres sont possibles? Et on ne peut avouër qu'elles soient impossibles, sans estre obligé d'avouër en mesme temps, qu'il est impossible que Jesus-Christ soit réellement present dans l'Eucharistie de la maniere que l'Eglise l'enseigne.

V. Si les Cartesiens parlent sincerement, si leur foy a, comme ils disent, un empire si absolu sur leurs esprits, qu'elle éclipse toutes les lumieres naturelles, & qu'elle les soumette jusqu'à croire, non seulement que le corps de Jesus-Christ peut estre dans l'Eucharistie, & qu'il y est en effet sans ses dimensions, ce que croyent tous les catholiques; mais encore qu'un triangle peut estre sans ses trois angles; que le nombre dix peut estre sans ses dix unitez; qu'un homme peut estre sans estre animal raisonnable; qu'un tout peut estre tout sans estre plus grand que sa partie; & qu'enfin le passé peut estre passé sans estre passé: si les Cartesiens, dis-je, croyent tout cela, il ne faut plus que les predicateurs se plaignent, comme ils font si souvent, qu'il n'y a plus de foy; il y en a plus en ce siecle, qu'il n'y en a eu dans les premiers siecles de l'Eglise; & sans parler du reste des fideles, les seuls Cartesiens en ont plus en quelque sens que tous les saints Peres ensemble n'en ont jamais eû, puisque les saints Peres, comme je le montreray bien-tost, n'ont jamais crû des choses si incroyables.

VI. Mais quelques protestations que fassent ces Messieurs de tenir de bonne foy pour veritables des propositions si évidemment contraires à la raison, ne doivent-ils pas craindre que leurs ennemis ne les accusent de parler contre leurs pensées, & ne disent qu'ils ont trop d'esprit, pour croire tant de simplicitez? qu'ils ne parlent de la sorte que pour mieux couvrir le venin de l'heresie qu'ils fomentent dans leur cœur contre le tres saint Sacrement de l'autel; & qu'ils suivent en cela l'exemple des heretiques de tous les siecles, qui lorsqu'ils se sont vûs pressez par les argumens des saints Peres, ont toûjours mieux aimé dire des folies, & les soûtenir pour un temps, sauf à s'en retracter dans la suite, que de se retracter une seule fois de leurs principales erreurs.

VII. Je ne puis me persuader que les Cartesiens ayent un si méchant dessein, puisqu'ils disent expressément qu'ils croyent que le corps de Jesus-Christ peut estre ſans ſes trois dimenſions, je les en veux croire ſur leur parole. Mais quand ils ajoûtent qu'ils croyent qu'un triangle peut eſtre ſans ſes trois angles, & qu'ils croyent l'un & l'autre également poſſible, je ne puis plus que penſer, & je ne ſçay comment les accorder avec eux-meſmes. Car il me ſemble que ſi le plus emporté Calviniſte de France entreprenoit de declarer combien il eſt éloigné de croire que le corps de Jeſus-Chriſt puiſſe eſtre dans l'Euchariſtie ſans ſes trois dimenſions, il ne pouroit s'expliquer d'une maniere plus forte, qu'en diſant qu'il croiroit auſſi-toſt qu'un triangle pouroit eſtre ſans ſes trois angles.

VIII. Ils diront ſans doute que leur conſcience leur rendant témoignage de la ſincerité de leur foy, ils ne ſe mettent guere en peine des jugemens des hommes. Mais ils doivent ſçavoir que ſi c'eſt un acte de vertu de ſouffrir la calomnie en quelques rencontres, c'eſt un peché de ſcandale de ſe rendre volontairement ſuſpect d'hereſie, en ſoutenant une opinion incompatible avec un point de foy.

IX. Ils devroient avoir égard à la foibleſſe de leurs diſciples, & d'un tres grand nombre d'autres perſonnes qui liſent leurs écrits & leurs livres. Combien y en a-t-il qui n'ont qu'une foy chancelante, qui ſont extremement tentez d'en ſecoüer le joug, & qui ont un penchant furieux à donner à leur esprit la liberté de tout penser, & de ne rien croire? Ces gens là auront-ils jamais assez de foy pour croire qu'une chose puisse estre sans son essence? Et quand on leur aura mis en teste que l'essence du corps consiste dans son étenduë, & qu'on leur aura persuadé que c'est une verité évidente par elle mesme; que concluront-ils, sinon qu'asseurément le corps de Jesus-Christ n'est point dans l'Eucharistie, puisque son étenduë n'y est point? que Calvin n'a pas eû tant de tort qu'ils se l'estoient imaginé; qu'ils ont suivy trop aveuglément les décisions de l'Eglise Romaine; qu'au reste si elle s'est trompée en ce point, elle a bien pû se tromper en d'autres; & qu'ainsi ils ne peuvent plus raisonnablement en croire aucun, qu'ils ne l'ayent examiné par eux-mesmes, & jugé digne de leur foy. Cette seule consideration ne devroit-elle pas obliger les Cartesiens à quitter leur opinion?

X. Ils devroient encor avoir égard aux Calvinistes, qu'ils confirment dans l'heresie, & dont ils rendent la conversion presque impossible. Car le moyen que des gens qui sçavent que Dieu est infiniment bon, se puissent imaginer qu'il les damnera eternellement pour n'avoir pas crû une chose, qui est aussi impossible, qu'il est impossible qu'un triangle soit sans trois angles? Comment se persuaderont-ils que l'Eglise Romaine, qui les excommunie, &

qui les damne pour un sujet si peu raisonnable, est inspirée de l'esprit de Dieu, qui est un esprit de sagesse & de bonté? Et comment ne seroient-ils point confirmez dans l'estime qu'ils ont pour leur religion, & dans le mépris qu'ils font de la nostre; quand on leur avouë qu'une des plus considerables differences qu'il y ait entre eux & nous, est que nostre religion nous oblige à croire qu'un corps peut estre sans son essence, à quoy leur religion ne les oblige point?

ARTICLE TROISIEME.

Cette mesme doctrine des Cartesiens est fausse en toutes ses parties.

I. POUR garder quelque sorte de methode dans la dispute où les Cartesiens m'engagent par leur theologie surprenante, il me semble que j'ay sept propositions à établir, & que je les dois prouver separément les unes aprés les autres dans l'ordre qui suit.

II. La premiere est, que Dieu peut faire plusieurs choses qu'il ne veut point faire.

III. La seconde, que les choses possibles sont possibles antécedemment aux decrets de la volonté de Dieu.

IV. La troisieme, qu'il y a des choses que Dieu n'a jamais pû vouloir, & qui sont impossibles antécedemment aux decrets de sa volonté.

La quatrieme, que s'il y a des choses qui soient ainsi absolument impossibles, ce sont celles qui enferment contradiction. V.

La cinquieme, qu'il y a contradiction qu'une chose soit sans son essence. VI.

La sixieme, que dans la doctrine de Monsieur des Cartes il y a contradiction qu'un corps soit sans son étenduë formelle. VII.

La septieme enfin, qu'il est absolument impossible, selon la doctrine de ce philosophe, que le corps de Jesus-Christ soit dans l'Eucharistie, comme l'Eglise le croit, sans son étenduë formelle. VIII.

SECTION PREMIERE.

Dieu peut faire plusieurs choses qu'il ne veut point faire.

IL est de la foy que Dieu n'a pas voulu racheter les hommes sans la venuë de son fils; que le fils n'a pas voulu venir dés le commencement du monde; & qu'étant venu, il n'a pas voulu empecher que les Juifs ne le livrassent à Pilate.... Cependant saint Athanase nous asseure que a *Dieu pouvoit se contenter de parler, & par une seule parole lever la malediction, sans que Iesus-Christ vinst au monde.... Que Iesus-Christ ayant à venir, il pouvoit venir dés le commencement; & qu'estant venu, il pouvoit empecher qu'on ne le livrast* I.

a Ἠδύνατο ϗ μηδ᾽ ὅλως ἐπιδημήσαντος αὐτοῦ μόνον εἰπεῖν ὁ Θεὸς ϗ λῦσαι τὴν κατάραν.... ἠδύνατο ϗ ἐξ ἀρχῆς ὁ Σωτὴρ ἐπιδημῆσαι, ἢ ἐλθὼν μὴ παραδοθῆναι Πιλάτῳ. S. Athanasius orat. 3. contra Arian. p. 438.

à Pilate... Voila déja trois choses que Dieu a pû, & qu'il n'a pas voulu : en voicy bien d'autres.

II. [a] *Pensez vous*, dit saint Augustin, *que parce que Iesus-Christ n'a pas resuscité Iudas, il n'ait pas pu le resusciter ? il l'a pu, mais il ne l'a pas voulu.*

a Quia Dominus Lazarum suscitavit, sine dubio potuit : quia verò Judam non suscitavit, numquid dicendum est, non potuit ? Potuit ergo, sed noluit. S. *Aug. in lib. de natura & gratia contra Pelagianos cap.* 7.

III. [b] Et dans un autre endroit, *vous estes surpris*, dit-il, *de ce que j'ay dit qu'il se peut faire qu'un homme aidé de la grace divine soit sans peché, pourveu que la volonté ne luy manque point ; mais qu'il n'y a jamais eu neanmoins en cette vie, & qu'il n'y aura jamais personne d'une si haute perfection, à la reserve de celuy en qui tous seront vivifiez. Il vous paroist absurde de dire qu'une chose qui ne se fait jamais, se puisse faire. Vous sçavez bien neanmoins qu'il n'est jamais arrivé qu'un chameau ait passé par le trou d'une aiguille ; quoique le Sauveur ait assuré que cela mesme est possible à Dieu. Vous avez lû qu'il estoit possible que plusieurs legions d'Anges combatissent pour Iesus-Christ, & l'empechassent de souffrir ; & qu'ils ne l'ont pas fait. Vous avez lû que Dieu pouvoit exterminer tout d'un coup les nations, & les chasser toutes en mesme temps du pays qu'il donna aux enfans d'Israël ; & cependant il ne l'a voulu faire que peu à peu.*

b Rescripsisti te moveri, eò quòd fieri posse dixi, ut sit homo sine peccato, si voluntas ei non desit, ope divina adjuvante ; sed tamen præter unum, in quo omnes vivificabuntur, neminem fuisse vel fore, in quo hîc vivente esset ista perfectio..... Absurdum enim tibi videtur dici, aliquid fieri posse, cujus desit exemplum : cùm, sicut [cre]do, non du-

Il y a une infinité d'autres choses semblables, qui ont pû ou qui peuvent se faire, quoique nous ne sçachions point qu'elles ayent jamais esté faites.

bites nunquã esse factum, ut per foramen acus camelus transiret, & tamen ille hoc quoque dixit Deo esse possibile: legas etiam duodecim millia legiones angelorum pro Christo ne pateretur pugnare potuisse, nec tamen factum. Legas fieri potuisse ut semel gentes exterminarentur à terra, quæ dabatur filiis Israël, Deum tamen id paulatim fieri voluisse. Et alia sexcenta possunt occurrere, quæ fieri vel potuisse vel posse fateamur; & eorum tamen exempla quòd facta sint, proferre nequeamus. S. *August. lib. de spiritu & litera ad Marcellinum cap.* 1.

IV.

[a] *De l'existence des choses*, dit encor ailleurs le mesme saint Docteur, *on en peut bien conclure la possibilité; mais de leur possibilité on ne peut pas conclure leur existence.*

[a] Consequens est ut quod est, esse potuerit; non est autem consequens, ut quod esse potest, etiam sit. *Idem S. August. lib. de natura & gratia ad Timasium & Iacobum contra Pelagianos cap.* 7.

V.

On m'objecte Theodoret, qui dit que *Dieu peut autant qu'il veut*: & on conclud de là qu'il veut dire que Dieu ne peut pas plus qu'il ne veut. Cette consequence est manifestement injuste; mais écoutons ce pere, il n'y en a point qui soit plus formel contre les Cartesiens. [b] Dieu, dit-il, *a voulu, non pas tout ce qu'il pouvoit, mais seulement tout ce qu'il a jugé à propos; car il pouvoit tres aisément créer dix & vingt mille mondes.* Ces paroles ne s'accordent pas avec celles de M. des Car-

[b] Ἠθέλησε δὲ οὐχ ὅσα ἠδύνατο, ἀλλ' ὅσαπερ ἀρκεῖν ἐδοκίμασεν. ῥάδιον μὲν γὰρ ἦν αὐτῷ καὶ μυρίους καὶ δισμυρίους δημιουργῆσαι κόσμους. *Theodoret. in serm. 4. de materia & mundo.*

tes, qui soûtient [a] *qu'il est impossible qu'il y ait plus d'un monde*; mais elles font admirablement bien à mon sujet.

[a] Mundos non plures, sed unum tantùm esse posse. *Princip. philosoph. part. 2. num. 22.*

VI.

Saint Thomas dit en termes exprês, que [b] *Dieu peut faire bien des choses qu'il ne fait point*, [c] *& qu'il ne veut point faire*. Mais je n'oserois me prévaloir de l'authorité de ce saint Docteur, ny du consentement universel des theologiens qui le suivent tous en ce point; j'apprehendrois de les exposer aux railleries ordinaires des Cartesiens, qui n'ont que du mépris pour les docteurs scolastiques, & qui n'estiment que leurs propres pensées & celles de M. des Cartes.

[b] Dicendum est quòd Deus potest alia facere, quàm quæ facit. S. *Thom.* 1. *p. qu.* 25. *art.* 5. *in corpore.*

[c] Nihil prohibet esse aliquid in potentia divina, quod nõ vult. *Idem art. cit.*

VII.

Mais ces Messieurs respecteront sans doute l'authorité de Jesus-Christ; voicy comme il parla à son Pere la veille de sa mort; [d] *Mon Pere, mon Pere, toutes choses vous sont possibles, transportez ce calice de moy; mais neanmoins que ce que vous voulez soit fait, & non pas ce que je veux.* Le Fils de Dieu estant la sagesse mesme, n'a pû rien demander à son pere que tres sagement: donc si l'on ne peut demander sagement à une personne que ce qu'elle peut, le Fils de Dieu ayant demandé à son Pere qu'*il transportast de luy le calice de sa passion*, il faut que le Pere eternel ait pû en effet transporter de son Fils ce calice, & le dispenser de mourir: & cer-

[d] Abba Pater, omnia tibi possibilia sunt, transfer calicem hunc à me; sed non quod ego volo, sed quod tu. *Marc.* 14. *v.* 36.

tes il n'y auroit eu aucune liaison entre ces deux propositions, *mon Pere, toutes choses vous sont possibles, transportez de moy ce calice*, si le transport de ce calice n'eust esté du nombre de ces choses qui *toutes estoient possibles au Pere eternel*. Or il est constant neanmoins que le Pere eternel n'a pas voulu transporter ce calice, ny dispenser son Fils de mourir, non seulement parceque s'il l'eust voulu absolument, il l'eust fait; mais encor parce que comme il est de foy que le Pere eternel [a] *a toûjours exaucé son Fils*, & qu'il luy a accordé tout ce qu'il a demandé absolument, le Fils ayant demandé icy absolument que la volonté de son Pere fust faite, on ne peut douter que la volonté du Pere n'ait esté faite; & par consequent le Fils ayant enduré la mort, il est assuré que le Pere eternel n'a pas voulu *transporter ce calice de son Fils*.

[a] Ego autem sciebam quia semper me audis. *Ioan*. 11. v. 42.

VIII.

Je pourois encor citer à ce propos ces autres paroles que nostre Seigneur dit le mesme jour à saint Pierre, lorsque cet Apostre se mit quelque temps aprés en devoir de le défendre contre les soldats, qui s'estoient saisis de sa personne: [b] *Penses-tu que je ne puis pas prier mon Pere, & il me donnera tout à l'heure plus de douze legions d'Anges.*

[b] An putas quia non possum rogare Patrem meũ, & exhibebit mihi modò plusquã duodecim legiones angelorũ. *Matth*. 26.

IX.

Mais puisque saint Augustin m'a prevenu, & qu'il a tiré de ce passage la consequence que j'en pouvois tirer moy-mesme ; j'ajoûteray seulement que puisque les Anges ne défendirent point nostre Seigneur, il faut que le Pere eternel n'ait pas voulu qu'ils le défendissent. Et cependant nostre Seigneur nous fait entendre que son Pere luy en eust pû donner pour le défendre plus de douze legions; le Pere eternel n'a donc pas voulu ce qu'il a pû, & il a pû ce qu'il n'a pas voulu.

X. Cette verité a paru à saint Augustin si formellement contenuë dans les paroles de Jesus-Christ, qu'il a jugé qu'elle estoit de foy. [a] *Alors* (dit-il parlant de l'état de la gloire) *on verra dans la tres-claire lumiere de la Sagesse mesme, ce que la foy des fideles leur fait croire maintenant qu'ils n'en ont pas encor de connoissance évidente ; combien il y a de choses que Dieu peut, & qu'il ne veut pas, quoiqu'il ne ne vueille rien qu'il ne puisse.*

[a] Tunc in clarissima luce Sapientiæ videbitur, quod nunc piorum fides habet, antequam manifesta cognitione videatur, quàm certa & immutabilis & efficacissima sit voluntas Dei ; quàm multa possit, & non velit ; nihil autem velit quod non possit. S. *August. in Enchiridio ad Laurentium cap.* 95.

XI. Aprés cela qui croira que saint Gregoire de Nysse & saint Fulgence ayent soûtenu le contraire, & qu'ils ayent pû contredire un point de foy?

XII. Saint Gregoire de Nysse enseigne que *la volonté de Dieu est la mesure de sa puissance* ; mais en quel sens l'enseigne-t-il ? Ce pere dit ces paroles immediatement devant une objection que font, [b] dit-il, *certaines gens qui demandent comment*

[b] *lib. in Hexaëm. pag.* 6.

Dieu qui n'est point materiel, a pû créer la matiere, & faire les choses visibles, quoiqu'il soit luy mesme invisible : & pour prevenir cette difficulté, il dit que [a] *tous les attributs de Dieu qui concourent à la creation des choses, sa volonté, sa sagesse & sa puissance, sont toûjours d'accord, toûjours ensemble, & toûjours conformes à la nature des choses* ; pour dire non pas que Dieu veut tout ce qu'il sçait, & tout ce qu'il peut ; cela ne feroit rien à son sujet : mais seulement que quand Dieu veut les choses, il ne veut que ce qu'il sçait estre en son pouvoir ; & que quand il sçait qu'une chose est en son pouvoir, elle y est effectivement, parce qu'il connoist parfaitement & la nature des choses, & l'étenduë de son pouvoir ; d'où il s'ensuit que *sa volonté est la mesure de sa puissance* ; c'est à dire que sa volonté est pour nous une regle certaine pour juger de sa puissance ; en ce que quand nous sommes asseurez qu'il veut faire une chose, nous pouvons & nous devons conclure asseurément qu'il la peut faire ; & qu'ainsi il a pû créer, parceque [b] *sa volonté est la mesme chose que sa sagesse*, & que *sa sagesse n'est pas impuissante*. Y a-t-il rien dans ce raisonnement qui favorise la theologie des Cartesiens ?

XIII. Saint Fulgence ne leur est pas plus favorable, quelque forte que soit l'expression dont il se sert au chapitre 23. du livre

[a] *Ibidem.*

[b] Τὸ δὲ θέλημα σοφία ἐστίν. *Ibidem.* Μήτι ἀδύνατον τὴν σοφίαν. *ibid.*

troisiéme au roy Trasimond, quand il dit que *le pouvoir de Dieu est aussi grand que son vouloir, & son vouloir aussi grand que son pouvoir :* car ce saint Docteur ayant dessein de prouver en cet endroit que Jesus-Christ est Dieu & homme tout ensemble, par ces paroles de Jesus-Christ mesme ; [a] *Je mets mon ame pour la reprendre ; personne ne me l'oste malgré moy, mais c'est de moy mesme que je la mets ; j'ay le pouvoir de la mettre & j'ay le pouvoir de la reprendre :* voicy comme il raisonne. Si Jesus-Christ a pû mettre son ame, & la retenir ; donner sa vie & la conserver ; si personne n'a pû la luy oster malgre luy, & s'il ne l'a donnée que quand il a voulu, il falloit qu'il fust Dieu. Mais s'il a eu une ame qu'il ait pû mettre, & une vie qu'il ait pû donner, il falloit qu'il fust homme : car il a eu une ame qu'il a pû mettre ; car il a dit, *je mets mon ame*. S'il a dit qu'il la mettoit, il l'a voulu mettre ; & s'il l'a voulu assurément, il l'a pû ; puisque *son pouvoir est aussi grand que son vouloir, & son vouloir aussi grand que son pouvoir.*

[a] Ego pono animam meã, ut iterum sumam eam. Nemo tollit eam à me, sed ego pono eam à meipso : & potestatem habeo ponendi eam, & potestatem habeo iterum sumẽdi eam. *Ioan.* 10, v. 17. 18.

XIV. J'avouë que ces paroles m'ont fait d'abord un peu de peine ; mais j'ose dire neanmoins aprés les avoir bien examinées, que ce Pere n'entend point que Jesus-Christ veuille faire tout ce qu'il peut. Premierement parce que cela seroit inutile pour prouver ce qu'il prétend, & qu'il luy suffit

de

de supposer que Jesus-Christ peut faire tout ce qu'il veut, & qu'il ne veut rien faire que ce qu'il peut. Secondement, parcequ'il faudroit dire qu'il se contrediroit luy-mesme grossierement, puisque dans ce mesme chapitre, & dans la mesme page, il dit que Jesus-Christ n'a pas voulu tout ce qu'il a pû ; [a] qu'il a pû conserver sa vie & retenir son ame, mais qu'il ne l'a pas voulu ; & que de ce plein pouvoir on doit conclure, que s'il est mort, ç'a esté tres-volontairement.

[a] Si integra fuit dicentis potestas, voluntaria fuit patientis infirmitas. S. Fulg. *loco citato.*

XV.

On doit encor entendre dans le mesme sens cet autre passage du mesme S. Fulgence : [b] *Le pouvoir de la volonté de Dieu est aussi grand que la volonté de son pouvoir* ; veû principalement qu'il est bien moins formel que le precedent ; & que ce saint ne dit pas que *la volonté au pouvoir de Dieu soit aussi grande que le pouvoir de sa volonté* ; ce qu'il diroit neanmoins, s'il vouloit dire que Dieu eust la volonté de faire tout ce qui est en son pouvoir, mais seulement que *le pouvoir de la volonte de Dieu est aussi grand que la volonté de son pouvoir* ; ce qui ne signifie rien autre chose, sinon que Dieu a le pouvoir de faire tout ce qu'il veut.

[b] Dicimus tā tam esse virtutem voluntatis, quanta est voluntas ipsa virtutis. *S. Fulgent. in lib. 1 ad Mon. cap. 12.*

XVI.

Si on vouloit donc faire une comparaison juste entre la volonté de Dieu & sa toute-puissance, il faudroit considerer d'un costé sa volonté, & les decrets de sa volonté ; & d'un autre costé sa toute-puissance, & les actions de sa toute-puissance; & pourveu que l'on comparast toûjours ou sa toute-puissance avec sa volonté, ou les decrets de sa volonté avec les actions de sa toute-puissance, on trouveroit que toutes les propositions des Peres que l'on me peut objecter, seroient veritables, & ne me seroient nullement contraires.

XVII. Car comme Dieu peut vouloir tout ce qu'il peut faire; comme il peut faire tout ce qu'il peut vouloir; comme il [a] fait en quelque maniere tout ce qu'il veut, & qu'en quelque maniere il veut tout ce qu'il fait, il seroit vray en ce sens de dire que *le pouvoir de sa volonté est parfaitement égal à la volonté de son pouvoir*, sans que l'on pûst conclure qu'il veuille pour cela tout ce qu'il peut, ou qu'il ne puisse rien que ce qu'il veut.

[a] Omnia quæcunque voluit Dominus fecit. *Psalm.* 134. 6.

XVIII. Cette erreur est si éloignée du sentiment des saints Peres, que je puis dire qu'il n'y a jamais eu que des payens ou des heretiques, comme Plotin, Pierre Abaillard, Jean Vuiclef, & d'autres semblables qui l'ayent soûtenuë; encor le pere Petau a-t-il remarqué qu'Abaillard reconnut à la fin [b] *sa folie en ce point, & qu'il la retracta.*

[b] Quam tamen ineptiam postea recantavit Abaelardus in apologia seu confessione, quæ est inter ejus epistolas vicesima. *Petavius tom. 1. dogmat. theologicorum lib. 5. cap. 6. n. 13.*

XIX. Et certes si Dieu veut tout ce qu'il peut,

Il ne peut que ce qu'il veut ; & s'il ne peut que ce qu'il veut, comment prouverons-nous qu'il ait aucune liberté ? comment sauverons nous la liberté des anges & la nostre ?

Nous sommes tous prevenus qu'il y a XX
cette difference entre les causes necessaires & les causes libres, que les causes necessaires font toûjours tout ce qu'elles peuvent, & ne peuvent jamais faire que ce qu'elles font ; que le soleil par exemple éclaire toûjours l'air, autant qu'il le peut éclairer, & qu'il ne peut pas l'éclairer davantage ; qu'une bale jettée en haut retombe à terre le plus viste qu'elle peut, & qu'elle ne peut pas retomber plus viste: & qu'au contraire les causes libres peuvent souvent faire plusieurs choses differentes ; qu'elles ne font pas toûjours tout ce qu'elles peuvent, mais que souvent elles choisissent, & se déterminent à ne faire des choses qu'elles peuvent, que celles qu'elles veulent ; & qu'ainsi un homme se détermine à aller d'un pas reglé, quoiqu'il puisse aller plus viste, & à parler d'une voix moderée, quoiqu'il puisse parler plus haut. Si donc Dieu veut & fait toûjours tout ce qu'il peut faire, & s'il n'en peut pas faire davantage, dés là le caractere propre des causes necessaires, & qui les distingue des causes libres, convenant à Dieu ; il faudra dire que Dieu est un agent necessaire, & qu'il n'a aucune liberté.

XXI. Les philosophes ne distinguent que deux sortes de liberté. La premiere qu'ils apelle *de contrarieté*, consiste en ce que deux choses estant également possibles, on ait le pouvoir de faire celle que l'on veut des deux, & de laisser l'autre. La seconde qu'ils apellent *de contradiction*, consiste à pouvoir faire ou ne pas faire, à pouvoir prendre ou laisser une mesme chose. Or Dieu n'auroit ny la liberté *de contrarieté*, ny la liberté *de contradiction*.

XXII. Il n'auroit pas la liberté *de contrarieté*; car cette sorte de liberté consiste dans le pouvoir de faire, & de vouloir autre chose que ce qu'on fait, & que ce qu'on veut: si Dieu ne pouvoit faire que ce qu'il veut, il est évident qu'il n'auroit pas cette sorte de liberté.

XXIII. Il n'auroit pas non plus la liberté *de contradiction*, & il n'auroit point pû ne vouloir rien faire. Car supposé qu'il ne puisse que ce qu'il veut, comme les Cartesiens le supposent; s'il n'eust voulu rien faire, il n'eust pû rien faire: par consequent s'il eust pû ne vouloir rien faire, il eust pû se dépouiller de sa toute-puissance, & ainsi se détruire luy-mesme, & n'estre jamais Dieu, puisqu'un estre qui ne peut rien faire hors de luy-mesme, n'est pas Dieu.

XXIV. Et qu'on ne dise point que si Dieu n'eust pû rien faire, ce n'eust esté que consequemment à son decret.

Car quoique les actions de la toute-puissance de Dieu ne soient pas necessaires, & qu'elles dépendent des decrets de sa volonté ; quoique Dieu puisse ne rien faire, & que ce ne seroit pas une imperfection à luy de ne rien faire consequemment à la resolution qu'il en auroit prise librement ; neanmoins sa toute-puissance considerée en elle-mesme est aussi necessaire que son eternité & son immensité : il ne peut non plus n'estre point tout-puissant, qu'il ne peut n'estre point eternel ou immense ; ces trois attributs sont également indépendans des decrets de sa volonté : & comme ce seroit de grandes imperfections dans Dieu de n'estre ny eternel ny immense consequemment à quelque decret que ce fust ; ce seroit aussi une tres-grande imperfection, & son aneantissement total, de n'estre plus tout-puissant consequemment à quelque decret que l'on puisse imaginer. XXV.

J'ay ajoûté que les anges & les hommes ne seroient point libres. En effet quelle liberté pouroient-ils avoir ? auroient-ils la liberté *de contrarieté*, pouroient-ils faire autre chose que ce qu'ils font ? mais afin qu'ils le pûssent faire, il faudroit que Dieu y pûst concourir avec eux : & comment le pouroit-il, puisque selon nos adversaires il ne peut que ce qu'il veut ; & que nous sommes assurez qu'il ne le veut pas faire, puisqu'il ne le XXVI.

f. it pas, & qu'au contraire il veut concourir à ce qu'ils font. Auroient-ils la liberté *de contradiction?* pouroient-ils s'abstenir de faire ce qu'ils font? mais il faudroit pour cela que Dieu pûst s'abstenir d'y concourir luy-mesme: & comment pouroit-il s'en abstenir, puisqu'il y concourt en effet, il faut qu'il veuille y concourir; & s'il ne veut pas s'en abstenir, comme il ne peut que ce qu'il veut, il ne peut pas s'en abstenir.

XXVII. Ainsi Dieu, les anges, & les hommes seront tous agents necessaires, & [a] *tout ce qui se fait dans le monde, se fera par une necessité absoluë*, qui est la vingt-septieme des propositions de Vuiclef, que le Concile de Constance a condamnées.

[a] Omnia de necessitate absoluta eveniunt. *Est 27. ex propositionibus Ioannis Vuiclef damnatis in Concilio Constantiensi Sess. 8.*

SECTION SECONDE.

Les choses possibles sont possibles, indépendemment des decrets de la volonté de Dieu.

2. CEtte proposition suit necessairement de la precedente; car comme tout ce qui se peut faire est possible, si Dieu peut faire plusieurs choses qu'il ne veut point, ces choses qu'il peut faire sont possibles; & puisqu'il ne les veut point, il faut qu'elles soient possibles indépendemment de sa volonté.

Si maintenant ces choses possibles, que Dieu ne veut point, sont possibles indépendemment de sa volonté ; il faut dire que les autres qu'il veut sont encore possibles de la mesme maniere, & ainsi que toutes les choses possibles sont possibles indépendemment de sa volonté. Pourquoy la possibilité des unes dépendroit-elle de la volonté de Dieu, plûtost que la possibilité des autres? Quelle raison pouroit-on apporter d'une si grande difference ? au contraire ne faut-il pas avouër, que si Dieu ne vouloit point faire les choses qu'il peut & qu'il veut faire, elles seroient de mesme condition, & dans le mesme état que celles qu'il peut, & qu'il ne veut point faire ? Qu'ainsi quand Dieu ne les voudroit point faire, elles seroient encor possibles, & que par consequent [a] *elles ne tirent point leur possibilité de la volonté que Dieu a de les faire.* II.

[a] Possibilitas non pendet ex voluntate Dei, sed ex natura & conditione terminorum. *Gamachaus in primam partem D. Thomæ ad quæst.* 25.

Mais si cela estoit, dit l'autheur de la critique de la critique, il s'ensuivroit que les choses possibles seroient possibles *malgré Dieu.* III.

Que cette objection est grossiere ! Afin qu'une chose fust *malgré Dieu*, il faudroit qu'elle fust contre le vouloir de Dieu ; & par consequent il faudroit qu'elle supposast en Dieu quelque vouloir : comment se pouroit-il donc faire que ce qui n'est precedé d'aucun vouloir de Dieu, fust *malgré Dieu?* Tout le monde avouë que IV.

l'indépendance, l'infinité, l'immutabilité, & plusieurs autres atributs de Dieu semblables, precedent tous les decrets de sa volonté; qui a jamais dit pour cela que Dieu fust indépendant *malgré luy*, qu'il fust infini & immuable, ou qu'il eust ses autres atributs *malgré luy*?

V. Ce qui a trompé les Cartesiens, c'est qu'ils n'ont pas assez distingué *l'estre possible*, *l'estre à venir*, & *l'estre actuel* des choses. Le salut du mauvais riche est absolument possible, mais il n'est point, & il ne sera jamais: le salut d'une ame qui est dans le purgatoire est possible, & il sera quelque jour, mais il n'est point encor: le salut de l'ame du pauvre Lazare est possible, il est actuellement, & il sera toûjours. Il est vray que *l'estre à venir*, & *l'estre actuel* de toutes les choses creées dépendent de la volonté de Dieu; parce qu'il n'y a rien hors de Dieu que ce que Dieu fait, il n'y aura jamais rien que ce que Dieu fera; & Dieu ne fait & ne fera jamais rien que ce qu'il veut de toute éternité. Mais comme il est absolument tout-puissant antecedemment à tous les decrets de sa bonté, *l'estre possible* des choses est aussi tel antecedemment à ces mesmes decrets. Que Dieu veuille faire quelque chose, ou qu'il ne veuille rien faire, les choses possibles sont neanmoins toûjours possibles; & quand il forme le decret de faire les choses, son decret ne rend pas les choses possibles, au contraire il les suppose possibles, mais il fait qu'elles passent de *l'estre* purement *possible* à *l'estre à venir*; comme lorsqu'il les produit dans le temps qu'il a resolu, il fait qu'elles passent de *l'estre à venir* à *l'estre actuel*.

VI. Qu'on ne dise donc point sur ces paroles du Sage, [a] *subest enim tibi, cùm volueris, posse*; *Que le pouvoir de Dieu suit son vouloir*; c'est traduire de mauvaise foy les paroles de l'Ecriture, que de les traduire de la sorte; tout homme qui entendra le latin, avouëra que celles-cy signifient bien clairement que ce qui est possible dépend de la volonté de Dieu pour recevoir l'existence: & si S. Gregoire de Nysse a dit que *la puissance de Dieu suit sa volonté*; il ne vouloit dire autre chose sinon que la puissance de Dieu fait toûjours ce que sa volonté ordonne, & qu'ainsi elle suit dans l'execution les ordres de sa volonté; en quoy il a parlé de Dieu comme nous parlons tous les jours de nous-mesmes, quand nous disons que la faculté que nous avons de remuer nos pieds & nos mains suit nostre volonté, pour dire que nous remuons nos pieds & nos mains quand nous voulons, ce qui n'empêche pas que nous ne reconnoissions tous que cette faculté est en nous avant que nous ayions aucune volonté de remuer ny nos pieds ny nos mains. Il est vray, dit saint

[a] Sap. 11. 18.

Thomas, que quand Dieu agit, [b] *son action suit sa prescience & sa préordination; mais son pouvoir qui luy est naturel, ne dépend ny de l'une ny de l'autre: car Dieu fait ce qu'il fait, parce qu'il le veut faire; il ne le peut pas pourtant faire parcequ'il le veut faire, mais parcequ'il est tout-puissant de sa nature.*

b Ipsum facere subjacet præscientiæ & præordinationi, non autem ipsum posse, quod naturale est: ideo enim Deus aliquid facit, quia vult; non tamen id potest, quia vult, sed quia talis est in sui natura. 1. p. *quæst.* 25. *art.* 5. *ad* 1.

VII.

Qu'on ne dise point aussi que vouloir en Dieu & pouvoir sont formellement la mesme chose. Vasquez [a] a fort bien remarqué que les manieres de parler, dont se servent les Peres, quand il disent que *la volonté de Dieu est sa puissance*; qu'il n'a qu'à vouloir faire les choses pour les pouvoir faire; que *vouloir en luy c'est pouvoir*; & les autres semblables que l'on peut objecter, ne signifient autre chose que la souveraine facilité que Dieu a de faire sans peine tout ce qu'il veut, quand il veut, & comme il veut; & que nous nous servons encor assez souvent de ces expressions parlant mesme à des hommes comme nous, sans prétendre pour cela que la volonté qu'ils ont de faire les choses, leur rende les choses possibles, mais pour leur dire seulement qu'ils peuvent faire tres-aisément les choses que nous leur demandons, ou que nous leur conseillons de faire, & que pour les faire ils n'ont qu'à les vouloir.

a *In* 1. *partem disp.* 102. *cap.* 3. *n.* 9.

Que le vouloir de Dieu précede son pouvoir, ou qu'il soit formellement la mesme chose, dês là que j'ay montré que toutes les choses possibles sont possibles antecedemment à tous ses decrets; j'ay montré que son pouvoir est indépendant de sa liberté, & je le pourois encor confirmer par plusieurs raisons. VIII.

IX. Car ce qui convient à Dieu par sa nature, est antecedent à tout ce qui ne luy convient que par son choix: or [a] *le pouvoir*, dit saint Thomas, *convient à Dieu par nature*; & vouloir créer quelque chose que ce soit hors de luy ne luy convient que par son choix: donc le pouvoir de Dieu est indépendant de sa liberté.

[a] Talis est in sui natura, loco citato.

X. De plus la puissance de vouloir faire les choses est dans Dieu mesme en quelque maniere antecedente à son vouloir; or on ne peut nier que les choses ne soient possibles, & que Dieu n'ait le pouvoir de les faire, dês là qu'il a la puissance de les vouloir, puisqu'il ne peut pas vouloir ce qu'il ne peut pas faire: donc les choses possibles sont possibles, & Dieu a le pouvoir de les faire antecedemment à son vouloir.

XI. Cette doctrine est si constante, que le pere [b] Petau, c'est à dire un des hommes du siecle, qui a le mieux entendu les Peres & les theologiens, assure qu'il n'a jamais trouvé que *des heretiques & des ignorans qui ayent eu la temerité de la nier*.

[b] Tomo 1. dogmatum theologicorum libr. 5. cap. 6, n. 6.

SECTION TROISIEME.

Il y a des choses que Dieu n'a jamais pû vouloir, & qui sont impossibles indépendemment des decrets de sa volonté.

I. J'Avance peu à peu, & avec tout l'ordre que je puis. J'ay fait voir que la seconde proposition que je viens d'établir, suit necessairement de la premiere: il est aisé de montrer que cette troisieme que j'avance maintenant, est encor une consequence necessaire de la seconde.

II. Car premierement puisque les choses possibles sont absolument possibles, il est absolument impossible qu'elles ne soient pas possibles. Dieu ne peut pas détruire ce qui ne dépend nullement de sa liberté, & il n'a jamais pû mesme le vouloir détruire: il n'a pas pû par exemple détruire, ou vouloir détruire l'unité de sa nature, la trinité de ses personnes, son immensité, & ses autres attributs indépendans de sa liberté. Puisqu'il est donc certain que la possibilité des creatures qui sont capables d'exister ne dépend nullement comme telle de la liberté de Dieu, & qu'elle n'en a jamais dépendu; Dieu ne peut pas la détruire, il n'a jamais pû vouloir la détruire, il n'a pû vouloir que les choses qui sont possibles ne fussent pas possibles, & par consequent il est impossible indépendemment des decrets de Dieu que les choses possibles ne soient pas possibles.

Secondement si toutes les choses possibles sont possibles indépendemment des decrets de Dieu ; toutes celles qui dans cet instant de raison antecedent aux decrets de Dieu, ne se trouvent pas au nombre des possibles, se trouvent dans ce mesme instant au nombre des impossibles : & ainsi comme la volonté de Dieu n'a pas pû rendre impossibles celles qui sont possibles, elle n'a pas pû aussi empécher l'impossibilité de celles qui sont impossibles. III.

Troisiemement si les choses impossibles n'estoient impossibles que dépendemmnent de la volonté de Dieu ; si Dieu avoit pû rendre impossibles les choses qu'il luy auroit plû, celles qui sont possibles ne seroient possibles que dépendemment de la volonté de Dieu, & parce que Dieu n'auroit pas voulu les reduire à l'impossibilité, où il auroit pû les reduire. Or j'ay montré que les choses possibles sont possibles indépendemment de la volonté de Dieu ; la conclusion n'est-elle pas claire, que les choses qui sont impossibles sont donc aussi impossibles indépendemment de la volonté de Dieu ? IV.

J'avouë neanmoins avec Tertullien, qu'*il n'y a rien d'impossible que ce que Dieu* V.

ne veut point faire, parceque Dieu ne veut faire aucune des choses qui sont impossibles : mais il ne s'ensuit pas pour cela que toutes les choses que Dieu ne veut point faire soient impossibles, ou que celles qui sont impossibles, le soient précisément parceque Dieu ne les veut point faire : c'est à quoy Tertullien n'a jamais pensé, & j'ose dire que j'ay démontré le contraire, & que je puis encor joindre à mes démonstrations l'authorité des Peres de l'Eglise.

VI. Saint Gregoire de Naziance [a] remarque qu'il y a entre autres quatre sortes de choses que l'on apelle impossibles. On apelle impossible, dit ce Pere, premierement [b] *ce qui ne se doit point faire, parce qu'il n'est pas convenable ; & en ce sens nostre Seigneur dit que les enfans de l'époux ne peuvent pleurer, pendant que l'époux est avec eux.* Secondement, [c] *ce que l'on ne veut point faire ; ainsi l'on dit que nostre Seigneur ne pût faire beaucoup de miracles parmy ceux de son pays, parce qu'il n'en voulut pas faire beaucoup, à cause de leur incredulité, qui les rendoit indignes de ces graces extraordinaires.* Troisiémement, [d] *ce qui ne se peut faire par les forces de la nature, quoique Dieu le pûst faire s'il vouloit ; en ce sens il est impossible qu'un homme renaisse une seconde fois.* Quatriemement enfin, [e] *outre ces choses* que l'on apelle impossibles,

a In orat. 36. pag. 583.

b Τὸ δὲ ὡς οὐκ εὔλογον.

c Τὸ δὲ ὡς ἀβούλητον.

d Ἔστι δέ τι καὶ τοιοῦτον ἐν τοῖς λεγομένοις, ὅτι φύσει μὲν ἀδύνατον, Θεῷ δὲ δυνατὸν βουληθέντι.

e Τούτων δὲ πάντων ἐκτὸς

quoiqu'absolument elles se puissent faire, *il y en a d'autres qui sont effectivement tout à fait impossibles, & qui ne se peuvent faire en aucune façon: & c'est en ce sens que nous disons qu'il est impossible qu'une mesme chose soit & ne soit pas en mesme temps; & que deux fois deux fassent en mesme temps quatre & dix.*

τὸ παντελῶς ἀδύνατον καὶ ἀνεπίδεκτον. ὡς ἀδύνατον εἶναι λέγομεν ἢ τὸ μὴ ὄν εἶναι, ἢ τὰ δὶς δύο καὶ τέσσαρα εἶναι καὶ δέκα.

VII.

Ce qui ne se peut faire en aucune façon; ce qui est tout à fait impossible; ce qui n'est pas seulement impossible à la nature; ce qui n'est pas seulement impossible à Dieu mesme, pour n'estre pas convenable, ou parceque Dieu ne le veut point faire: cela, dis-je, est absolument impossible, & indépendemment de la volonté de Dieu. Or S. Gregoire de Nazianze reconnoist qu'il y a des choses *qui ne se peuvent faire en aucune façon*; des choses qui sont *tout à fait impossibles*, qui sont tout autrement impossibles que celles qui sont seulement *impossibles à la nature*; tout autrement que celles qui ne sont impossibles, que *parcequ'elles ne sont point convenables, ou parceque Dieu ne les veut point faire*. Ce pere reconnoist donc qu'il y a des choses absolument impossibles & indépendemment de la volonté de Dieu.

VIII.

S. Augustin distingue encor plusieurs sortes de choses impossibles: mais il en distingue entre autres de deux sortes; les unes que Dieu peut faire, quoiqu'elles soient impossibles ; parcequ'elles ne sont impossibles qu'aux forces des creatures ; les autres qui sont tellement impossibles, que Dieu mesme ne les peut point faire.

IX. C'est constamment des premieres qu'il parle dans le sermon dont on a tiré ces paroles que l'on m'objecte, *Dieu peut mesme ce qui est impossible* ; & il ne faut que considerer ce qu'il pretend prouver par ce grand principe, & ce qu'il aporte ensuite, soit pour expliquer, soit pour prouver ce principe mesme. Voicy comme il raisonne à l'occasion de l'ascension de Jesus-Christ. [a] *Les philosophes disent qu'un corps de terre ne peut pas estre dans le ciel : mais quoy, si Dieu le veut, se revolteront ils contre Dieu, & diront ils, Dieu ne le peut pas ? Quelque payen que vous soyez, ne reconnoissez vous pas que Dieu est tout puissant ? Ne lisons nous pas, comme je disois hier, dans un livre de Platon, que le Dieu qui n'a point esté fait dit autrefois aux Dieux qu'il a faits : Comme vous avez eu commencement, vous ne pouvez pas que vous ne soyez capables de finir ; mais vous n'aurez neanmoins jamais de fin, & la bonté que j'ay pour vous, & qui m'a fait prendre la resolution de vous conserver, sera plus forte que tous les destins du monde. Dieu qui peut mesme ce qui est impossible, a tout reduit à sa volonté. Car quand il dit, Vous*

a. Sed non potest, inquiunt, esse terrenum corpus in cælo: quid si hoc velit Deus? responde contra Deum, & dic, Non potest Deus. Nonne & tu quicumque paganus dices omnipotentem Deum? Nonne in libro Platonis, quemadmodũ hesterno die declaravi, legitur dixisse Deus non factus Diis à se factis : Quo-

ne pouvez pas estre immortels, mais je feray que vous ne mouriez point; n'est ce pas comme s'il disoit, je fais ce qui ne se peut faire?

niam estis orti, immortales quidem esse & indissolubiles non potestis, non tamen dissolvemini, neque ulla vos mortis fata periment; nec erunt valentiora quàm consilium meum, quod majus est vinculum ad perpetuitatem vestram, quàm illa quibus estis alligati. Totum ad voluntatem suam redegit Deus, qui potest & quod impossibile est. Nam quid est aliud, non potestis esse immortales, sed ut non moriamini ego facio; nisi & quod fieri non potest, ego facio. S. *Aug. in serm.* 147. *de tempore.* C'est le Timée; ce sont les Anges.

X. S. Augustin veut prouver qu'*un corps de terre peut estre dans le ciel*, & pour le prouver il dit que *Dieu peut mesme ce qui est impossible*, & qu'*il a tout reduit à sa volonté*. Comme il n'est pas absolument impossible qu'*un corps de terre soit dans le ciel*; & comme cela n'est impossible qu'aux forces ordinaires de la nature corporelle; pour prouver que Dieu peut élever *un corps de terre dans le ciel*, ne suffit-il pas à S. Augustin de soutenir que *Dieu a reduit à sa volonté* toutes les choses naturelles, & qu'*il peut faire ce qui est impossible* aux forces ordinaires de la nature? Et comment prouvera-t-on qu'il a prétendu dire que *Dieu peut faire ce qui est* absolument *impossible* & qu'*il a reduit* absolument toutes choses possibles & impossibles *à sa volonté?*

XI. De plus on ne peut mieux juger de l'étenduë que S. Augustin a voulu donner à son principe, que par l'étenduë de la preuve qu'il en aporte ; considerons-la bien : *Dieu qui peut mesme ce qui est impossible, a tout reduit à sa volonté. Car quand Dieu dit, Vous ne pouvez pas estre immortels, mais je feray que vous ne mouriez point ; n'est-ce pas comme s'il disoit, Ie fais ce qui ne se peut pas faire?* Ce pere prouve que Dieu peut faire ce qui est impossible, & qu'il a tout reduit à sa volonté ; parcequ'il peut & qu'il veut faire que les anges ne meurent point, quoiqu'ils ne puissent pas estre immortels ; c'est à dire parcequ'il peut & qu'il veut les conserver, quoique comme ils n'ont pû se créer, ils ne puissent se conserver eux-mesmes, & qu'ils retomberoient dans le neant, s'il cessoit un moment de les conserver. Or il est certain que les anges retomberoient fort naturellement dans le neant, si Dieu cessoit de les conserver ; il est certain que leur conservation n'est impossible qu'à leurs propres forces, & à celles des autres natures creées. Il est donc évident que S. Augustin n'a voulu dire autre chose, sinon que *Dieu a reduit à sa volonté toutes les choses* naturelles, & qu'*il peut faire ce qui est impossible* aux forces de la nature.

XII. Aussi outre cette sorte de choses impossibles, dont il parle dans ce sermon, & qu'il dit que Dieu peut faire, & qu'il a reduit à sa volonté ; il enseigne en plusieurs endroits, mais particulierement dans le premier des quatre livres qu'il a faits pour les Cathecumenes sur le symbole de la foy, qu'il y a une autre sorte de choses, qui sont tellement impossibles, que Dieu n'a pû les faire ny les vouloir faire.

XIII.

[a] *Qu'il y a de choses*, dit-il, *que Dieu ne peut pas faire, quoiqu'il soit tout-puissant! & c'est en cela mesme, c'est parcequ'il ne peut pas faire ces sortes de choses, qu'il est tout puissant.* *Non non*, poursuit ce saint Docteur, *nostre Pere tout-puissant ne peut point pécher, il ne peut point mentir, & comme dit l'Apostre, il ne peut point se nier ou se contredire soy-mesme..... & s'il pouvoit mentir, s'il pouvoit tromper, s'il pouvoit pécher en quelque maniere que ce soit, il ne seroit pas tout-puissant, il n'auroit pas mesme esté digne de l'estre.*

[a] Quàm multa non potest Deus, & omnipotens est ; & ideo omnipotens est, quia ista non potest ..... *Et paulò antè*, Mentiri non potest, & quod ait Apostolus, negare seipsum non potest ..... Nam si posset mentiri, si fallere, si iniquè agere, non esset omnipotens ; quia si hoc in eo esset, non fuisset dignus qui fuisset omnipotens. *Lib. de symbolo fidei ad cathecumenos.*

XIV.

Dieu n'a jamais pû se rendre, ny vouloir se rendre indigne d'estre ce qu'il est. Or selon saint Augustin il y a des choses tellement impossibles, que si Dieu les eust faites, ou s'il eust eu seulement le pouvoir de les faire, *il auroit esté indigne d'estre ce qu'il est* : donc selon la doctrine de saint Augustin, il y a des choses tellement impossibles, que Dieu n'a pas pû ny les faire, ny avoir le pouvoir ou le vouloir de les faire. Les choses qui sont impossibles de la sorte, ne le sont-elles pas indépendemment de la volonté de Dieu ?

XV. Les Cartesiens peuvent-ils encor aprês cela nous accuser d'avoir des pensées trop basses de la puissance de Dieu, & d'en parler avec trop peu de respect, sans manquer eux-mesmes de respect pour les saints Peres, qui en ont parlé comme nous ?

XVI. Ces Messieurs ne reconnoistront-ils point que l'étenduë, qu'ils croyent donner à la toute-puissance, est une idée indigne de Dieu ? ne sçavent-ils pas que Dieu estant essentiellement tout bien, & renfermant en soy toutes les perfections possibles, il faut que ce qui ne luy peut convenir, soit un défaut & une imperfection; & que comme il n'y a pas moins d'impieté à attribuer un défaut à Dieu, qu'à luy oster une perfection, il y a autant de mal à luy attribuer ce qui ne luy peut convenir, qu'à luy oster ce qui luy convient necessairement.

XVII. Ce seroit un blasphême de dire que Dieu ne peut pas faire les choses possibles, parceque ce seroit dire qu'*il n'est pas tout puissant*. Or saint Augustin assure que de dire que Dieu peut faire les choses impossibles, ce seroit dire qu'*il n'est pas tout-puissant*; il y a donc selon la pensée de ce pere un aussi grand blasphême à assurer que Dieu peut faire les choses impossibles, qu'à nier qu'il puisse faire celles qui sont impossibles.

XVIII.

En effet si c'est une veritable puissance, que la puissance de faire des choses réelles; la puissance de faire des chimeres ne peut estre qu'une puissance chimerique: puis donc que les choses impossibles ne sont pas des choses réelles, puisqu'elles sont de pures chimeres; n'est-ce pas attribuer à Dieu une puissance chimerique que de luy attribuer, comme font les Cartesiens, la puissance de faire les choses impossibles?

XIX.

Hugue de saint Victor a sur ce sujet un raisonnement qui me paroist également subtil & solide, & qui confirme encor tout ce que j'en ay dit; voicy ses paroles. [a] *Celuy qui peut tout ce qui est possible, est souverainement puissant, & il n'en est pas moins puissant, pour ne pouvoir pas les choses impossibles. Pouvoir les choses impossibles, ce ne seroit pas pouvoir; mais ce seroit ne pouvoir point. Dieu peut donc faire toutes les choses qui sont telles, que quand on les peut faire on a un veritable pouvoir.* Comme s'il disoit, les choses impossibles n'estant rien du tout; pouvoir les choses impossibles seroit ne rien pouvoir, ou du moins ce seroit avoir un pouvoir de rien. Puis donc qu'on ne peut pas dire que Dieu ne puisse rien, ny qu'il ait

[a] Summè potens est, qui potest omne quod possibile est; nec ideo minùs potest, quia impossibilia non potest. Impossibilia posse, non esset posse, sed non posse. Itaque omnia potest Deus, quæ posse potentia est. *Hugo Victor. lib. 1. de sacramento fidei, part. 2. c. 22.*

un pouvoir de rien ; on ne peut pas dire qu'il ait le pouvoir de faire les choses impossibles, ny par consequent qu'il ait pû vouloir les faire.

XX. De cette verité j'en tire une autre, qui n'a jamais esté contestée que par les Cartesiens ; c'est à sçavoir qu'il y a plusieurs choses qui sont en quelque façon necessaires & immuables antécedemment à tous les decrets de Dieu. Car le contradictoire de l'impossible est necessaire, & tout necessaire est immuable au mesme sens qu'il est necessaire. Si donc un chose est impossible seulement aux forces de la nature, il faut que le contradictoire soit necessaire & immuable d'une necessité & d'une immutabilité naturelle ; & s'il y en a d'autres qui soient impossibles antécedemment à tous les decrets de Dieu, il faut que celles qui leur sont contradictoires, soient aussi necessaires & immuables antécedemment à tous ces decrets.

XXI. Aussi les saints Peres n'ont jamais parlé que de la necessité & de l'immutabilité naturelle, ou de celle que les philosophes apellent *d'existence*, quand ils ont dit que la necessité & l'immutabilité des choses creées suppose toûjours la volonté de Dieu, & en dépendent absolument : mais puisqu'ils ont reconnu qu'il y a des choses impossibles indépendemment de la volonté de Dieu, il faut qu'ils ayent reconnu qu'il y en a aussi de necessaires &

d'immuables indépendemment de sa volonté.

[a] Saint Gregoire de Nazianze n'a pû dire par exemple, qu'il est absolument impossible que deux fois deux ne fassent quatre, qu'il n'ait crû qu'il est absolument necessaire que deux fois deux fassent quatre, & que pendant qu'il y aura deux fois deux, ils feront immuablement quatre. XXII.

[a] *loco supra citato.*

[b] S. Augustin & [c] S. Thomas n'ont pû dire qu'il est absolument impossible que ce qui est une fois passé ne soit point passé, qu'il n'ayent crû qu'il est absolument necessaire que ce qui est une fois passé soit passé, & qu'il sera desormais immuablement passé. XXIII.

[b] *lib. 26. contra Faust. c. 5. Voyez la section suivante.*

[c] Præteritum non fuisse, non subiacet divinæ potentiæ. *S. Thom. 1. p. qu. 25. art. 4. in corpore.*

En verité ne doit-il pas estre fâcheux aux Cartesiens d'avoir pris ces exemples, & de s'estre engagez à soûtenir comme possibles les mesmes choses que les saints Peres disent estre impossibles. XXIV.

Ces Messieurs sont si malheureux, qu'ils n'ont pas mesme pour eux leur propre maistre. [d] M. des Cartes est sur ce point du sentiment commun des philosophes, des theologiens, & des saints Peres; il reconnoist qu'il y a plusieurs choses qui sont absolument impossibles, & plusieurs autres qui sont absolument necessaires. XXV.

[d] *in 1. parte Princip. n. 7. & in duabus primis Meditationibus metaphysicis.*

Par exemple il soûtient qu'il est ab- XXVI.

solument necessaire qu'il soit, pendant qu'il pense, & que s'il pense, il est absolument impossible qu'il ne soit point ; & il est si convaincu que cette necessité & cette impossibilité ne dépendent point de la volonté de Dieu, que pour exprimer plus fortement sa pensée, il fait la plus horrible supposition qui puisse tomber dans l'esprit dun homme. [a] *Ie suppose*, dit-il, à la fin de la premiere de ses meditations metaphysiques, *qu'il y ait non pas un Dieu tres-bon, & qui soit la source de la verité ; mais en sa place quelque méchant genie souverainement puissant & fin, qui employe tout son pouvoir & toute sa finesse à me tromper.* Voila une étrange supposition, il la répete cependant qu.si en mesmes termes au commencement de la seconde meditation. [b] *Mais j'ay supposé qu'il y a je ne sçay quel trompeur souverainement puissant & souverainement fin, qui me trompe toujours.* Hé bien quelle confusion ? *il est donc hors de doute que je suis, s'il me trompe, & qu'il fasse tout ce qu'il poura pour me tromper ; jamais il ne*

[a] Supponam igitur non optimum Deũ fontem veritatis, sed genium aliquem malignum, eundemque summè potentem & callidum, omnem suam industriam in eo posuisse ut me falleret : putabo cælum, aërem, terrã, colores, figuras, sonos, cunctaque externa nihil aliud esse quã ludificationes somniorum, quibus insidias credulitati meæ tetendit . . . . Manebo obstinatè in hac meditatione defixus . . . . . & ne falsis assentiar, nec mihi quidquam iste deceptor quantumvis potens, quantumvis callidus possit imponere, obfirmata mente cavebo. *D. des Cartes in prima Meditatione metaphysica sub finem.*

[b] Sed est deceptor nescio quis summè potens, summè callidus, qui de industria me semper fallit : haud dubiè igitur ego etiam sum, si me fallit, & fallat, quantùm potest, nunquam

fera

sera que je ne sois rien, pendant que je penseray estre quelque chose; parceque, comme il dit dans la premiere partie de ses principes, [a] *il est absolument impossible qu'une chose pense, & qu'elle ne soit pas dans le temps qu'elle pense.*

tamen efficiet ut nihil sim, quamdiu me aliquid esse cogitabo. *Idem initio 2. medit. metaphysica.*

[a] Repugnat enim ut putemus id quod cogitat, eo ipso tempore quo cogitat, non existere. *parte 1. princip. n. 7.*

XXVII.

Il soûtient qu'il est absolument necessaire que toute matiere soit divisible; qu'il est absolument impossible qu'une partie de matiere soit indivisible; & qu'il est aussi impossible à Dieu de faire ou de vouloir faire un atome ou une partie de matiere indivisible, qu'il luy est impossible de diminuer ou de vouloir diminuer sa propre puissance.

XXVIII.

[b] *Quand nous supposerions,* dit-il, *que Dieu auroit entrepris de faire qu'une partie de matiere ne pûst estre divisée en d'autres parties plus petites, on ne pouroit pas dire néanmoins proprement que cette petite partie seroit indivisible; car bien qu'il l'eust renduë indivisible à toutes les creatures, comme il ne peut pas diminuer sa propre puissance, il n'auroit pas pû s'ôter à luy-mesme le pouvoir de la diviser: & ainsi absolument parlant, cette petite partie demeureroit divisible, parcequ'elle est telle de sa nature.* J'ay déja cité ce passage à une autre occasion; mais j'ay

[b] Quin etiam si fingamus Deum efficere voluisse, ut aliqua materiæ particula in alias minores dividi non possit; non tamen illa propriè indivisibilis erit dicenda: ut enim effecerit eam à nullis creaturis di-

crû que je devois le repeter, parcequ'il prouve admirablement ce que je pretends en cet endroit, & que M. des Cartes y reconnoiſt manifeſtement une choſe neceſſaire, & une autre impoſſible indépendemment de la volonté de Dieu.

vidi poſſe, non certè ſibi ipſi eiuſdem dividendæ facultatem potuit adimere; quia fieri planè non poteſt ut propriam ſuam potentiam imminuat, atque ideo abſolutè loquendo illa diviſibilis remanebit, quoniam ex natura ſua eſt talis. *Princip. philoſophiæ part. 2. n. 20.*

SECTION QUATRIEME.

S'il y a des choſes qui ſoient ainſi abſolument impoſſibles, ce ſont celles qui enferment contradiction.

QUAND les philoſophes veulent preſſer un homme qui ſoûtient qu'une choſe n'eſt pas poſſible, ils ne croyent pas le pouvoir preſſer davantage, qu'en luy demandant pourquoy elle ne ſeroit pas poſſible, [a] *pourquoy-non?* Et comme par cette interrogation ils pretendent l'obliger à parler, & à montrer quelle contradiction il y a en cette choſe, pour dire qu'elle n'eſt pas poſſible; ils montrent manifeſtement eux-meſmes qu'ils ſont prêts de reconnoiſtre que la choſe eſt en effet impoſſible, s'il y a une veritable contradiction.

[a] Quidni?

II. Je pourois encor aioûter avec Monſieur

Ysambert, que ce ne sont pas seulement les philosophes qui sont dans ce sentiment, & [a] qu'il est encor soûtenu de tous les theologiens.

[a] Est sancti Thomæ, Scoti, imò omnium. *Ysambertus 1. p. ad quæst. 25. disput. unica art. 5.*

III. Mais parce que les Cartesiens ne s'épouvantent guere de l'authorité des autres philosophes, ny de celle de tous les theologiens ensemble; il en faut venir aux saints Peres & à la raison.

IV. Saint Gregoire de Nazianze, aprês avoir dit que Dieu peut faire s'il veut, *qu'un mesme homme naisse deux fois*, & d'autres choses semblables, qui sont impossibles à la nature, le prouve en cette sorte. [b] *Car qui empécheroit que ces choses ne se fissent si Dieu vouloit.* Ne voila pas *le pourquoy-non* des philosophes? & ce Pere ne montre-t-il pas assez en se servant de leur preuve ordinaire, qu'il est dans le mesme sentiment qu'eux, & qu'il croit comme eux que Dieu peut absolument faire tout ce qui n'enferme point de contradiction; mais que tout ce qui enferme contradiction est absolument impossible à Dieu mesme: C'est ce qu'il dit un peu aprês encor plus expressément, lorsque parlant [c] *des choses qui sont absolument impossibles*, & voulant en apporter des exemples constants, & dont personne ne puisse douter, il apporte les deux que j'ay déja citez, qui renferment chacun une contradiction: [d] *Ainsi nous di-*

[b] Τί γὰρ ἂν ἐκώλυσε γενέσθαι ταῦτα Θεοῦ θελήσαντος. *S. Greg. Nazianz. in oratione 36.*

[c] Τὸ παντελῶς ἀδύνατον καὶ ἀνεπίδεκτον.

[d] Ὡς ἀδύνατον

εἶναι λέγομεν, ἢ τὸ μὴ ὂν εἶναι, ἢ τὰ δὶς δύο καὶ τέτταρα εἶναι καὶ δέκα. *Idem, ibid.*

sons qu'il est impossible qu'une mesme chose soit, & ne soit pas en mesme temps. Voila une contradiction manifeste; *& que deux fois deux fassent en mesme temps quatre & dix.* La contradiction n'est pas si formelle dans ce dernier exemple, mais elle y est néanmoins conséquemment : car si deux fois deux ne font que quatre, ils ne font pas dix; & ainsi s'ils font en mesme temps quatre & dix, ils font dix & ne font pas dix : n'est-ce pas là une contradiction?

V.

Demandez à saint Augustin pourquoy Dieu ne peut pas faire que ce qui est passé ne soit point passé; il vous apportera pour réponse la contradiction qu'il y auroit. [a] *Qui que vous soyez, dit-il, qui demandez que Dieu fasse, s'il est tout-puissant, que les choses qui ont esté faites, n'ayent point esté faites; ne voyez-vous pas que c'est comme si vous disiez, S'il est tout-puissant, qu'il fasse que les choses qui sont vrayes soient en mesme temps vrayes & fausses*: qu'il fasse qu'elles soient vrayes, & qu'elles ne soient pas vrayes en mesme temps? On ne peut dire que Dieu ne peut pas faire une chose, parce-qu'elle seroit en mesme temps vraye & fausse, sans supposer qu'il ne peut pas faire les contradictoires. Or saint Augustin dit que Dieu ne peut pas faire que *les choses qui ont esté faites, n'ayent point esté faites; parceque les choses qui sont*

a Quisquis ita dicit, si omnipotens est Deus, faciat ut quæ facta sunt, facta non fuerint; non videt hoc se dicere, si omnipotens est, faciat ut ea quæ vera sunt eo ipso, quo vera sunt, falsa sint. *S. Aug. lib. 26. contra Faustum cap. 5.*

vrayes, seroient en mesme temps vrayes & fausses. Saint Augustin suppose donc que Dieu ne peut pas faire les contradictoires.

VI.

[a] *Toutes les choses qui ne renferment point de contradiction*, dit saint Thomas, *sont renfermées dans le nombre de celles qui sont possibles, & à l'égard desquelles on dit que Dieu est tout-puissant; mais les choses dans lesquelles il y a contradiction, ne sont point dans le pouvoir de Dieu, parcequ'elles ne sont pas possibles*

[a] Quæcumque contradictionem non implicant, sub illis possibilibus continentur, respectu quorum dicitur Deus omnipotens: ea verò quæ contradictionem implicant, sub divina omnipotentia non continentur, quia non possunt habere possibilium rationem. S. *Thomas prima parte, quæst.* 25. *art.* 3. *in corp.*

VII.

En effet s'il y a des choses qui ne soient pas seulement impossibles, parceque Dieu ne les veut point faire, mais qui le soient antecedemment à tous ses decrets, il faut qu'elles le soient à cause de l'opposition qu'il y auroit entre les termes, c'est à dire entre les parties, dont on suppose qu'elles seroient composées. Or de toutes les oppositions, il n'y en a point de plus grande que celle qui est entre les contradictoires: donc s'il y a des choses qui soient absolument impossibles, & antecedemment à tous les decrets de Dieu, comme je l'ay montré dans la section précedente, il faut avouër que ce sont sur tout celles qui renfermeroient en elles-mesmes des parties contradictoirement opposées.

VIII. Je sçay bien que les Carteſiens ſont ſcandaliſez de cette doctrine, ou qu'ils font ſemblant de l'eſtre ; & qu'ils s'erigent en prédicateurs, pour nous dire qu'*il* [a] *ne nous apartient pas de déterminer juſqu'où ſe peut étendre la puiſſance de Dieu;* [b] *que c'eſt le propre d'un eſprit finy, de ne pouvoir comprendre l'infiny*; que nous devons croire [c] *que Dieu, dont la ſouveraine puiſſance ſurpaſſe infiniment noſtre foible ſageſſe, peut faire infiniment plus que nous ne pouvons penſer*; & que c'eſt une temerité à nous [d] *d'entreprendre de décider par noſtre raiſon, ce que noſtre raiſon ne peut atteindre.*

[a] *M. Rohault dans ſon traité de phyſique 1. partie, chap. 8. n. 2.*

[b] Finitæ mentis eſt infinitum non poſſe comprehendere. *D. d'Ally initio ſcientiæ generalis, in fine cap. 1.*

[c] Deus quippe, cujus ſumma potentia imbecillem noſtram ſapientiam infinito ſuperat intervallo, plura præſtare poteſt quàm nos valeamus animo comprehendere. *Idem in ſcientia generali, membr. 2. art 1. ſect. 2.*

[d] *M. Rohault dans ſon traité de phyſique, premiere partie, chap. 7. n. 9.*

IX. Mais à qui parlent ces Meſſieurs? N'enſeignons-nous donc pas que la puiſſance de Dieu n'a point de bornes ; qu'il ne peut y avoir des creatures ſi nobles, que Dieu n'en puiſſe encor créer de plus nobles ; qu'il ne peut y en avoir un ſi grand nombre, que Dieu n'en puiſſe toûjours créer infiniment davantage? *Eſt-ce la déterminer juſqu'où ſe peut étendre la puiſſance de Dieu?* Qui doute que [e] *Dieu ne puiſſe faire*, & qu'il n'ait fait meſme *pluſieurs choſes* que nous ne comprenons point ; & *que*

[e] Plura præſtare poteſt quàm nos valeamus animo

nous ne pouvons comprendre? Les saints Peres en ont-ils jamais douté ? les theologiens en ont-ils jamais douté ? ont-ils jamais prétendu comp[illegible]e la toute-puissance de Dieu ?

comprehendere. D.(a[illegible] loco supra citato.

X.

Les Cartesiens peuv[illegible] donc s'épargner la peine de nous[illegible]er les avis qu'ils nous donnent ; & [illegible]devroient remarquer qu'il y a bien de la difference entre dire que Dieu peut faire ce que nous ne comprenons pas, & dire qu'il peut faire ce que nous comprenons clairement & distinctement qu'il ne peut pas faire. Nous reconnoissons qu'ils ont raison de dire que Dieu peut faire ce que nous ne comprenons pas, & nous le disons comme eux. Mais puisqu'un de leurs plus celebres principes est, [a] *que nous ne nous trompons jamais, quand nous assurons une chose ; que nous concevons clairement & distinctement* ; il faut qu'ils reconnoissent aussi que nous ne nous trompons point, quand nous assurons que Dieu ne peut pas faire ce que nous comprenons clairement & distinctement qu'il ne peut pas faire.

[a] Manifestum est nos non falli, cùm id tantum affirmamus aut negamus, quod clarè & distinctè percipimus esse sic affirmandum. *Cartesius 1. parte principiorum n. 33.*

XI.

Or nous comprenons clairement & distinctement que Dieu ne peut pas faire les contradictoires : qu'il est absolument impossible, par exemple, qu'une mesme chose soit & ne soit pas en mesme temps ; qu'elle agisse & qu'en mesme temps elle n'agisse pas. Tout le monde avoüe que l'idée que nous avons de ce principe est la plus claire & la plus distincte que nous ayions ; & si elle n'estoit pas veritable, si mesme el[illegible]it incertaine, je défierois tous les[illegible]sophes ensemble de faire aucun raison[illegible]ent qui fust certain.

XII. Les Car[illegible] veulent-ils que nous en fassions l'épreuve dans le raisonnement qu'ils croyent [a] *le plus certain*, le plus évident, *& le premier que peut faire un homme, qui étudie methodiquement la philosophie ?*

[a] *Cartesius. 1. parte principiorum, n. 7.*

Qui pense est :
Je pense ;
Donc je suis.

XIII. C'est ainsi que raisonne un Cartesien ; mais si je l'arrestois à sa premiere proposition, & si je luy demandois d'où il sçait si assurément, que celuy *qui pense est* ; comment me le prouveroit-il ? diroit-il que s'il pensoit sans estre, il seroit & ne seroit pas en mesme temps ; qu'il seroit, puisqu'il penseroit, & que penser c'est estre pensant ; qu'il ne seroit pas neanmoins, puisque je suppose qu'il penseroit sans estre ? Mais s'il croit que les contradictoires peuvent subsister ensemble, & que par consequent il peut estre & ne pas estre en mesme temps ; comment peut-il soûtenir qu'il est impossible qu'il pense sans estre, précisément parceque s'il pensoit sans estre, il seroit & ne seroit pas en mesme temps ? S'il veut donner quelque force à son raisonnement, ne faut-il pas qu'il ajoûte, ou du moins qu'il suppose avec tout le reste des hommes, qu'il est absolument impossible qu'une chose soit & ne soit pas en mesme temps ; & ainsi que les contradictoires ne peuvent point subsister ensemble?

XIV. M. des Cartes a esté luy-mesme si convaincu de cette verité ; que quand il a voulu dire qu'une chose estoit absolument impossible, qu'*il* [a] *estoit impossible*, par exemple, *de n'estre pas, quand on pense* ; [b] qu'*il estoit impossible de concevoir une montagne sans valée*, & autres choses semblables ; il a crû qu'il ne pouvoit s'expliquer plus fortement qu'en se servant du terme dont se servent communément les philosophes, pour dire qu'il y auroit contradiction en ces sortes de choses, & en disant comme eux, [c] qu'*elles repugnent*.

[a] Repugnat ut putemus id quod cogitat, eo ipso tempore quo cogitat, non existere. *D. des Cartes in* 1. *parte princ.* *n.* 7.

[b] Repugnat nos concipere montem sine valle. *paulo infra.*

[c] Manifestè repugnat, &c. *Idem in* 2. *part. princ.* *n.* 18.

SECTION CINQUIEME.

Il y a contradiction qu'une chose soit sans son essence.

ARISTOTE dit qu'il en est des essences spécifiques comme des nombres ; que [d] *comme un nombre determiné ne peut pas estre plus grand, ny plus petit ; ainsi une essence specifique ne peut estre ny plus ny moins parfaite qu'elle est* ; & [e] que

[d] Ὥσπερ οὐδὲ ὁ ἀριθμὸς ἔχει τὸ μᾶλλον καὶ τὸ ἧττον· οὐδ᾽ ἡ κατὰ τὸ εἶδος οὐσία. *Et paulo supra.*

[e] Καὶ ὥσπερ

comme un tel nombre cesseroit d'estre un tel nombre, si on en ostoit, ou si l'on y ajoûtoit une seule unité; ainsi une chose cesseroit d'estre une telle chose, si on en ostoit, ou si l'on y ajoûtoit la moindre perfection.

οὐδ' ἀπ' ἀριθμοῦ ἀφαιρεθέντος τινὸς ἢ προστεθέντος ἐξ ὧν ὁ αὐτός ἀριθμός ἐστιν, οὐκ ἔτι ὁ αὐτὸς ἀριθμός ἐστιν, ἀλλ' ἕτερος· κἂν τοὐλάχιστον ἀφαιρεθῇ, ἢ προστεθῇ. οὕτως οὐδὲ ὁ ὁρισμὸς, οὐδὲ τὸ τί ἦν εἶναι, οὐκ ἔτι ἔσται ἀφαιρεθέντος τινὸς ἢ προστεθέντος. *Arist. lib 8. metaphys. c. 3.*

II. Plus ce texte est formel, plus j'ay sujet de croire que je feray pitié à l'autheur *de la recherche*, & qu'il me reprochera qu'il faut que je sois bien-foible, pour avoir besoin de l'appuy & de l'authorité d'un homme, *qui ne fait aucun usage de sa raison, qui ne sçait ce qu'il dit, & qui se rend ridicule.* Car c'est ainsi que cet autheur traite Aristote. Que peut-on penser d'un homme qui est capable de parler de la sorte, contre le sentiment commun de tous les hommes qui ont composé depuis long temps toutes les universitez du monde, & qui ont constamment admiré Aristote comme l'oracle de la philosophie, qu'ils faisoient gloire de suivre, sans oser esperer de l'atteindre? Je ne sçay à quoy pense ce Cartesien, ny dans quelle reputation il prétend s'établir; mais pour moy si j'avois dessein de décrier un homme qui se mêlast de philosophie, & de le faire passer pour un extravagant, je ne croirois pas pouvoir mieux réüssir, qu'en luy faisant dire qu'*Aristote ne fait aucun usage de sa raison, qu'il ne sçait ce qu'il dit, & qu'il se rend ridicule.*

Saint Thomas vaut bien l'autheur de *la recherche*; & cependant ce grand Saint a tant d'estime pour Aristote, qu'il fait gloire d'estre comme son écolier; il n'y a quasi point de page dans sa Somme, où il ne le cite plusieurs fois: & quand il demande en particulier si Dieu peut changer les essences des choses, & les rendre plus parfaites; non seulement il suit le sentiment de ce philosophe, mais il s'appuye de son authorité, & se sert de ses propres paroles. [a] *Ie réponds*, dit-il, *que quant à la perfection essentielle, Dieu ne peut pas faire une chose plus parfaite qu'elle est, (quoyqu'il puisse faire une autre chose plus parfaite) comme il ne peut pas faire le nombre quatre plus grand; parce que si le nombre quatre estoit plus grand, il seroit encor le nombre quatre, & ne seroit plus le nombre quatre, mais un autre nombre. Car il en est d'une diference substantielle ajoûtée aux définitions ou aux essences, comme d'une unité ajoûtée aux nombres, ainsi que ledit Aristote dans le huitiéme de ses livres metaphysiques.* III.

[a] Respondeo primò, dicendum quod bonitas alicuius rei est duplex; una quidem quæ est de essentia rei, sicut esse rationale est de essentia hominis; & quantum ad hoc bonum Deus non potest facere aliquam rem meliorem quàm ipsa sit (licèt possit facere aliquam aliam eâ meliorem) sicut & non potest facere quaternarium maiorem: quia si esset maior, iam non esset quaternarius, sed alius numerus. Sic enim se habet additio differentiæ substantialis in diffinitionibus, sicut additio unitatis in numeris, ut dicitur in 8. metaphysicorum, &c. S. *Thomas* 1. *parte, quæstione* 25, *art*, 6, *in corp*.

IV. Je pourois ajoûter qu'Aristote a esté suivy en ce point de tous les philosophes, & saint Thomas de tous les theologiens, à la reserve peut-estre de deux ou trois Nominaux.

V. Mais il vaut mieux faire voir que ce sentiment si commun est la verité du monde la plus constante, la plus claire, & la plus aisée à démontrer.

VI. N'est-il pas vray que l'essence d'une chose est l'estre mesme de la chose ? N'est-il pas vray que l'estre d'une chose n'est pas distingué de la chose mesme ? Si cela est, une chose ne peut pas estre sans son essence, qu'elle ne soit sans son estre ; & elle ne peut estre sans estre, qu'elle ne soit sans elle-mesme. Or je demande si ce n'est pas une contradiction manifeste, que de dire qu'une chose soit sans elle-mesme ? n'est-ce pas dire qu'elle est, & qu'elle n'est pas en mesme temps ?

VII. Encore une fois qu'entendons-nous par *l'essence d'une chose ?* tous les hommes qui se sont servy jusqu'à present de ce mot, ne l'ont-ils pas pris pour l'attribut, [a] *sans lequel une chose ne peut ny estre réellement en elle-mesme, ny estre conçûë de nos esprits.* Si donc une chose pouvoit estre sans son essence, elle pouroit estre sans l'attribut, sans lequel elle ne peut estre ; & par consequent elle pouroit estre sans cet attribut, & en mesme temps elle ne pouroit estre sans cet attribut : qu'appelle-t-on contra-

[a] Essentia est id sine quo res nec esse, nec concipi potest.

diction, si celle-là n'en est une ?

Monsieur des Cartes se considerant, [a] *non pas comme un animal raisonnable*, composé de corps & d'ame; *mais seulement comme une chose qui pense, comme un pur esprit, & comme une raison subsistante.* Et enseignant que [b] *la seule pensée fait toute son essence*; il soûtient qu'il [c] *y auroit contradiction que sa pensée fust sans luy*; & reconnoist par consequent qu'il y auroit contradiction que son essence existast sans qu'il existast luy-mesme. VIII.

[a] Quid est homo? dicamne animal rationale, non; quia, &c... sum igitur præcise tantũ res cogitans, id est, mens, sive animus, sive intellectus sive ratio. *D. des Cartes in 2. meditatione metaphysica.*

[b] Examinantes quinam sumus nos, qui omnia quæ à nobis diversa sunt supponimus esse falsa, perspicuè videmus nullam extensionem nec figuram nec motum localem, nec quid simile quod corpori sit tribuendum, ad naturam nostram pertinere, sed cogitationem solam. *Idem 1. parte principiorum n. 8.*

[c] Repugnat ut putemus id quod cogitat, eo ipso tempore quo cogitat, non existere. *Idem ibidem n. 7.*

Raisonnons de toutes les essences, comme de celle de M. des Cartes. Il y a contradiction que l'essence de M. des Cartes soit sans M. des Cartes; il y a donc aussi contradiction qu'aucune des essences soit sans la chose dont elle est l'essence. IX.

Mais n'y a-t-il pas une connexion mutuelle entre une chose & son essence ? Cette connexion n'est-elle pas également necessaire de part & d'autre ? & s'il y a contradiction à dire que l'essence d'une chose peut estre sans la chose dont elle est l'essence, ne faut-il pas avouër que ce X.

seroit soûtenir une égale contradiction, que de soûtenir qu'une chose peut estre sans son essence?

XI. J'ay peine à croire que M. Cally ait lû luy-mesme le chapitre qu'il nous objecte de la cité de Dieu; car il auroit assûrement remarqué que saint Augustin n'y parle nullement de l'essence, mais seulement de l'état ordinaire des choses. Ce Pere ayant à prouver que les damnez aprés la resurrection generale des morts [a] *brûleront toûjours sans jamais mourir*; quoyque *nous sçachions que ce n'est pas là la nature du corps humain*; il le preuve, parce que Dieu en a & la volonté & le pouvoir.

[a] Si autem propterea respondent se non credere quæ de humanis semper ardsuris, nec unquam morituris corporibus dicimus, quia humanorum corporum naturam novimus longè aliter institutam.... quoniam scimus humanæ carnis istam non esse naturam. Habemus quod respondeamus, &c. *Sanctus Augustinus in lib. 21. de civitate Dei, cap. 8.*

XII. Il montre en deux mots, que Dieu en a la volonté par la [b] parole de Dieu mesme; mais il montre bien au long que Dieu en a le pouvoir par d'autres semblables merveilles, que Dieu a déja faites. Ainsi [c] *nous trouvons*, dit-il, *dans les saintes lettres, que l'homme qui estoit immortel devant son peché, devint mortel par son*

[b] Quomodo prænuntiaverit satis in libro superiore docuisse me existimo. *Loco citato.*

[c] Habemus quod respondeamus de literis sacris; hanc ipsam scilicet humanam carnem aliter institutam fuisse ante peccatum, id est, ut posset nunquam perpeti mortem: aliter autem post peccatum qualis ærumna huius mortalitatis innotuit, ut perpetem vitam tenere non possit. *Ibidem.*

peché; [a] *& dans les livres de Marc Varron, que l'étoile de Venus a paru une fois comme une espece de prodige, ayant absolument changé de couleur, de grandeur, de figure & de mouvement.* C'est icy qu'ayant fait reflexion sur le terme de *prodige*, dont Varron s'est servy; & qu'ayant dit que [b] *ce grand autheur n'apelleroit pas ce phenomene un prodige, s'il ne paroissoit estre contre la nature.* Il ajoûte; [c] *Nous disons que les prodiges sont contre la nature, mais ils ne sont pas en effet contre la nature; car comment seroit il possible que ce qui se fait par la volonté de Dieu, se fist contre la nature, puisque la volonté de ce grand Createur est la nature de chaque chose creée?* Et pour confirmer davantage sa pensée, & montrer que *Dieu a un pouvoir souverain sur tout ce qu'il a creé:* [d] *Qu'y a-t'il de plus reglé*, poursuit-il, *que le cours des astres? & neanmoins quand il a voulu* non seulement *l'étoile de Venus a changé de cours;* mais *nous lisons dans les livres divins*

[a] Est in Marci Varronis lib. quorum inscriptio est de gente populi Romani, quod eisdem verbis quibus ibi legitur & hic ponam: in cœlo, inquit, mirabile extitit portentum: nam in stella Veneris nobilissima Castor scribit tantum portentum extitisse, ut mutaret colorem, magnitudiné, figuram, cursum; quod factum ita neq; antea, neque postea sit. *Ib.*

[b] Hoc certè Varro tantus author portentum non appellaret, nisi esse contra naturam videretur. *Ibid.*

[c] Omnia quippe portenta contra naturam dicimus esse, sed non sunt. Quomodo est enim contra naturam, quod Dei fit voluntate, cum voluntas tanti utique conditoris conditæ rei cuiusque natura sit? *Ibidem.*

[d] Quid ita dispositum est ab authore naturæ, cæli & terræ, quemadmodum cursus ordinatissimus syderum? quid tam ratis legibus fixisque firmatum? & tamen quando ille voluit, qui summo regit imperio ac potestate quod condidit, stella præ cæteris magnitudine atque splendore notissima colorem, magnitudinem, figuram, & quod est mirabilius, sui cursus ordinem legemque mutavit . . . . In divinis libris legimus etiam solem

ipsum & stetisse cùm hoc à Domino Deo petivisset vir sanctus Iesus Nave, donec cœptum prælium victoria terminaret, & retrorsum rediisse, ut regi Ezechiæ quindecim anni additi ad vivendum, hoc etiam prodigio promissioni Dei significarétur adjuncto .... & fluvium stetisse superius inferiusque fluxisse, cum populus Dei ductore supra memorato Iesu Nave viam carperet ; & Helia propheta transeunte, ac postea discipulo ejus Helizæo id esse factum in sacris literis legimus .... Terra Sodomorum non fuit utique ut nunc est ; sed iacebat simili cæteris facie, eademque vel etiam uberiore fœcunditate pollebat, nam Dei paradiso in divinis colloquiis comparata est : hæc posteaquam tacta de cœlo est, prodigiosa fuligine horrori est ; & poma eius interiorem favillam mendaci superficie maturitatis includunt : ecce non erat talis, & talis est ; ecce à conditore naturarum natura eius in hanc fœdissimam diversitatem mirabili mutatione conversa est .... Sicut ergo non fuit impossibile Deo quas voluit instituere, sic ei non est impossibile in quicquid voluerit quas instituit mutare naturas. *Ibidem*.

que le soleil mesme s'est arresté à la priere de Iosué, & qu'il a retrogradé en faveur du Roy Ezechias. Nous lisons que les eaux se sont entre ouvertes pour faire passage une fois au peuple d'Israël, & une autre fois aux Prophetes Elie & Elisée. Enfin *le pais de Sodome, que la divine parole compare au Paradis de Dieu pour sa beauté & sa fertilité, est devenu horrible depuis qu'il a esté frapé du ciel ; & ses fruits n'ont jamais qu'une apparence trompeuse de maturité. il s'en faut bien que cette terre soit telle qu'elle estoit autre fois ; mais sa nature a esté changée par le Createur des natures. .... parce que comme Dieu a pû créer les natures qu'il a voulu, il peut changer en tout ce qu'il voudra celles qu'il a creées.* Voila en abregé toute la doctrine de ce chapitre.

XIII. Monsieur Cally avouëra que quand S. Augustin dit que *la volonté du Createur est la nature de chaque chose, & que Dieu peut changer les natures qu'il a creées;* on ne peut mieux juger de ce qu'il entend par le mot de *nature*, que par les exemples qu'il aporte, pour prouver que Dieu a changé en effet la nature de plusieurs choses. Or il est certain qu'il n'y a que l'état ordinaire des choses qui a esté changé dans les exemples qu'il aporte, & qu'il ne s'y est fait aucun changement d'essence; l'étoile de Venus, le soleil, l'eau & la terre conserverent leurs essences dans tous ces prodiges. Adam ne changea point d'essence, lorsque d'immortel il devint mortel en punition de son peché; [a] & il est de la foy qu'aprês la resurrection nous serons essentiellement les mesmes que nous sommes; que nous aurons par consequent les mesmes corps, & que nos corps auront les mesmes essences qu'ils ont à present. Il est donc évident que quand Saint Augustin dit que *la volonté du Createur est la nature de chaque chose*, & que *Dieu peut changer les natures qu'il a creées;* il ne prétend point parler des essences, mais seulement de l'état ordinaire des choses; & que tout ce qu'il veut dire, c'est que si le feu brûle ordinairement, & s'il consume ordinairement ce qu'il brûle; si l'eau coule ordinairement de haut en bas, si elle cede aux corps plus pesans, & si elle s'ouvre pour les abysmer; si le soleil, l'étoile de Venus & les au-

[a] In novissimo die de terra surrecturus sum, & in carne mea videbo Deum meum, quem visurus sum ego ipse, & non alius. Iob 19. 25.

tres astres ont ordinairement un certain cours reglé ; si une terre est ordinairement fertile, toutes ces choses dépendent de la volonté de Dieu, qui a étably cet ordre & qui le conserve, mais qui le peut changer ; qui peut empescher, ou que le feu ne brûle, ou qu'il ne consume ce qu'il brûle ; qui peut tenir l'eau suspenduë, & la rendre capable de porter d'autres corps plus pesans ; qui peut arrester le soleil & tous les corps celestes, ou leur faire prendre un cours tout contraire à celuy qu'ils tiennent ; qui peut oster la fertilité à une terre, & la rendre sterile. Toute cette doctrine est vraye & digne de saint Augustin ; mais en peut-on raisonnablement tirer aucune consequence contre ce que j'ay dit des essences des choses ?

SECTION SIXIEME.

Selon la doctrine de M. des Cartes, il y a contradiction qu'un corps soit sans son étenduë formelle.

I. IL y a contradiction qu'une chose soit sans son essence ; je viens de le démontrer : puis donc que M. des Cartes soûtient que l'essence du corps consiste dans son étenduë formelle & actuelle, comme je l'ay fait voir [a] dans la premiere partie ; n'est-ce pas une consequence necessaire dans sa philosophie qu'il y a contradic-

[a] ch. 1. & 2.

tion qu'un corps soit sans son étenduë formelle?

Il n'en faut pas davantage pour prouver ma proposition, & c'est assez pour faire voir combien le principe de M. des Cartes touchant l'essence du corps est dangereux, d'avoir montré qu'il en suit une conclusion si scandaleuse & si directement contraire à ce que l'Eglise nous enseigne du corps de Jesus-Christ dans l'Eucharistie. II.

Mais il ne faut pas qu'on pense que ma consequence ait esté imprevûë à M. des Cartes, il l'a soûtenuë en plusieurs endroits. III.

Il dit par exemple, qu'un corps qui seroit sans son étenduë, seroit un corps qui a *ne seroit rien, ou qui seroit un esprit*; n'est-ce pas dire qu'il y auroit contradiction qu'un corps fust sans son étenduë? Un corps peut il sans contradiction estre un corps & un esprit? peut-il sans contradiction estre un corps, & en mesme temps n'estre rien? IV.

a Nonnulli cum substantiam ab extensione distinguunt, vel nihil per nomen substantiæ intelligunt, vel confusam tantum substantiæ incorporeæ ideam habent, quam falso tribuunt corporeæ. *D. des Cartes, parte 2. principiorum philosophiæ, n. 9.*

Il enseigne qu'il est aussi difficile d'oster à un corps une partie de son étenduë, sans luy oster une partie de sa substance, que de luy donner une nouvelle étenduë plus grande que celle qu'il a, sans luy ajoûter une nouvelle substance: & il sçû- V.

tient cependant [a] *qu'il y a contradiction qu'un corps acquierre une nouvelle étenduë plus grande que celle qu'il a, sans acquerir une nouvelle substance* : n'est-ce pas soûtenir qu'il y a contradiction qu'un corps perde une partie de son étenduë, & qu'il en acquierre une plus petite que celle qu'il a, sans perdre une partie de sa substance ? Mais s'il y a contradiction qu'un corps perde une partie de son étenduë sans perdre une partie de sa substance ; n'y aura-t-il point de contradiction qu'un corps perde toute son étenduë, sans rien perdre de sa substance?

VI.

Enfin le grand principe de M. des Cartes, c'est [b] qu'*espace, étenduë & matiere ne sont que la mesme chose* ; [c] & que *l'idée que nous avons de l'espace ou de l'étenduë est toute la mesme que celle que nous avons de la matiere ou de la substance corporelle*. De ce principe M. Rohault conclud que [d] *de demander s'il peut y avoir une espace sans matiere, c'est demander s'il peut y avoir une matiere sans matiere ; en quoy il y a*, ajoûte-t-il, *une manifeste contradiction*. Et M. des Cartes en conclud luy-mesme, qu'il *n'y a pas plus de contradiction à concevoir une montagne sans valée, qu'à concevoir ou de l'espace entre les costez d'un vase, sans y concevoir de l'étenduë, ou de l'étenduë sans une substance corporelle*.

VII.

J'avouë que supposé le principe, ces consequences sont legitimes. Mais si de

[a] *Voyez la premiere part. chap. 2, n. 8.*

[b] *Voyez M. Rohault dans son traité de physique 1. p. chap. 8 n. 1.*

[c] Idea eius extensionis quã in spatio qualicunque concipimus, eadẽ planè est cum idea substãtiæ corporeæ. *D. des Cartes 2. p. princip. n. 21*

[d] *Dans son traité de phys. 1. p. ch. 8. n. 1.*

ce qu'*un espace, une étenduë formelle, un corps & une matiere ne sont que la mesme chose*; & de ce que *nous n'en avons qu'une mesme idée*; il s'ensuit fort bien qu'il y auroit *une manifeste contradiction* qu'une espace fust sans étenduë formelle, qu'une étenduë formelle fust sans un corps, & qu'un corps fust sans matiere; ne s'ensuit-il pas aussi necessairement qu'il y a contradiction qu'un corps soit sans étenduë formelle?

VIII. En effet si une étenduë formelle est réellement & formellement la mesme chose qu'un corps; afin qu'un corps fust sans étenduë formelle, il faudroit qu'un corps fust sans corps, qu'il fust un corps, & qu'en mesme temps il ne fust pas un corps.

SECTION SEPTIEME.

Il est absolument impossible, selon la doctrine de M. des Cartes, que le corps de Iesus-Christ soit dans l'Eucharistie, comme l'Eglise le croit, sans son étenduë.

I. JE ne puis prévoir de quel costé se tourneront les Cartesiens, ny ce qu'ils répondront à des preuves aussi fortes & aussi suivies que celles que je viens d'employer contre eux: mais je sçay bien qu'ils n'ont plus qu'un party à prendre; & que ne pouvant sauver leur maistre, ils ne peuvent se sauver eux-mesmes qu'en l'abandonnant & en reconnoissant qu'il s'est trompé.

II. Car autrement que diront-ils ? nieront-ils quelqu'une des propositions précedentes ? Mais les deux dernieres ne contiennent que la doctrine de M. des Cartes : & j'ay prouvé toutes les autres, non seulement par des raisons claires & convaincantes, mais encor par l'authorité & le consentement universel des saints Peres, des theologiens, des philosophes & de M. des Cartes mesme.

III. Les accorderont-ils ? mais s'ils les accordent, il faut qu'ils avouënt qu'il n'y a rien de plus contraire à la foy que la doctrine de M. des Cartes : car supposé ces propositions.

IV. 1. Il y a des choses absolument impossibles indépendemment de la volonté de Dieu, & que Dieu n'a jamais pû vouloir.

V. 2. S'il y en a qui soient impossibles de la sorte, ce sont celles qui ne se peuvent faire sans contradiction.

VI. 3. Il ne se peut faire sans contradiction, qu'une chose soit sans son essence.

VII. 4. L'essence du corps consiste dans l'étenduë.

VIII. 5. Et il ne se peut faire sans contradiction qu'un corps soit sans son étenduë.

La consequence est évidente, Qu'il est donc absolument impossible selon la doctrine de M. des Cartes, que le corps de Jesus-Christ soit dans l'Eucharistie, comme l'Eglise le croit, sans son étenduë : que Dieu n'a jamais pû vouloir qu'il y fust sans son étenduë, & que c'est une impossibilité indépendante de sa volonté, & antecedente à tous ses decrets. IX.

J'ajoûte que quand je suprimerois toutes les propositions, dont cette fâcheuse consequence suit necessairement ; quand j'accorderois mesme ce qui ne se peut accorder sans extravagance, que toute la theologie que j'ay établie est fausse, ils ne pouroient encor sauver Monsieur des Cartes. X.

Car tout le monde sçait sans theologie, que les proprietez qui suivent des essences des choses, & qui ne leur conviennent qu'à cause de leurs essences, ne peuvent pas leur estre plus necessaires, ny en estre plus inseparables que leurs essences mesmes. XI.

Or Monsieur des Cartes enseigne [a] que l'étenduë est l'essence du corps, & que la divisibilité est une proprieté du corps qui suit de l'étenduë. XII.

[a] Postquam sic advertimus substãtiæ corporeæ naturã in eo tantum consistere quod sit extensa . . . . . facilè cognoscimus fieri non posse ut aliqua eius pars plus spatii occupet una vice quam alia . . . . cognoscimus etiam fieri non posse, ut aliquæ a'omi sive materiæ partes ex natura sua indivisibiles existant : cùm enim si quæ sint, necessariò [illegible] esse extensæ, quan-

etiamvis parvæ fingantur, possumus adhuc unamquamque ex ipsis in duas aut plures minores cogitatione dividere, ac proinde agnoscere esse divisibiles. 2. *parte principiorum philosophiæ n.* 19. & 20.

XIII. Il ne croit donc pas que la divisibilité soit plus necessaire au corps que l'étenduë, ny que l'étenduë soit plus aisément séparable du corps que la divisibilité. Au contraire s'il croit que le corps peut absolument estre sans son étenduë, il faut qu'il croye que le corps peut absolument estre sans sa divisibilité : & s'il croit que Dieu n'a jamais pû faire, s'il croit que Dieu n'a jamais pû vouloir qu'un corps fust sans sa divisibilité ; il faut qu'il croye que Dieu n'a jamais pû ny faire ny vouloir qu'un corps fust sans son étenduë.

XIV. Or il soûtient expressément que la divisibilité est absolument necessaire au corps ; qu'elle est absolument inseparable du corps ; que Dieu n'a jamais pû ny faire ny vouloir qu'un corps fust sans sa divisibilité ; & que cela luy est autant impossible, qu'*il a luy est impossible de diminuer, ou de vouloir diminuer sa propre puissance.* J'ay déja cité tant de fois ces passages, qu'il seroit inutile de les repeter.

a Etiamsi fingamus Deum efficere voluisse ut aliqua materiæ particula in alias minores dividi non possit, non tamen illa propriè indivisibilis erit dicenda. Vt enim effecerit eam à nullis creaturis dividi posse, non certè sibi ipsi eiusdem dividendæ facultatem potuit adimere, quia fieri planè non potest, ut propriam suam potentiam imminuat. 2. *parte principiorum philosophiæ n.* 20.

Peut-

Peut-on douter aprés cela de la doctrine de Monſieur des Cartes ? & n'eſt-il pas XV.
clair que l'étenduë eſt ſelon luy abſolument neceſſaire au corps ; qu'elle eſt abſolument inſéparable du corps ; que Dieu n'a jamais pû ny faire ny vouloir qu'un corps fuſt dans l'Euchariſtie, comme nous le croyons, ſans ſon étenduë ; & que cela luy eſt autant impoſſible, qu'*il luy eſt impoſſible de diminuer, ou de vouloir diminuer ſa propre puiſſance ?*

Enfin les Carteſiens veulent-ils que XVI.
je leur accorde encor contre toute apparence de verité & de raiſon, & contre toutes les démonſtrations que j'ay aportées, que quoyque l'étenduë ſoit toute l'eſſence du corps, un corps peut eſtre ſans ſon étenduë ; que Dieu a pû vouloir, & qu'il a voulu en effet que le corps de Jeſus-Chriſt euſt deux eſſences, l'une hors de l'Euchariſtie, & l'autre dans l'Euchariſtie ; que hors de l'Euchariſtie toute ſon eſſence conſiſte comme l'eſſence de tout autre corps dans l'étenduë ; que dans l'Euchariſtie ſon eſſence ne conſiſte pas dans l'étenduë, mais dans quelque autre choſe que nous ne ſçavons point ; & que c'eſt là la doctrine de Monſieur des Cartes ?

Que ces Meſſieurs reconnoiſſent combien leur cauſe eſt deſeſperée, & combien XVII.
le ſentiment de Monſieur des Cartes, & le leur touchant l'eſſence du corps eſt

dangereux : puisque quand je leur accorderois tout ce qu'ils demandent, ils tomberoient encor necessairement dans ces héresies que, Jesus-Christ auroit deux corps, & qu'il n'auroit pas dans l'Eucharistie le mesme corps, [a] *qui a esté livré pour nous à la mort.*

[a] Hoc est corpus meum, quod pro vobis tradetur.

SENTIMENS DE M^r DES CARTES

Touchant l'essence & les proprietez du corps;

Comparez aux erreurs de Calvin sur le sujet de l'Eucharistie.

TROISIEME PARTIE.

COmme les heretiques ne sont pas heretiques en tout, on peut estre d'accord avec eux en plusieurs choses, sans meriter d'estre pour cela soupçonné d'erreur. I.

Mais de s'accorder avec eux sur un point dont ils font l'un des principaux fondemens de leur heresie, & duquel les docteurs catholiques conviennent qu'elle s'ensuit en effet necessairement; c'est ce que l'on ne peut faire sans se rendre du moins suspect: & c'est neanmoins ce que font les Cartesiens aprés M. des Cartes, ainsi II.

que je vais montrer dans les trois parties de ce chapitre, où je feray voir,

III. 1. Que Calvin & les Calvinistes soûtiennent, comme M. des Cartes & les Cartesiens, que l'essence du corps consiste dans les trois dimensions & dans une étenduë absolument impenetrable.

IV. 2. Que de ce principe Calvin & les Calvinistes concluënt qu'il est impossible que le corps de Jesus-Christ soit réellement dans l'Eucharistie de la maniere que l'enseigne l'Eglise Romaine.

V. 3. Que les docteurs catholiques s'attachent à réfuter ce principe de Calvin & des Calvinistes, reconnoissant que s'ils l'accordoient, ils seroient obligez de leur accorder la consequence qu'ils en tirent contre la presence réelle du corps de Jesus-Christ dans l'Eucharistie.

CHAPITRE I.

Calvin & les Calvinistes mettent l'essence du corps, comme M. des Cartes & les Carteſiens, dans les trois dimensions, & dans une étenduë abſolument impenetrable.

I.

[a] L'*Idée ou la notion propre du corps*, dit Calvin dans ſon inſtitution, *c'eſt qu'il ait ſes dimenſions....* [b] *Inſenſé que vous eſtes*, (c'eſt ainſi qu'il parle aux catholiques) *avez-vous raiſon de demander à Dieu qu'il faſſe que la chair ſoit chair, & qu'en meſme temps elle ne ſoit pas chair? Comme ſi vous le preſſiez de faire que la lumiere fuſt en meſme temps la lumiere & les tenebres. Il veut que la lumiere ſoit la lumiere, que les tenebres ſoient tenebres, que la chair ſoit chair. Il faut donc que la chair ſoit chair, l'eſprit eſprit, chaque choſe dans l'ordre & dans la condition où Dieu l'a creée. Or la condition de la chair c'eſt d'avoir ſon étenduë.* Et immediatement aprés expliquant ce qu'il entend par *cette condition de la chair*, qui conſiſte en ce qu'elle ait ſon étenduë, il l'ap-

[a] Hæc eſt propria corporis veritas, ut ſuis dimenſionibus conſtet: *Calvinus in inſtitutione Chriſtianæ religionis, cap. 18. n. 23. editionis Genevenſis apud Adamum & Ioannem Riveros fratres anno 1554.*

[b] Inſane, quid à Dei potentia poſtulas, ut carnem faciat ſimul eſſe & non eſſe car-

pesse [a] *la nature & la verité de la chair.* Il ajoûte que [b] *ce seroit une chose manifestement repugnante à la nature du corps humain de luy oster sa grandeur.* Il se moque de ce que [c] *nous accordons qu'un corps peut absolument estre d'une maniere non corporelle, & sans avoir ses parties les unes hors des autres*; disant que *nous ne comprenons point ce que nous disons, & que nous ne pouvons l'expliquer.*

hem ? perinde ac si instes ut lucem faciat simul esse lucem, & tenebras. Et lucem vult esse lucē; tenebras, tenebras; carnem, carnem . . . . , Carnem igitur carnem esse opportet; spiritum, spiritum; unum quodque qua à Deo lege & conditione creatum est. Ea verò est carnis conditio, ut sua dimensione constet. *Ibidem in eodem cap n. 27.*

a Ea conditione carnem induit Christus, cui incorruptionem quidem & gratiam dedit; naturam & veritatem non abstulit. *Idem ibidem.*

b Talem Christi in cæna præsentiam cogitemus, quæ nec mensuram illi suam auferat, nec immensam illi magnitudinem affingat: hæc enim humanæ naturæ veritati non obscurè repugnant. *Idem in eodem capite n. 22.*

c Non circunscriptivè, nec corporali modo contineri illic Christum concedunt, sed rationem comminiscuntur, quam nec ipsi intelligunt, nec aliis possunt explicare. *Idem in eodem c. n. 21.*

II. Philippes de Mornay dans le traité qu'il a fait de [d] *l'institution, usage & doctrine du saint Sacrement de l'Eucharistie*, entreprend expressément de prouver que la *circonscription* est de l'essence du corps; & comme ce mot barbare signifie deux choses dans les écoles de philosophie & de theologie, à sçavoir l'étenduë formelle, qui consiste dans la situation des parties du corps les unes hors des autres; &

d *Livre 4. ch. 5. page 668. & 669. de l'edition faite à la Rochelle l'an 1599.*

la limitation de cette mesme étenduë. Ce fameux Calviniste prouve le second, que nous ne nions pas, par l'authorité de saint Ambroise ; & le premier, parce que *selon Saint Augustin*, dit-il, *tout corps est local, tout ce qui est local occupe de sa moindre partie le moindre lieu, de sa plus grande le plus grand* Et un peu plus bas [a] il soûtient qu'il ne s'est jamais fait *penetration de dimensions* dans aucun de nos mysteres, ny concurrence de corps en mesme lieu. Dans un autre ouvrage qu'il a intitulé, *Verification des lieux impugnez de faux en l'institution de la sainte Eucharistie par le Iesuite Risheome*, il se moque de la penetration que les catholiques croyent surnaturellement possible ; il l'appelle [b] *la prétenduë penetration des dimensions en la transsubstantiation*, & s'efforce de répondre à tout ce [c] qu'*ils ont acoûtumé d'alleguer pour preuve de la penetration des dimensions en la question de la transsubstantiation.*

[a] Page 670.

[b] Page 178. de l'édition de Saumur l'an 1601.

[c] Page 166.

III. Mais écoutons Pierre du Moulin, & voyons si l'on ne diroit pas que Monsieur des Cartes & les Cartesiens auroient pris de luy, non seulement leur opinion, mais encor la pluspart des termes, & mesme quelques-uns des arguments, dont ils se servent pour l'exprimer & pour la prouver.

IV. Voicy comment ce ministre s'explique dans son [d] *apologie pour la sainte cene du*

[d] Quatriéme

édition à Geneve l'an1610. chap. 1.

Seigneur contre la presence corporelle, &c. *Oster*, dit-il, *au corps ses proprietez inseparables, qui sont longueur, largeur & épaisseur, c'est ruiner le corps...... La seule cause* ajoûte-t-il, *qui fait que l'ame est toute entiere en chaque partie du corps, est pource qu'elle n'a point de parties ny de longueur ; cela donc ne peut convenir au corps sans luy oster ses parties......* Et plus bas : *Vne pareille absurdité naist de ce que ces Messieurs* (il parle des catholiques) *soûtiennent que deux corps peuvent ne tenir qu'un lieu, & se penetrer sans contradiction ; c'est à dire que deux pintes d'eau peuvent tenir dans une pinte sans diminution .... Si c'est chose*, poursuit-il, *que nos adversaires tiennent impossible & pleine de contradiction, qu'un esprit soit divisible & étendu; pourquoy ne reconnoissent-ils la mesme contradiction qu'un corps soit indivisible & sans extension ?* ..... Il confirme toute cette doctrine par l'authorité d'Aristote & de Saint Augustin, & conclud en ces termes : *Bref ceux qui ostent au corps la maniere d'estre des corps, qui est d'avoir des dimensions, abolissent la nature du corps ; & sous ce mot de substance, nous donnent une chimere.* Il enseigne encor la mesme chose dans son [a] *Bouclier de la foy contre les objections du Sieur Iean Arnoux Iesuite.* Il dit que supposer *un corps sans étenduë & sans circonscription*,

[a] De l'édition faite à Charenton l'an 1619. dans la seconde partie section 30. page 175.

n'ayant point de parties situées en leur lieu à part, c'est le dépoüiller de toutes les proprietez & differences par lesquelles un corps est different d'un esprit . . . . . c'est faire qu'il ne soit plus corps, mais esprit . . Et il le repete une seconde fois, que *quiconque met un corps humain tout entier sous un point, luy oste toute longueur & largeur, & par consequent fait qu'il n'est plus corps.*

Monsieur Claude dans la premiere partie de sa [a] *Réponse aux deux traitez intitulez, la Perpetuité de la foy de l'Eglise catholique, touchant l'Eucharistie ;* parlant de la difference qu'il y a entre la créance de l'Eglise Romaine, & celle de Charenton, touchant la présence de Jesus-Christ dans l'Eucharistie, s'en explique en ces termes : [b] *L'Eglise Romaine assûre que le corps de Iesus-Christ existe dans l'Eucharistie à la maniere d'un esprit & sans occuper aucun espace: nous disons au contraire, qu'un corps ne sçauroit estre, s'il n'est remplissant un espace selon la mesure de ses dimensions, & qu'il ne peut exister qu'à la maniere d'un corps.* Il dit que *les* [c] *saints Peres décident la question en sa faveur,* & cite pour cela entr'autres saint Augustin. Il met cette [d] *existence d'un corps à la maniere d'un esprit*, au nombre des mysteres, qu'il apelle des *mysteres pretendus, qui sont envelopez d'impossibilitez & de*

[a] De la septiéme édition.

[b] Chap. 4.

[c] Chap. 4.

[d] Chap. 2.

contradictions manifestes. Et dans sa *réponse au livre du Pere Noüet*, il employe un grand chapitre tout entier à prouver que la penetration des corps est impossible ; qu'il n'y en a jamais eu aucun exemple, & que *le Pere Noüet s'est laissé préoccuper par l'authorité de Bellarmin & de du Peron*, lorsque *pour prouver que les Peres ont attribué au corps de Iesus Christ la penetration des autres corps : & qu'ils luy ont donné deux sortes de présence, l'une à la maniere des esprits, & l'autre à la maniere d'un corps ; il a allegué trois exemples, la sortie de Jesus-Christ du sepulchre, son entrée dans la chambre en penetrant les portes closes, & sa naissance sans rompre le sceau de la virginité de sa mere.*

VI. Je puis ajoûter que c'est le sentiment commun de tous les Calvinistes ; soit parce qu'il n'y en a pas un qui ait traité cette question qui ne s'en soit expliqué de la mesme maniere que ceux que je viens de citer ; soit parce que dans [a] *l'apologie* qu'ils présenterent autrefois en corps au nom de toute leur Eglise à *Henry II. Roy de Navarre*, ils font profession de croire que [b] *d'estre circonscript de certaine dimension*, est une *des qualitez d'un vray corps* ; & qu'il est [c] *contre l'ordre de nature . . . . . contre nature . . . . . contre-naturel* (car ce sont tous leurs termes) *qu'un corps naturel d'hom-*

[a] *Imprimée à Geneve l'an* 1584.

[b] *Chap.* 7. *page* 100.

[c] *Page* 97. & 98.

me puisse estre enclos en si petit espace que la rondeur d'une hostie.

Il ne faut donc point s'étonner, ny de ce qu'ils reçoivent par tout la philosophie de Monsieur des Cartes avec un aplaudissement extraordinaire ; ny de ce qu'ils donnent leurs enfans avec une entiere confiance aux professeurs qui l'enseignent, quoyque catholiques, quoyque prestres, sans se mettre en peine, comme ils faisoient auparavant, d'entretenir chez eux des maîtres qui soient de leur religion, ou d'envoyer leurs enfans en chercher bien loin dans les universitez étrangeres. VII.

Ils voyent tant de raport entre leurs erreurs & cette philosophie, qu'ils la considerent comme un nouvel appuy, & sont persuadez qu'ils ne peuvent mieux faire que de luy donner vogue, pour confirmer plusieurs points de leur religion. VIII.

Qui croiroit que touchant le seul mystere de l'Eucharistie, ils trouvent Monsieur des Cartes d'accord avec eux sur tous les principes de philosophie, dont ils se servent pour établir leur heresie contre la transsubstantiation ? IX.

Tout le monde sçait que leurs principes sont. 1. Que des accidents ne peuvent estre sans sujet. 2. Que l'étenduë est essentielle au corps, & qu'un corps ne peut estre sans ses trois dimensions. 3. Que les parties d'un corps sont impéne- X.

trables. 4. Qu'il ne se fait point d'anéantissement de substance. 5. Qu'un corps ne peut estre mis en plusieurs lieux à la fois.

XI. Tout le monde est convaincu que M. des Cartes soûtient le premier de ces principes comme [a] *une verité de grande importance, & qu'on ne peut réfuter raisonnablement.*

[a] *In fine responsionis ad obiectiones quartas.*

XII. J'ay montré qu'il soûtient le [b] second & le [c] troisiéme.

[b] *Dans la premiere partie, chap. 1.*

[c] *Dans la premiere partie, chapitre 2.*

XIII. Le quatriéme est une consequence qui suit necessairement de sa doctrine; car soûtenant comme il fait que [e] *Dieu n'est pas seulement immuable en luy mesme, mais qu'il opere toûjours hors de luy d'une maniere tres-immuable & tres-constante..... Que supposé ce principe, il faut conclure que comme Dieu conserve toute la matiere qu'il a creée dés le commencement du monde, il conserve aussi toûjours dans la matiere autant de mouvement qu'il y en a mis d'abord; & qu'autrement il faudroit dire qu'il y auroit quelque inconstance dans Dieu mesme.* Quoy qu'il fasse en passant comme une parenthese, pour excepter *les changemens que l'experience & la revelation divine nous font connoistre*, ne donne-t-il pas lieu aux Calvinistes de pousser la comparai-

[e] *Secunda parte principiorum num. 36.*

ſon qu'il fait entre le mouvement de la matiere & la matiere meſme, & de dire que Dieu agit autant immuablement dans la conſervation de la matiere, que dans la conſervation du mouvement. Que puiſqu'il avouë que de la deſtruction d'une partie de mouvement, on devroit conclure qu'il y auroit en Dieu *quelque inconſtance*; il ne peut pas nier que l'on pourroit conclure du moins une inconſtance égale de la deſtruction d'une partie de matiere: & que comme il ſçait bien que Dieu ne peut rien faire qui donne raiſonnablement ſujet de conclure qu'il y ait en luy aucune inconſtance, il faut qu'il croye que Dieu ne peut ny détruire aucune partie de mouvement, ny aneantir aucune partie de matiere; & ainſi que la ſubſtance du pain n'eſt point détruite dans l'Euchariſtie.

Enfin la poſition d'un corps en pluſieurs lieux à la fois eſt encor impoſſible, ſuivant les principes de Monſieur des Cartes. Car ſuppoſé par exemple que le corps de Jeſus-Chriſt ſoit dans le Ciel, & que Dieu l'y veüille laiſſer, comment s'y prendroit-il pour le mettre en meſme temps ſur la terre? Monſieur des Cartes enſeignant que [a] tout le monde eſt plein, & [b] ſoutenant que la penetration des corps eſt impoſſible; pour trouver place ſur la terre au corps de Jeſus-Chriſt, il faudroit ou que Dieu détruiſiſt quelque XIV.

[a] *Parte 2. principiorum num. 56.*

[b] *Voyez premiere partie chap. 2.*

corps, ou qu'il en retraissist quelques-uns, & qu'il les réduisist à un espace plus petit que celuy qu'ils occupent dans leur état naturel, ou qu'il reculât un peu la derniere surface convexe du monde, & qu'il l'éloignast du centre, afin que quelques-uns des corps qui sont auprés de la terre s'en pussent éloigner, & ainsi faire place à celuy qu'il y voudroit mettre. Mais je viens de [a] montrer que dans la doctrine de Monsieur des Cartes Dieu ne peut détruire aucun corps; j'ay fait voir [b] ailleurs que selon le méme philosophe il est absolument impossible qu'un corps soit retraissi à un espace plus petit que celuy qu'il occupe naturellement: il faudroit donc que Dieu reculast la derniere surface du monde. Mais où la trouveroit-il selon Monsieur des Cartes, & où la pourroit-il reculer; puisque ce philosophe enseigne qu'il n'y en a point, [c] *que le monde n'a point de bornes, & que tout est déja plein de matiere au delà de toutes les surfaces convexes que nous pourrions feindre?*

[a] *Nombre précedent.*

[b] *Voyez la premiere partie chap. 2.*

[c] *Parte 2. principiorum, n. 21. & 22.*

XV. J'espere que cette petite digression servira à desabuser plusieurs personnes de la bonne opinion qu'il ont conçuë de la doctrine de Monsieur des Cartes, & les animera à condamner & à décrier une philosophie si dangereuse: cependant je reviens à mon sujet.

CHAPITRE II.

De ce principe Calvin & les Calvinistes concluënt qu'il est impossible que le corps de Iesus-Christ soit dans l'Eucharistie de la maniere que l'enseigne l'Eglise Romaine.

IL est constant que Calvin & les Calvinistes n'ont dit tout ce que j'ay cité dans l'article precedent, que pour en tirer cette conclusion. Mais afin d'en convaincre les Cartesiens mesmes, s'ils en doutoient, je les prie de lire seulement ces trois passages de Calvin, tirez du chapitre dix-huittéme de son institution, où il ne traite que de l'Eucharistie. I.

[a] 1. *Nos adversaires accordent que Christ est dans l'Eucharistie, sans y avoir ses parties les unes hors des autres, qu'il n'y est point d'une maniere corporelle, mais d'une maniere qu'ils s'imaginent, & qu'ils ne peuvent ny comprendre eux-mémes, ny expliquer aux autres.* II.

[a] Non ci[rcum]scriptiv[e] nec corpor[ali] modo cont[i]neri illic Chri[stum] concedunt, sed [ra]tionem dei[n]de cominiscuntur, quam nec ipsi intelligunt, nec aliis possu[nt] explicare, num. 21.

[b] 2. *Pour nous, nous devons tâcher de trouver une sorte de présence de Christ dans* III.

[b] Nobis aute[m]

la Cene, qui ne luy oste point sa dimension, qui ne le mette pas en plusieurs lieux, &c. Car ces choses répugnent évidemment à la nature humaine.

Hoc agendum, ut talem Christi in cœna præsentiam cogitemus, quæ nec mensuram illi suam auferat, nec pluribus simul locis distrahat, &c. hæc enim naturæ humanæ veritati non obscure repugnant, num. 22.

IV.

3. Aprês avoir dit que [a] la chair sans étenduë seroit chair & ne seroit pas chair, qu'il faut que la chair soit chair; que pour cela il faut qu'elle ait toûjours la nature que Dieu luy a donnée, & que la nature que Dieu a donnée à la chair, c'est qu'elle ait toûjours son étenduë; voicy ce qu'il ajoûte : [b] *Christ a pris une chair de cette condition, & s'il luy a donné l'incorruption & la gloire, il ne luy a point osté la nature ny l'estre veritable de chair.*

[a] *Voyez le ch. précedent, n.1.*

[b] Ea conditione carnem induit Christus; cui incorruptionem quidem & gratiam dedit, naturam & veritatem non abstulit. n.27.

V.

En verité n'est-ce pas comme s'il disoit :

Iesus-Christ n'a point osté à son corps l'estre veritable de corps, on ne peut ny expliquer ny comprendre comment un corps pourroit estre sans sa nature; & il y auroit en cela une repugnance évidente; la chair seroit chair & ne le seroit pas.

Or la nature & l'estre veritable du corps de Iesus-Christ consiste comme la nature & l'estre veritable de tout autre corps, en ce qu'il ait son éten-

duë, & que ses parties soient toûjours les unes hors des autres.

Donc Jesus-Christ n'a point esté l'étenduë à son corps, quand il a institué la Cene : on ne peut ny expliquer ny comprendre comment son corps seroit dans ce Sacrement sans son étenduë & sans y avoir ses parties les unes hors des autres : il y auroit en cela une répugnance évidente, sa chair seroit chair & ne seroit pas chair.

Mais n'est-ce pas-là conclure manifestement que le corps de Jesus-Christ n'est point dans l'Eucharistie, & qu'il est impossible qu'il y soit de la maniere que l'Eglise Romaine l'enseigne, & le conclure du principe que Monsieur des Cartes & les Cartesiens soûtiennent, que l'essence du corps consiste dans une étenduë impenetrable. VI.

Tous les Calvinistes ont suivy leur maistre, & ont tiré de ce principe la mesme conclusion. VII.

Philippes de Mornay ne s'est jamais mis en peine d'examiner si la *circonscription* est de l'essence du corps, que dans les livres qu'il a fait pour la défense de sa foy, ou plûtost de son erreur touchant l'Eucharistie ; & il n'a refuté la *penetration des dimensions* que pour refuter les [a] *transsubstantiateurs.* VIII.

[a] *Dans son traité de l'institution, usage & doctrine du saint Sacrement de l'Eucharistie, &c. livre 4. chap. 9. page 764.*

IX. [a] *Il n'y a pas moins d'erreur & d'absurdité*, dit Pierre du Moulin dans son apologie, *à enseigner que le corps de Iesus Christ en la Messe ne tient point de lieu, mais est tout entier en la moindre miette de l'hostie . . . . Telle doctrine qui oste à Iesus Christ la verité de son corps en luy ostant le lieu, ne doit point avoir de lieu en la religion chrestienne . . . . . Oster au corps*, ajoûte-t-il, *ses proprietez inseparables, qui sont longueur, largeur & épaisseur, c'est ruiner le corps. Or l'Eglise Romaine oste au corps de Iesus Christ sa longueur, largeur, &c. donc elle ruine le corps.* Il ne faut point de commentaire à ce syllogisme ; quoyque la conclusion en soit tres-fausse, il prouve neanmoins évidemment ma proposition ; & du Moulin le trouve si fort, qu'il le repete au mesme endroit ; *si Iesus-Christ a toutes les parties de son corps en un mesme endroit de l'hostie, & sous un seul point : il s'ensuit que les parties de ce corps ne sont point l'une hors de l'autre : donc plus de longueur : donc plus de corps.* Et dans son [b] *Bouclier : Iesus-Christ n'a plus un vray corps humain*, dit-il, *si les parties de son corps ne sont differentes en situation, & si en chaque point de l'hostie son corps est tout entier. Tellement qu'il ait les pieds & la teste par toute l'hostie, & les pieds & la teste sous un mesme point . . . . Oster à un corps*,

[a] *Dans l'apologie pour la sainte Cene du Seigneur contre la presence corporelle, &c.*

[b] *2. Partie sect. 30. page 275.*

pourſuit-il, *les choſes par leſquelles il eſt different d'un eſprit, c'eſt faire qu'il ne ſoit plus corps, mais eſprit. Or par la transſubſtantiation le corps du Seigneur eſt dépoüillé de toutes les proprietez & differences, par leſquelles un corps eſt different d'un eſprit. Car ſous les eſpeces on le fait eſtre ſans étenduë & ſans circonſcription, ne tenant aucune place, n'ayant point de dimenſion, ny de parties ſituées en leur lieu à part*

X.

Une des raiſons ſur leſquelles Monſieur Claude inſiſte le plus, pour détruire la préſence réelle du corps de Jeſus-Chriſt dans l'Euchariſtie; [a] *c'eſt que les Peres n'ont point crû que le corps de Ieſus-Chriſt ny aucun autre corps puiſſe exiſter à la maniere d'un eſprit.* [b] *Qu'ils n'ont entendu rien moins que cette pretenduë penetration*, que le Pere Noüet a voulu eſtablir ſur leur authorité. Qu'au contraire [c] *ils ont dit que tout corps, quel qu'il ſoit, occupe un eſpace de lieu par ſon étenduë, & que chaque choſe demeure dans l'état où Dieu l'a miſe quand il l'a faite; n'ayant point eſté donné au corps d'exiſter à la maniere des eſprits.*

a *Dans la réponſe au Pere Noüet, 2. part. chap. 5. dans le titre du ch.*

b *Dans le corps de ce meſme chapitre un peu aprés le commencement.*

c *Dans la réponſe aux deux traitez de la Perpetuité de la foy, 1. partie chapitre 4.*

XI.

Les Calviniſtes qui preſenterent au Roy de Navarre [d] l'apologie dont j'ay parlé, ne manquerent pas de dire pour ſe juſtifier ſur ce qu'ils avoient quitté la foy de l'Egliſe Romaine touchant l'Euchariſtie, *que le corps de Chriſt par ſa*

d *Voyez le chapitre precedent nomb. 62.*

glorification n'a pas perdu les qualitez d'un vray corps, qui est d'estre palpable & d'estre circonscript de certaine dimension.

XII. C'a toûjours esté & c'est encor le raisonnement commun de tous les Ministres de France : faux raisonnement, je l'avouë, mais qui ne peut avoir de réponse dans la philosophie des Cartesiens, puisqu'effectivement il ne peche qu'en ce qu'il suppose comme eux que l'étenduë impenetrable est de l'essence du corps.

CHAPITRE III.

Les docteurs catholiques s'arrêtent à refuter le principe de Calvin & des Calvinistes, reconnoissant que s'ils l'accordoient, ils seroient obligez de leur accorder la consequence qu'ils en tirent contre la présence réelle de Iesus-Christ dans l'Eucharistie.

I. COmme c'est la coûtume des heretiques de se prevaloir de tout ce qu'on leur accorde, & de supposer qu'on leur accorde tout ce qu'on ne leur dispute point ; nos docteurs ne manquent pas de les arrester sur tout ce qu'ils trouvent de foible dans leurs raisonnements, & de leur disputer tout ce qu'ils leur peuvent disputer avec justice.

Or je mets en fait que de tous les docteurs qui ont eu constamment la reputation de bons catholiques, il n'y en a pas eu un seul qui ait disputé à Calvin ou à ses disciples la conséquence qu'ils tirent de l'étenduë impénetrable des corps contre la présence réelle du corps de Jesus-Christ dans l'Eucharistie. Je mets en fait au contraire, qu'il n'y en a pas eû un seul, qui ne se soit arresté à réfuter leur principe, & à montrer que l'étenduë formelle n'est pas essentielle au corps ; ou ce qui est la mesme chose, que les parties des corps ne sont point absolument impénetrables. II.

Il n'y a pas d'apparence de rapporter icy tous nos docteurs ; on les peut distinguer en scolastiques & en controversistes. III.

Qu'on lise les scolastiques dans les commentaires qu'ils ont faits sur la question soixante & seiziéme de la troisiésiéme partie de la Somme de saint Thomas, on trouvera que quoyqu'ils soient contraires en une infinité de choses, ils s'accordent tous en ce point avec ce saint docteur, qui s'est proposé l'objection que Calvin nous a faite long temps IV.

avant que Calvin fust au monde, & qui n'y a répondu que de la maniere que je prétends.

V. Voicy les termes dans lesquels il se propose cette objection, c'est la troisiéme de celles qu'il se fait dans le troisiéme article de la question que je viens de dire. [a] *De plus le corps de Iesus-Christ retient toûjours la vraye nature d'un corps, & n'est jamais changé en esprit. Il est de la nature du corps, d'estre, comme il est dit dans les prédicaments, une quantité formellement étenduë: or le propre d'une quantité formellement étenduë est d'avoir diverses parties du lieu. Il ne semble donc pas que Iesus-Christ puisse estre tout entier sous chaque partie des especes.*

[a] Præterea corpus Christi semper veram retinet corporis naturam; nec unquam mutatur in spiritum. Sed de ratione corporis est, ut sit quantitas positionem habens, ut patet in prædicamentis. Sed ad rationem huius quantitatis pertinet, quod diversæ partes in diversis partibus loci existant. Non enim potest esse ut videtur, quod totus Christus sit sub qualibet parte specierum.

VI. Si saint Thomas n'eût pas trouvé cette conséquence legitime, n'en auroit-il rien dit? n'auroit-il point insinué que quand il seroit de l'essence du corps *d'avoir ses diverses parties placées en diverses parties du lieu*, Dieu pouroit encor faire qu'un corps *fust tout entier sous chaque partie des especes?* Il ne dit rien de cela néanmoins; il ne trouve rien à redire à cette conclusion, il s'arreste uniquement à en disputer le principe; & suposant selon sa doctrine, que la quantité est un accident réellement distingué de la substance corporelle, il se contente de répondre en ces termes, qui pour estre un peu scolastiques, ne sont pas inintelligibles.

VII.

[a] *Il faut répondre à la troisiéme objection; que ce principe regarde seulement la nature que le corps a selon sa quantité. Or il a esté dit que le corps de Iesus-Christ est dans ce sacrement non à raison de sa quantité, mais à raison de sa substance, comme il a esté dit.* Cette réponse ne suppose-t-elle pas évidemment que le principe qu'il s'estoit objecté ne se doit point entendre de la substance du corps, & que par conséquent il n'est pas essentiel à la substance du corps *d'estre formellement étendu, ny d'avoir ses diverses parties placées en diverses parties du lieu.*

[a] Ad tertium dicendum quod ratio illa procedit de natura corporis, quam habet secundùm quantitatem dimensivam. Dictú est auté quod corpus Christi cōparatur ad hoc sacramentum, non ratione quantitatis dimensivæ, sed ratione suæ substantiæ, sicut dictum est.

VIII.

Entre les controversistes, je crois que l'authorité des Cardinaux Bellarmin, du Perron, & de Richelieu doit suffire aux Cartesiens, puisque ce sont sans controverse, les trois plus grands hommes qui ayent écrit contre les heretiques de ces derniers siecles.

IX.

Le Cardinal Bellarmin au commencement du livre troisiéme du troisiéme tome de ses controverses, se propose trois contradictions que les heretiques prétendent trouver dans la foy de l'Eglise touchant l'Eucharistie, dont la seconde est, qu'un corps n'occupe point de lieu. A la fin du cinquiéme chapitre, où il commence à traiter cette difficulté, il dit que les sacramentaires croyent qu'il est impossible qu'un corps ne soit etendu par raport au lieu, & qu'il ne chasse tout autre corps du lieu où il est. Et dans le chapitre septiéme il se propose jusques à huit argumens de ceux dont ils se servent pour prouver ce principe, qu'ils ne soûtiennent que pour en conclure l'impossibilité de la présence réelle du corps de Jesus-Christ dans l'Eucharistie.

X. A tout cela que répond ce sçavant homme ? accorde-t-il le principe, comme Monsieur des Cartes & les Cartesiens, pour s'arrester à en nier la consequence ? Rien moins que cela ; au contraire sans rien dire de la conséquence qu'il suppose fort bonne, il s'arreste uniquement à nier le principe, & en prouve la fausseté par toutes les raisons & les exemples qu'il peut trouver.

XI. [a] *Nous convenons*, dit-il, *nos adversaires & nous, qu'on ne doit exclure du nombre des choses possibles que celles qui enferment contradiction : or il n'y a point de contradiction qu'un corps soit quelque part, & qu'il n'occupe point de lieux ou qu'il ocupe un lieu, & qu'il n'en chasse point les autres corps. Car toute contradiction*

[a] Convenit inter nos non debere excipi ab eorum numero quæ Deus potest facere, nisi ea quæ implicant

diction dit quelque chose qui répugne à l'essence : or il ne repugne point à l'essence de la grandeur, de ne point occuper de lieu, & de n'en point chasser les autres corps. Ce qui se prouve premierement, parceque occuper le lieu est quelque chose de posterieur à la grandeur. Car une chose est premierement grande en elle mesme, & capable de remplir le lieu, & ensuite elle remplit le lieu. Or ce qui est posterieur n'est point de l'essence de ce qui precede, parceque les essences sont indivisibles : secondement on peut concevoir & définir mesme la grandeur sans le lieu, & sans concevoir & sans dire qu'elle remplisse le lieu ; bien plus il n'y a encor jamais eu personne qui ait mis le lieu dans la définition de la grandeur : troisiémement l'office ou la fonction d'une chose créée n'est jamais de son essence ; car il n'y a que dans Dieu qui est infiny & tres simple, que l'estre & l'action sont une mesme chose : or c'est l'office, & comme une espece de fonction exterieure de la grandeur, de remplir le lieu, & d'en exclure les autres corps ; cela n'appartient donc point à l'essence de la grandeur : quatriémement la masse ou l'étenduë est à l'égard de la grandeur, ce que la pesanteur est à l'égard du corps pesant ; car comme la grandeur remplit le lieu par sa masse, & en chasse tout autre corps, ainsi le corps pesant pese par sa pesanteur, & pousse en

contradictionem. Corpus autem esse alicubi & non occupare locum, vel occupare, & non expellere alterum, nullam implicat contradictionem, nam id est implicare, repugnare essentiæ, non autem repugnat essentiæ magnitudinis non occupare locum, aut non expellere alterum corpus. Id quod probatur primò, quia occupare locū, est quid posterius ipsa magnitudine. Prius enim res in se magna est & apta replere locum, deinde replet locum. Nihil autem posterius est de essentia prioris ; essentiæ enim in indivisibili consistunt. 2° Potest magnitudo intelligi atque etiam definiri sine loco, sive repletione loci. Imò nemo hactenus in definitione

bas les autres corps. Or il n'est pas de l'essence du corps pesant de peser, comme il paroist en ce que l'eau & l'air ne pesent point dans leur lieu naturel; donc il n'est pas non plus de l'essence de la grandeur de remplir le lieu.

magnitudinis posuit locum. 3° Officium seu functio non est de essentia ullius rei creatæ; solum enim in Deo qui infinitus, & simplicissimus est, idem est esse & agere: at replere locum & expellere alia corpora, est officium magnitudinis & functio quædam externa, non igitur ad essentiam pertinet. 4. Ita se habet moles seu extensio ad magnitudinem, ut se habet gravitas ad corpus grave: nam ut magnitudo sua mole replet locum, & aliud corpus extrudit; ita corpus grave sua gravitate ponderat, & alia corpora deprimit: at non est de essentia gravis ponderare, ut patet; quia in propria regione aqua & aër non ponderant; igitur neque est de essentia magnitudinis replere. *Bellarminus tom. 3. disputationum de controversiis Christianæ fidei libro 3. cap. 6.*

XII. *a idem ibid.*

Aprés ces raisons suivent [a] sept exemples differents, tirez la pluspart de l'Ecriture sainte; que ce Cardinal confirme de l'authorité de saint Justin, d'Origene, de saint Hilaire, de saint Gregoire de Nazianze, de saint Ambroise, de saint Jean Chrysostome, de Theodoret, de saint Fulgence, de saint Gregoire le grand, du Venerable Bede, de Theophylacte, d'Euthymius, & de saint Bernard. Cette foule de saints Peres n'étonnera-t-elle point les Cartesiens?

XIII. Le Cardinal du Perron commence ainsi le chapitre vingt-troisiéme du troisiéme livre du *traité* qu'il a fait *du saint sacre-*

ment de l'Eucharistie, contre le sieur du Plessis Mornay.

XIV.

La seconde contradiction que le sieur du Plessis remarque est, que les scolastiques disent que le corps de Christ en l'Eucharistie est en lieu, mais non localement; qu'il y est avec quantité, mais non par maniere de quantité; lesquelles choses le sieur du Plessis prétend estre contradictoires, & c'est autant que dire, il est corps, mais non corporellement. Voila l'objection, voicy la réponse.

XV.

[a] *Or quant à la contradiction prétenduë, qui naist en l'esprit du sieur du Plessis, non de la répugnance de la chose, mais de l'ignorance des termes: qui ne sçait qu'il y a grande difference entre estre en lieu, & y estre localement, c'est à dire avec les conditions requises, & y estre de telle sorte que le lieu fasse l'office de lieu, c'est à dire environne, contienne, & mesure également & uniquement la chose inexistente, & en soit remply, & occupé? Les Anges ne sont-ils pas en lieu? & pour cela sont-ils en lieu localement? c'est à dire le lieu leur fait-il l'office complet de lieu? les environne t-il, & mesure t-il également & univoquement? est-il commesuré à eux? est-il remply & occupé par eux? & quand infinis ont tenu que nostre Seigneur sortit du ventre de la Vierge, ou entra les portes closes sans dilatation & ouverture, n'ont-*

[a] *Le Cardinal du Perron dans le traité du saint Sacrement de l'Eucharistie, contenant la refutation du livre du sieur du Plessis Mornay contre la messe, &c. l. 3. chap. 23.*

ils pas tenu qu'en ces instant là il estoit en lieu, mais non localement, c'est à dire sans occuper lieu, & faire faire au lieu l'office & la fonction complete de lieu? & pour le regard de la quantité, quelle répugnance y a-t-il à la toute-puissance de Dieu, qui peut separer par sa vertu tout ce que notre intellect peut séparer par son discours, de séparer une quantité de la maniere que les scolastiques appellent quantitative, c'est à dire de l'effet & office de la quantité, dont l'une des conditions entr'autres est d'occuper lieu? car qui doute que l'occupation de lieu ne soit un effet de la quantité, & non pas la quantité mesme.

XVI. Le Cardinal de Richelieu dans la *methode* qu'il nous a donnée *de convertir ceux qui se sont separez de l'Eglise*, fait encor la mesme réponse à cette objection.

XVII. *Iesus Christ naissant au monde*,[a] dit-il, *sans blesser l'integrité de sa sainte mere, sortant du tombeau au travers la pierre, entrant dans le lieu où estoient ses disciples les portes fermées, traversant les cieux en son ascension, nous fait voir que la pénetration des corps est possible. Cette pénetration montre que l'unité du lieu n'est pas incompatible avec la diversité des corps*, & vis à vis de ces paroles à la marge, *saint Epiphane, saint Gregoire de Nysse, saint Augustin, Theodoret*

[a] Livre 4. c. 1. page 506.

& d'autres Peres anciens enseignent ces veritez, & les tirent mesme de la sainte Ecriture.

Est-il possible qu'un Cartesien lise les réponses de ces grands hommes, sans reconnoistre qu'ils se font un point de religion de croire, de soûtenir, & de prouver aux sacramentaires, que l'étenduë, l'impénetrabilité, & l'occupation du lieu ne sont point inséparables du corps, & par conséquent qu'elles ne luy sont ny essentielles, ny mesme absolument necessaires? XVIII.

FIN.

Fautes survenuës dans l'impression.

Dans la table des chapitres au commencement on a oublié ces mots: Sentimens de M. des Cartes touchant l'essence & les proprietez du corps.

Page 3.	dans ce vase,	& dans ce vase.
5.	son procés,	un procés.
10.	temeraire & scandaleuse,	temeraire, scandaleuse.
12.	soit pour la bien enseigner,	ou pour, &c.
19.	cela n'empesche pas	cela n'empeschera pas.
26.	d'échauffer, de rafraischir.	d'échauffer & de rafraischir.
27.	de substance du corps,	de la substance du corps.
31.	sans penser ny à aucun autre corps particulier,	sans penser, ny à l'air, ny à aucun autre corps, &c.
38.	de croire que cela est,	de croire qu'il juge que cela est.
50.	qu'un corps qui acquierre.	qu'un corps acquierre.
51.	en effet, & durant une heure,	en effet durant une heure.

53.	O ù est déja le monde,	Où est le monde?
67.	tonchant l'essence,	touchant.
79.	Mais puisou'il est,	Mais puisqu'il est.
87.	qu'il n'ayent iamais étudié,	étudiée.
90	*la Critique, l'Education,*	*& l'Education.*
95.	le terme de chose,	de choses.
142	profundeur,	profondeur.
199.	ratione,	rationem.
252.	nullument,	nullement.

J'Ay lû un Livre manuscrit intitulé, *Sentimens de M. des Cartes touchant l'essence & les proprietez du corps, opposez à la doctrine de l'Eglise*, &c. *sur le sujet de l'Eucharistie, par le sieur de la Ville.* Fait ce 14. Mars 1678.

Signé, GRANDIN.

Approbation.

JE soussigné Docteur en Theologie de la sacrée Faculté de Paris, atteste que j'ay lû & examiné un livre, qui est intitulé, *Sentimens de Monsieur des Cartes touchant l'essence & les proprietez du corps, opposez à la doctrine de l'Eglise, & conformes aux erreurs de Calvin, sur le sujet de l'Eucharistie*, & que je n'y ay rien remarqué qui soit opposé à la foy ou à la sainteté des mœurs. J'espere que cet ouvrage ne sera pas peu utile pour empescher le progrês de la doctrine dangereuse, que l'auteury a refutée d'une maniere fort solide & avec beaucoup de clarté : & je me persuade que les sçavans, qui le liront avec attention, sans aucun mauvais préjugé, en auront la même estime. Fait à Paris le 3. jour de Fevrier 1678. *Signé*, B. MARION.

Extrait du Privilege du Roy.

PAr grace & Privilege du Roy, en date du 25. Juin 1679. signé, JUNQUIERES, il est permis à Estienne Michallet, Libraire à Paris, d'imprimer un livre intitulé, *Sentimens de Monsieur des Cartes touchant l'essence & les proprietez du corps, opposez*, &c. pendant le temps de six années, à compter du jour qu'il sera achevé d'imprimer, & défenses à tous autres de l'imprimer, vendre ou debiter, à peine de trois mille livres d'amende aux contrevenans, & confiscation des exemplaires contrefaits, comme il est porté plus au long par lesdites Lettres de Privilege.

Registré sur le Livre de la Communauté des Marchands Libraires & Imprimeurs de Paris le 7. Novembre 1679.

Signé, ANGOT, *Syndic.*

Achevé d'imprimer le 8. Janvier 1680.

[illegible] ne de rien que jamais se
[illegible] par les raisons humaines, et particulièrement la
[illegible], que les Calvinistes représentent, est impossible à expliquer, [illegible] est tout facile par la mienne.

525. De l'Incarnation de Jesus CHRIST en ce S. Sacrement, je
[illegible] que ce que je n'ai pas été obligé, et que je suis fort
[illegible] des questions de Théologie, et même que le Concile
qu'il y a il ne [illegible] ratione qua vera [illegible] -
[illegible] dessein de [illegible] une réponse
[illegible] objections, [illegible] de répliquer. Mais j'ose -
[illegible] un peu plus [illegible] qu'ils ne sont à me
[illegible], on pourroit leur faire entendre un moyen d'ex-
[illegible], qui fermeroit la bouche aux ennemis de notre religion,
ne sçauroient contredire.

[illegible] 3. p. 19. Lettre p. 28.
[illegible] Lettre 25. p. 113. Lettre 113. p. 107.

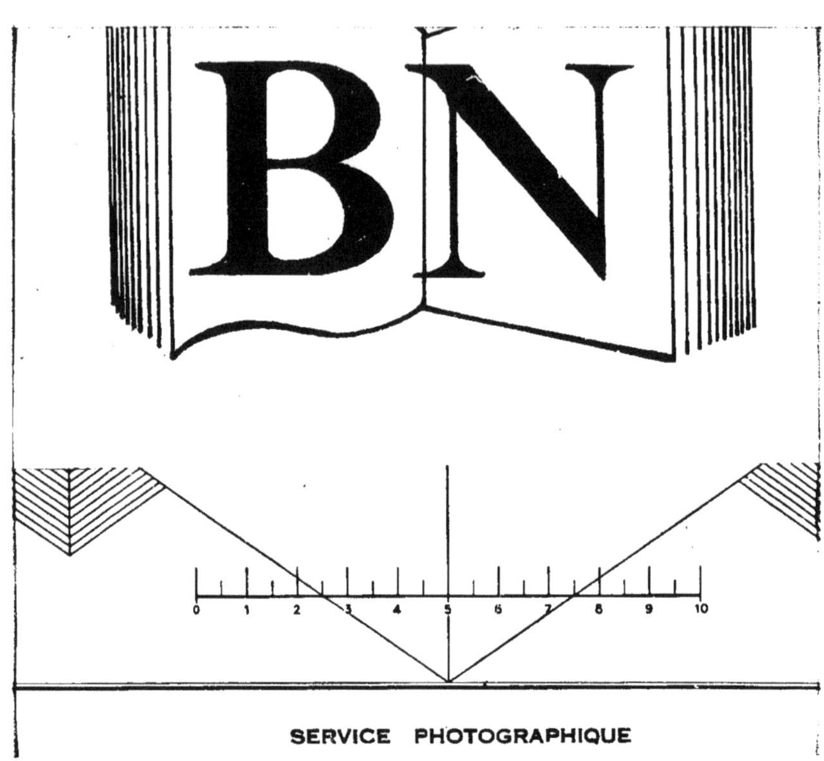
BN
0
1
2
3
4
5
6
7
8
9
10
SERVICE PHOTOGRAPHIQUE

www.ingramcontent.com/pod-product-compliance
Ingram Content Group UK Ltd.
Pitfield, Milton Keynes, MK11 3LW, UK
UKHW020158250726
13967UKWH00003B/1139